최성환의 지청구 경제학

최성환의
지청구 경제학

W미디어

"최근 우리 경제가 회복 기미를 보이고 있지만 그 강도는 미약하다. 소비 회복세가 아직은 불안한 모습인 가운데 성장의 엔진이라고 할 수 있는 투자의 부진이 계속되고 있다. 그래서 기업들, 특히 대기업들이 돈만 쌓아놓고 투자에 나서지 않는다고 '자본 파업(罷業)' 또는 '자본 스트라이크'라는 말이 나올 정도다. 기업들이 투자를 안 하기 때문에 고용도 어렵고 그에 따라 서민들의 호주머니 사정 또한 펴지지 않는다는 비판이다.

'자본 스트라이크'라는 말처럼 까닭 없이 남을 탓하고 원망하는 지청구도 없을 듯싶다. 말 그대로 자본주의 경제에서 돈이 되는 것을 뻔히 보면서도 투자를 안 할 기업가가 과연 있을까? 투자를 않는다면 이유가 있을 텐데 그 이유를 찾아내 고치는 일은 뒷전이고 투자를 않는다고만 비난한다고 기업들이 투자에 나서지는 않을 것이다."

요즘 상황인 것 같지만 필자가 2005년 11월 〈조선일보〉에 쓴 '지청구 경제학'이라는 칼럼의 일부분이다. 경제가 돌고 돌아 4년여 전의 상황이 재연되고 있는 것이다. 여기서 지청구는 '까닭 없이 남을 탓하고 원망하는 것'이라는 뜻의 순 우리말이다. 경제와 정치가 큰 어려움 없이 잘 흘러가면 정부와 정치권도 있는 듯 없는 듯 조용하게 지나간다. 기업과 국민들이 늘어나는 고용과 소득 증가의 혜택을 누리면서 정부나 정치권에 대한 불만과 불평이 줄어들기 때문이다.

반대로 경제와 정치가 꼬이기 시작하면 상황은 돌변한다. 특히 2008년처럼 글로벌 위기가 닥치면 국민들의 불만이 기하급수적으로 늘어나면서 정부와 정치권, 기업들이 서로 네 탓이라며 지청구를 늘어놓는다. 때문에 경제가 나빠지면 관련부처 장관이 자주 바뀌는 것은 물론 국회의원이나 대통령도 연임(連任)에 제동이 걸리게 된다. 일본의 자민당이 50여년 만에 야당인 민주당에게 정권을 넘겨준 것도 가장 큰 원인은 계속되는 불황 때문일 것이다.

불경기의 한복판에 서 있으면 불경기가 한없이 계속될 것처럼 보인다. 1930년대의 세계적인 대공황과 1990년대 일본의 장기불황처럼 오래 끄는 경우도 있다. 하지만 결국에는 돌아서는 것이 경제 사이클이다. 이번 글로벌 금융위기도 초기에는 대공황 이후 가장 심각한 불황이 될 것이라는 비관적 전망이 쏟아져 나왔지만 현재로서는 바닥을 치고 회복세로 돌아서고 있다는 진단이 유력하다.

그러나 아직도 미국의 프라임 모기지와 상업용 부동산 부실, 신용카드 등 소비자대출의 부실, 동유럽 등 신흥시장국의 위기 가능성, 성급한 출구전략, 신종 플루의 대유행과 같은 크고 작은 위험이 도사리고 있다.

과연 글로벌 경제가 이 같은 위험들을 잘 피하거나 견뎌가면서 정상 궤도로 올라설 수 있을 것인가? 아니면 경제가 좋아지는 듯 하다가 다시 나빠지는 이른바 더블딥(double-dip)으로 빠져들 것인가? 중국 경제는 급등세를 이어갈 것인가? 이 와중에 우리나라 경제는 최근의 회복세를 이어갈 수 있을 것인가? 기업들은 언제 돈을 풀 것인가?

필자는 한국은행과 조선일보를 거쳐 대한생명 경제연구원에 재직하면서 어려운 경제현상을 쉽게 잘 설명한다는 말을 들어왔다. 그 때문인지 칼럼을 고정기고하거나 방송에 고정으로 출연하는 곳만 대여섯 군데에 달한다. KBS 2라디오(시골의사 박경철의 경제 포커스)에서는 자타가 공인(?)하는 최장수 고정출연기록을 10년째 이어가고 있다. 최근에는 mbn(매일경제 TV)에 매주 한 차례씩 고정 코너를 맡고 있다.

하지만 경제는 여전히 녹녹치 않은 상대다. 특히 말로는 그런 대로 쉽게 설명하다가도 막상 글로 풀어 쓰려고 하면 쓸데없이 길어지거나 꼬이기가 십상이다. 그렇다고 누구에게 지청구를 하겠는가?

최근 3~4년 동안 쓴 글을 모았다. 독자의 입장에서 꼼꼼히 읽으면서 그 중 좋은 글들을 추려내 주신 W미디어의 박영발 사장께 고마움을 전한다. 이 책의 제목 〈최성환의 지청구 경제학〉은 필자가 근무하는 '대한생명 경제연구원'의 김영진 실장과 조미진 주임이 추천해 주셨다. 경제가 아무리 나쁘더라도 까닭 없이 남을 탓하거나 원망하기보다는 그 원인과 처방을 찾으려는 노력이 필요하다는 일종의 역발상이었다. 정부와 기업, 개인들에게 2009년이 '위기 극복과 생존'을 키워드로 하는 수비형(守備型)의 해였다면, 2010년은 '위기 이후 도약'을 노리는 공격형(攻擊型)의 한 해가 될 것이다. 이 책이 보다 적극적이면서도 현명한 경영과 재테크를 구사하는 과정에서 국내외 경제의 흐름과 미래를 내다볼 수 있는 안목을 키우는 디딤돌이 되기를 바란다.

최 성 환

제1부 | 한국 경제 VS 세계 경제

1. 한국 부자와 미국 부자 ● 14

2. 위기 속에 빛나는 한국 대표기업들 ● 24

3. 100년 지속할 100대 기업 ● 39

4. 낙관론의 발목을 잡는 불확실성들 ● 48

5. 글로벌 불균형 ● 53

6. 중국의 부상(浮上)과 신북학파(新北學派) ● 68

7. 심상치 않은 브릭스(BRICs) 동맹 ● 78

8. 동유럽이 위험하다 ● 84

9. GM의 몰락과 전망 ● 89

10. 구조조정으로 위기 이후를 대비할 때 ● 99

11. 미국 주택시장 돌아서나? ● 104

12. 낙관과 비관 사이 ● 107

13. 인플레이션 VS 디플레이션 ● 112

14. BBQ와 신뢰 ● 117

15. U자형과 떡시루형 ● 120

16. 라이언 일병과 출구전략 ● 123

제2부 | 경제 다시보기

1. 글로벌화와 선발자 이익 ● 128

2. 샌드위치와 규제완화 ● 131

3. 글로벌 주택시장의 거품 및 붕괴 가능성 ● 134

4. 미국과 세계 경제의 최악 침체에 대비할 때 ● 139

5. 적극적인 경기부양에 나서야 할 때 ● 144

6. 금리를 선제적으로 인하해야 하는 이유 ● 153

7. 코끼리의 10년 전 악몽 ● 160

8. 공격적인 투약이 필요하다 ● 163

9. 위기 대응전략을 바꿔라 ● 166

10. 주요국 중앙은행의 정책금리를 읽어라 ● 169

11. 미국의 금리 인하와 후폭풍 ● 175

12. 숭례문 화재와 금리정책 ● 178

13. 흔들리는 소비심리 잡아라 ● 181

14. 진로와 삼성전자 ● 187

15. 볼보가 볼보를 판 이유 ● 190

16. 명품과 생태계, 부(富)의 트라이앵글 ● 193

제3부 │ 경제상식 키우기

1. 캐리트레이드를 주목하라 ● 198

2. 서브프라임 모기지가 뭐길래? ● 203

3. 유럽연합(EU)이 동쪽으로 간 까닭은? ● 211

4. 선거와 주가, 경제 ● 216

5. 체감경기가 나쁜 5가지 이유 ● 224

6. 저금리·고령화시대의 재테크 전략 ● 233

7. 마키아벨리와 세금 ● 239

8. 세금에 둔감한 한국인 ● 242

9. 레몬과 세수(稅收) 부족 ● 249

10. 버블 시터 VS 버블 라이더 ● 252

11. 위험한 3분 ● 257

12. 레몬과 복숭아 ● 260

13. 앵무새와 선무당 ● 263

14. 피로스와 강남 부동산 ● 266

15. 잃어버린 10년, 준비한 10년 ● 269

16. 돌지 않는 돈의 운명 ● 272

17. 돌 돈(Stone money)과 신뢰, 그리고 금융 ● 275

18. 베어마켓 랠리와 황소 ● 278

19. 미국·중국·한국 증시의 3가지 공통점 ● 281

20. 카산드라와 폴리아나 ● 287

21. 영국의 회생과 아르헨티나의 몰락 ● 290

22. 앨빈 토플러의 〈부(富)의 미래〉로 본 한국의 미래 ● 298

제4부 │ 한국 경제의 미래

2030년 한국 경제 ● 304

| 제1부 |

한국 경제 VS 세계 경제

한국 부자와 미국 부자
위기 속에 빛나는 한국 대표기업들
100년 지속할 100대 기업
낙관론의 발목을 잡는 불확실성들
글로벌 불균형
중국의 부상(浮上)과 신북학파(新北學派)
심상치 않은 브릭스(BRICs) 동맹
동유럽이 위험하다
GM의 몰락과 전망
구조조정으로 위기 이후를 대비할 때
미국 주택시장 돌아서나?
낙관과 비관 사이
인플레이션 VS 디플레이션
BBQ와 신뢰
U자형과 떡시루형
라이언 일병과 출구전략

1. 한국 부자와 미국 부자

미국에서 부자가 되는 가장 보편적인 방법은 무엇일까?

"첫째, 아이디어를 낸다. 둘째, 회사를 세운다. 셋째, 회사를 판다."

하지만 이 방법이 우리나라로 건너오면 어떻게 변할까? 두 번째까지는 같지만, 마지막이 다음과 같이 바뀌지 않을까.

"셋째, 회사를 물려준다."

이는 곧 미국의 경우 자수성가형 부자가 많은 반면 한국은 상속형 부자가 상대적으로 더 많다는 의미로 해석할 수 있을 것이다.

경제잡지 〈포브스(Forbes)〉가 미국 내 400대 부자를 발표하기 시작한 해는 1982년이었다. 당시만 하더라도 자수성가형과 상속형이 각각 212명과 188명으로 거의 절반씩이었다. 하지만 최근 들어서는 자수성가형이 70%로 늘어난 반면 상속형 부자는 30%로 줄어들었다. 상속형 부자의 경우 여러 명의 자손에게 지분이 넘어가면서 큰 부자 대열에서 밀려나고 있기 때문이다. 그렇기는 해도 억만장자 10명 중 3명 정도가 상속에 의한 부자라면 적지 않은 수라고 할 수 있다.

사실 미국의 경우에도 1800년대 중반을 전후한 산업자본 초기만 해도 창업이나 부동산 투자를 통해 부자가 된 사람들은 자손들에게 부를 상속하는 것이 인생의 최대목표였다. 당시에 나온 소설들을 읽어보면 그들도 어떻게 자식들에게 기업 등 재산을 잘 넘겨주느냐 하는 과정에서 수많은 이야깃거리를 만들어내고 있다. 이후 미국의 소득 수준이 전반적으로 올라가는 동시에 빈부의 격차가 커지면서 기업의 사회적 책임에 대한 논란이 활발하게 일어났다. 많이 버는 것도 중요하지만 어떻게 쓰느냐가 더 중요하다는 사회적 인식이 자라나기 시작했기 때문이었다.

1. 카네기와 록펠러

1870년대 후반 미국 석유시장의 95%를 독점하면서 미국 경제를 주무르던 '석유왕' 존 데이비슨 록펠러. 그는 온갖 편법을 써서 석유사업의 동맥인 철도를 장악하는 것은 물론 뇌물과 리베이트로 경쟁자를 물리쳤을 뿐 아니라 노동운동을 철저히 탄압했다. 당시 시오도어 루스벨트 대통령이 "록펠러가 얼마나 선행을 하든 그 부를 쌓기 위해 저지른 악행을 갚을 수 없을 것"이라고 말할 정도였다. 미국인들은 그에게 '우리 시대에 가장 혐오스러운 인물'이라는 불명예스러운 별명을 붙여 주었다. 그러나 록펠러는 말년에 '하나님의 뜻에 따라' 막대한 재산을 사회에 기부하기 시작했다. "신에게서 돈을 버는 재능을 부여받았기 때문에 더 많은 돈을 주위 사람들에게 베풀어야 한다"면서 외아

들 록펠러 2세가 자선사업가로 설 수 있도록 열과 성을 다했다. 특히 사업에서 손을 뗀 후에는 평소대로 검소하고 신앙심 깊은 농부로 살다가 죽었다. 결국 록펠러는 죽기 전에 '위대한 기부자' 라는 말을 듣기 시작하면서 '철강왕' 앤드류 카네기와 함께 존경받는 부자 패밀리의 선구자가 되었다.

카네기는 '부자로 죽는 것은 부끄러운 일' 이라는 평소 소신대로 재산의 대부분을 기부했고, 은퇴 후에는 자선사업에 헌신했다. 당시 최대의 부자였던 카네기와 록펠러가 경쟁적으로 자선사업에 나선 것은 미국 자본주의의 커다란 행운이었다. 무엇보다 큰 부자가 큰 자선사업을 할 수 있다는 좋은 선례를 남겼기 때문이었다. 또한 미국이 약육강식이라는 가장 자본주의적인 시스템을 오랫동안 유지하면서도 부자들에 대한 반감이 상대적으로 적은 것도 이들과 같은 존경받는 부자가 계속 이어졌기 때문이다.

2. 워렌 버핏과 빌 게이츠

"내일도 그냥 평범한 하루일 뿐이야(It's just another day)."

난데없이 웬 폴 메카트니의 노래가사냐 하겠지만 워렌 버핏이 2006년 6월 재산의 85%(310억 달러)를 기부하기로 발표하기 전날 기분이 어떠냐고 물은데 대한 대답이었다. 버핏이 세 자녀와 두 손자, 빌 게이츠 부부와 함께 저녁식사를 하는 자리에서였다. 〈타임〉과 〈포춘〉 출신의 두 기자(피터 번스타인·애널린 스완)가 〈포브스〉의 400대 부자들을 25년간 추적해서 쓴 〈리치(The Rich)〉라는 책에 나오는 이야기이다. 버핏은 더욱이 자신의 이름이 붙은 재단을 따로 만들지 않고 기부금의 70% 정도를 빌 앤 멜린다 게이츠 재단에 기부하겠다고 발표했다.

절친한 친구이자 부자 순위 1, 2위를 다투던 마이크로소프트(MS)의 빌 게이츠는 그 열흘 전, 2008년이 되면 경영일선에서 물러나 게이츠 재단을 운영하는데 전념하겠다고 발표했고, 그는 이 약속을 지켰다. 사람들은 게이츠와 버핏의 기부와 헌신을 '부(富)의 역사상 가장 아름다운 행동'이라는 찬사로 답했다. 카네기와 록펠러가 만든 부자의 전통을 게이츠와 버핏이 이어가고 있는 것이다.

이외에도 기부대열에 참여하는 미국의 부자들을 일일이 열거하기도 쉽지 않다. 고든 무어, 조지 소로스, 엘리 브로드, 월튼 가문, 알프레드 만, 허버트 샌들러, 테드 터너, 마이클 델 등은 2006년 현재 10억 달러 이상을 기부했다. 10억 달러면 1조원이 넘는 천문학적인 규모의 돈이다. 이들 대다수는 특히 빈손으로 무덤에 들어가기로 약속했다. 보스턴 대학의 자선사업연구소가 2005년에 재산이 3000만 달러 이상인 부자 91명을 대상으로 조사한 결과에 따르면 이 중 65%가 죽기 전에 전 재산의 대부분을 기부할 생각이라고 밝히고 있다. 바로 이들이 결코 평범하지 않은 미국 사회를 만들어 가고 있는 것이다.

3. 구두쇠와 기부자는 DNA가 다르다

이쯤에서 우리나라 부자들에게 화살을 돌려보자. 우리나라에서 '부자' 하면 가장 먼저 무엇이 떠오를까?

"어떻게 돈을 벌었을까? 모르긴 해도 그렇게 그렇게 벌었거나 물려받

았겠지. 아마도 상속세도 제대로 내지 않았을 거야. 미국에서는 부자들이 오히려 상속세율을 올려야 한다는 청원을 내기도 한다는데 말이야. 임금을 착취하거나 부동산 투기나 일삼는 반면 기부에는 인색하니까 욕을 먹어도 싼 사람들이지.”

우리나라는 상속형 부자가 많을 것이라는 인식이 높지만 실제로는 어느 정도일까? 부자에 대한 정의가 사람마다 다르기는 하지만 통상 메릴린치자산운용과 컨설팅회사 캡제미니가 매년 공동으로 발표하는 ‘세계부자보고서’에서 부동산과 자동차 등의 자산을 제외한 순수 금융자산으로 100만 달러 이상을 소유한 사람을 부자로 보고 있다. 이에 속하는 부자가 우리나라는 2008년에 12만 4000명에 달하는 것으로 집계됐다. 금융자산만 100만 달러(약 10억 원) 이상을 가지고 있으니까 부동산 등을 포함하면 적어도 30~50억 원 이상을 가지고 있는 부자라고 할 수 있다. 부자학연구학회 회장으로 있는 한동철 서울여대 교수는 이들 12만여 명 중 상속형 부자는 5% 미만으로 추정하고 있다. 나머지 95%는 자수성가형 부자들이다. 자수성가형 부자를 자영업자형(60%)과 전문직 종사자 또는 벤처사업가를 의미하는 전문가형(35%)으로 세분하기도 하지만 둘 다 가진 것 없이 시작해 부자가 됐다는 점에서 자수성가형으로 합쳐도 큰 문제는 없을 것이다. 한동철 교수에 따르면 앞서 언급한 것처럼 미국의 경우 400대 부자와 같은 큰 부자들은 상속형이 30% 정도 되지만 금융자산 100만 달러 이상의 부자(246만 명)를 기준으로 할 경우 미국의 상속형 부자는 10% 정도이고, 자수성가형 부자가 90%를 차지하고 있다. 미국이 우리나라보다 오히려 상속형 부자가 더 많다고 볼 수도 있지만 우리나라나 미국이나 웬만한 부자들은 대부분

자수성가형이라고 할 수 있는 대목이다.

　2007년 12월, 주요 언론들이 '구두쇠와 기부자는 유전자가 다르다'라는 재미있는 연구결과를 보도했다. 이스라엘 히부르 대학의 심리학과 연구팀이 성인남녀 203명에게 각각 12달러씩을 주면서 그 돈을 원하는 대로 사용하라고 선택의 기회를 줬다. 단 실험대상자들에게 주어진 선택 모드는 '받은 돈을 모두 자신이 가지거나 돈의 일부 또는 전부를 남에게 기부하는 것'이었다.

　연구팀은 이들의 선택의 결과와 미리 채취한 실험대상자의 DNA 샘플을 비교해 보았다. 그랬더니 'AVPR1a'라는 유전자가 있느냐 없느냐에 따라 기부행태가 크게 달라지는 것을 발견했다. 일종의 단백질 유전자인 'AVPR1a'를 가진 사람이 그렇지 못한 사람에 비해 50% 이상 많은 돈을 기부한 것으로 나타난 것이다. 연구팀은 "이번 실험이 DNA의 특정유전자와 기부와 같은 이타적(利他的) 행동이 깊은 관계가 있음을 입증하는 최초의 증거"라고 주장했다. 마치 명랑하거나 낙천적인 성격이 유전되는 것처럼 기부 또는 자선활동과 같은 행동도 대를 이어 유전된다는 것을 보여준 셈이다.

　그렇다면 미국인들은 'AVPR1a'라는 기부 유전자가 많은 인종인 반면 우리나라 사람들은 'AVPR1a'라는 기부 유전자가 적은 인종인가? 물론 현재의 상황으로만 본다면 우리나라 사람들의 기부 유전자가 상대적으로 적다고 할 수 있다. 자선 관련 연구로 유명한 뉴욕 대학의 클래어 가우디아니 교수에 따르면 미국은 세계에서 가장 많이 기부하는 나라로 손색이 없다. 미국인들은 국내총생산(GDP) 대비 기부금액의 비중이 1.8%(이하 2006년 기준)에 달해 두 번째로 높은 영국의 0.7%에 비해서도 두 배 이상 높다. 세 번째인 프랑스가 0.14%이고, 그 뒤를 잇는 남아프리카공화국·싱가포르·터키·독일 등의 기부금액 비중은 0.1%를 넘지 못한다. 관련 통계가 없지만 우리나라 역시 0.1%를 넘지 못할 것이다.

미국은 비중이 높기도 하지만 절대금액에서는 전 세계 기부금을 다 합친 것보다도 더 많다. 2006년 한 해 동안 미국인들이 기부한 금액은 2920억 달러로 2006년 우리나라 GDP(8874억 달러)의 30%를 넘는 엄청난 규모이다. 자산이 100만 달러 이상인 부자들의 기부 참여율이 98%에 달하는 등 개인의 비중이 83.6%로 압도적 다수를 차지하고 있다. 기업의 기부액 비중은 4.8%에 불과하고 나머지 11.6%는 재단으로부터의 기부금이다. 또한 총 기부액의 70% 이상이 연봉 3만 달러 이하의 평범한 사람들의 호주머니에서 나오고 있다니까 잘 사는 사람, 못 사는 사람 가릴 것 없이 미국인 거의 모두가 기부에 참여하고 있는 셈이다.

반면 우리나라의 경우 개인의 비중은 15.8%에 불과하고, 기업의 비중이 67.5%로 절대적이다. 나머지는 사회 및 종교재단이 12.2%, 공공기관이 4.5%를 차지하고 있다. 개인 평균을 보면 미국은 1인당 연간 기부액이 800~1000달러(2007년 기준 약 80만~100만원) 정도인 반면 우리나라의 경우 5만 7900원(아름다운 재단, 2004년 20세 이상 대상)으로 국민소득 차이를 감안하더라도 우리나라 개인들의 기부액이 미국에 크게 못 미치고 있다. 우리나라의 일반 국민들은 물론 부자들이 인색한 결과라고 볼 수 있다.

4. 카네기보다 60년이나 빠른 임상옥

그러나 크게 실망할 일은 아니다. 지금 인색하다는 것은 거꾸로 앞으로 기부 여력이 무한하다고 볼 수 있기 때문이다. 더욱이 우리나라도 얼마든지 존경받는 부자를 찾을 수 있다. 10대 300년을 이어온 경주 최부잣집 외에도 전남 구례의 문화 류씨, 전남 해남의 해남 윤씨 등 수대를 이어 자선과 적선으로 유명한 양반가들이 적지 않다. 이들에 대한 관심과 기록, 홍보가 상대적으로 적었을 뿐이다.

정직과 신의로 돈을 벌어 가난을 구제한 거상(巨商) 임상옥. 1770년대 후반 가난한 상인의 아들로 태어난 그는 30대 초반에 조선의 인삼독점권을 따내면서 당대의 거부로 올라섰다. 홍경래의 난(1811년) 때는 방수장으로 의주성을 지키는데 공을 세웠고, 자신의 재산으로 가난한 사람들을 구제한 공로를 인정받아 곽산군수를 거쳐 구성부사로 임명받았다. 반상(班常)의 구분이 확실하던 시대에 상인 출신이라는 가장 낮은 신분에서 정3품(또는 종3품)의 관직에까지 오를 정도였으니 그가 빈민구제를 위해 얼마나 많은 재산을 내놓았는지 가늠할 수 있을 것이다.

〈조선왕조실록〉에 임상옥이 단 한 차례 나온다. 헌종1년(1835년) 비변사에서 "비천한 상인을 2년 만에 더 높은 관직에 임명하는 것은 전례가 없는 일"이라고 주청하자 왕이 윤허하였다는 것이다. 임상옥에 대한 기록이 거의 없을 뿐 아니라 그가 지었다는 '가포집'과 '적중일기'도 전해지지 않아서 자세한 내막을 알 수 없지만 임상옥은 이 때 왕과 양반들의 이율배반적인 행태에 정나미가 떨어졌을 것이다. 결국 59세 되던 해인 1837년에 사업을 모두 정리하고 이후 77세로 죽을 때까지 빈민구제와 시(詩)로 여생을 보냈다. 1837년이면 미국의 카네기와 록펠러가 기부와 자선사업에 나서기 50~60년 전의 일이다. 조선 최대의 부자가 미국 최대의 부자보다 먼저 은퇴 후 거의 모든 재산으로 자선사업에 나섰다는 사실을 아는 사람이 몇이나 될까. 이외에도 임상옥보다 조금 앞선 시기에 제주의 빈민을 구제한 의녀(義女) 김만덕, 일제시대 때 평양의 여성 기부왕 백선행, 원칙과 사회를 위해 살다간 유한양행의 창업자 유일한 등이 임상옥의 맥을 잇는 존경받는 부자들이라고 할 수 있다.

미국처럼 기부가 사회의 한 흐름이자 문화로 자리잡게 되면 어려서부터 기부를 받고 기부를 하는 환경에서 자라날 것이다. 어른이 되어서도 기부와 봉사가 자연스러운 일이 되는 것이다. 특히 어려서부터 보고 배운 것이 기부이고 또 선행이라면 없던 유전자도 생겨날 것이다. 우리나라의 경우 일제시대와 6·25전쟁을 겪으면서, 또 농업사회에서 산업자본주의사회로 급격하게 바뀌면서 기부와 적선의 아름다운 전통이 거의 끊기다시피 했다고 볼 수 있다. 미국의 경우 1800년대 초반부터 본격적인 자본주의가 시작됐다고 보면 카네기와 록펠러가 기부와 사회공헌에 적극적으로 나서기까지 최소한 100년의 세월을 필요로 했다. 우리나라의 자본주의가 시작된 것을 6·25전쟁 이후로 보더라도 아직 50여 년에 불과하다.

성장을 빨리 한 만큼 기부 문화도 좀 더 빨리 자리 잡을 수 있지 않을까? 최근 들어 기업과 개인 차원에서 기부와 사회공헌에 대한 관심이 높아지고 있고 자의든 타의든 기부와 사회공헌이 이뤄지고 있다. 벌써 기억이 가물거리지만 교보생명과 대한전선은 1000억 원 이상의 상속세를 신고해 우리나라 역사상 가장 많은 상속세 기록을 세웠다. 부자들도 부자들이지만 김밥 할머니, 식당 할머니들도 기부에 참여하고 있다. 최경주와 박찬호, 김장훈 등 스포츠 스타와 연예인들도 적극적으로 나서고 있다. 부자들과 가진 자들을 부정적 시각만으로 바라볼 것이 아니라 그들이 하는 아름다운 선택에 박수를 보내는 것은 물론 기부여건을 만들어주는 사회적 분위기 조성도 우리가 해야 할 일이다.

〈월간조선〉 (2009. 11)

2. 위기 속에 빛나는 한국 대표기업들

"위기는 기회다!"

삼성전자, LG전자, 현대자동차 등 요즘 잘 나가고 있는 우리나라의 대표기업들이 실적과 시장 점유율로 보여주고 있는 말이다. 2008년 하반기에 시작된 글로벌 금융위기의 여파로 전 세계 경제가 마이너스 성장으로 급락하고 있는 가운데 GM, GE, 도요타, 노키아 등 내로라하는 글로벌 대표기업들이 위기를 겪고 있거나 주춤거리고 있다. 반면 삼성전자 등 우리나라의 대표기업들은 매출과 이익, 시장 점유율 등에서 군계일학(群鷄一鶴)이라고 표현할 정도로 글로벌 선두를 향해 질주하고 있다.

지난 2분기 성적을 한번 들여다보자. 우리나라의 반도체(삼성전자, 하이닉스) 세계시장 점유율은 61%를 기록해 1년 전보다 무려 13.1%포인트나 점유율이 뛰어올랐다. LCD(삼성전자, LG디스플레이)의 세계시장 점유율은 3개 분기 연속 55%를 유지했다. 1년 전에 비해서는 점유율이 10%포

24

인트 이상 급등한 것이다. IT품목 중 수출액 1위를 달리고 있는 휴대폰 (삼성전자, LG전자)의 경우도 사상 처음으로 세계시장 점유율 30%를 넘어섰다. 1년 전에 비해 점유율이 6%포인트 정도 높아진 것이다. 반면 휴대폰 시장 세계 1위인 노키아의 점유율은 41%에서 38.5%로 줄어들고, 8~9% 하던 모토로라와 소니에릭슨의 점유율은 각각 5%대로 떨어졌다. 자동차시장에서의 선전도 괄목할 만하다. 현대차와 기아차의 점유율이 미국 시장에서 7%대로 올라섰고, 중국과 유럽 시장에서도 각각 10%와 4%를 넘어설 기세이다. 특히 지난 6월 중 미국 시장에서 1년 전에 비해 시장 점유율이 늘어난 자동차 회사는 미국의 포드를 제외하고는 현대차와 기아차뿐이었다. 이외에도 부동의 1위를 고수하고 있는 조선업과 꾸준히 점유율을 높여가고 있는 철강과 화학업종에서도 좋은 성적을 내놓고 있다.

1997년 말 외환위기 당시만 하더라도 존폐의 위기에 놓였던 이들 기업들이 불과 10여년 만에 당당히 글로벌 기업 대열에 올라선 배경을 어디에서 찾을 수 있을까? 다 같이 어려운 상황에서 유독 우리나라 기업들이 돋보이는 것을 단순히 환율이 급등한 효과라고만 볼 수 있을까? 사실 1년 전에 비해 30% 이상 급등한 환율이 크게 도움이 된 것은 누구도 부인할 수 없다. 하지만 환율만으로 모든 것을 설명하기에는 이들 한국의 대표기업들의 도약은 그야말로 눈부시다고 할 수 있다. 도대체 어떤 배경과 동력이 위기를 기회로 돌려놓을 수 있었을까?

1. 외환위기 이후 상시 위기 대응체제 구축

기업들마다 조금씩 다르겠지만 다음과 같은 몇 가지 공통점을 발견할 수 있다. 무엇보다 첫 번째 공통점은 1990년대 말 사상 초유의 외환위기를 거치면서 구조조정은 물론 경영 및 매출전략 수정 등을 통해 항상 위기를 준비하고 대응하는 체제를 갖춰왔다는 점이다. 위기극복 과정과 그 경험을 통해 체력과 덩치를 키우는 것은 물론 체질도 바꿈으로써 '상시 위기 대응체제(crisis-proof system)'를 구축했다고 볼 수 있다. 30대 그룹 중 절반 이상이 사라지는 와중에서 간신히 살아남은 기업들이 이후 같은 어려움과 실수에 빠지지 않기 위해 뼈를 깎는 노력을 한 결과가 다시 큰 위기를 맞아 빛을 발하고 있는 것이다. 사실 이런 부분은 통계와 수치로 표현할 수 없는 무형의 자산이다. 현재 우리나라 기업의 최고경영자(CEO)를 비롯한 대다수 경영진들은 10년 전 외환위기 당시에는 초임 임원이거나 부차장급 직원으로서 온 몸으로 위기를 겪은 경험과 수많은 선후배와 동료들이 직장을 그만두는 것을 지켜본 사람들이다. 이들에게 체화된 무형의 위기 대응능력은 엄청난 경쟁력을 가지고 있다고 볼 수 있다.

삼성경제연구소가 지난 4월 초에 내놓은 보고서 '불황기 지속성장 기업 3선'에는 월마트, IBM, 맥도날드가 선정돼 있다. 이들 기업들의 공통점은 이번 글로벌 위기를 겪기 직전에 개별 기업별로 위기를 겪었다는 점이다. 월마트의 경우 창립 45주년을 맞았던 2007년 양적 성장이 한계에 봉착하는 위기를 맞았다. 매출 증가율과 주가 상승률이 경쟁 업체인 타깃이나 코스트코, 크로거 등에 비해 크게 낮았다. IBM과 맥도날드도 각각 2002년에 IT서비스 산업의 성장성 저하 및 웰빙 트렌드로 인한 성장성 둔화라는 위기에 부딪쳤다. 이들 기업들은 다른 기업보다 한 발 먼저 위기를 맞아 극복하는 과정에서 만들어낸 단련된 체력과 변화된 체질로 더 큰 위기에 적절히 대응할 수 있었다는 것이다. 마치 예방백신을 미리 맞음으로써 더 강력한 전염병에 대한 면역력을 기른 결과라고 할 수 있을 것이다.

2. 철저한 품질경영 - 품생품사(品生品死), 불량제품 화형식

두 번째는 품질경영을 들 수 있다. 아무리 값이 싼 제품이라고 하더라도 품질이 일정 수준을 만족시키지 못할 경우 시장 점유율을 높일 수 없다. 환율이 30% 이상 급등하면서 우리 기업들의 수출제품들의 가격도 상당 폭 싸지면서 가격 경쟁력에서 매우 유리한 위치를 점하고 있을 것이다. 그러나 싸다고만 해서 품질이 뒷받침되지 않는 자동차나 TV, 휴대폰과 같은 내구재를 거금을 들여 사지는 않을 것이다. 현대차의 구호는 '품질경영, 무한경쟁, 이기는 길'이다. 구호뿐만 아니라 현대차의 정몽구 회장은 품질에 살고 품질에 죽는다고 해서 '품생품사(品生品死)'라는 말을 들을 정도로 품질경영을 강조하고 있다. 10년 무상보증 프로그램은 물론 2005년 이후 현대차가 미국 최고의 소비자만족도 조사기관 JD파워의 품질평가 순위에서 1위를 차지하고 있는 것도 그 같은 노력의 결과일 것이다.

1995년 3월 삼성전자 구미사업장. 이건희 회장의 지시에 따라 15만대(500억 원 상당)의 휴대폰과 무선전화기가 잿더미로 변했다. 이 회장이 그해 2000여 명의 임직원들에게 설날 선물로 돌린 휴대폰이 화근이었다.

고맙다는 인사는커녕 '통화가 잘 안 되는' 잘 안 팔리는 불량품을 처리했다는 비아냥이 돌아왔다. 평소 품질경영을 주장하던 이 회장이 "시중에 나간 제품을 모두 거두어 직접 만든 직원들이 보는 앞에서 태워버리라"고 지시했다. '불량제품 화형식'을 통해 애니콜(Anycall)이 세계 최고의 휴대폰으로 거듭나는 순간이었다.

3. 과감한 R&D 투자

세 번째로는 과감하면서도 꾸준한 연구개발(R&D) 투자를 빼놓을 수 없다. 품질제고를 위해서는 회장 등 고위직 임직원들의 끊임없는 관심과 노력이 무엇보다 필요하다. 하지만 그에 더해 반드시 뒤따라야 하는 것이 품질제고를 위한 실질적인 투자일 것이다. 돈이 뒷받침되지 않으면서 품질을 높일 수 있는 정도는 한계가 있을 수밖에 없다. 대부분의 업종에서 후발주자라고 할 수 있는 우리나라 회사들이 생존경쟁에서 장기적으로 살아남는 것을 넘어 시장 점유율 1, 2위권의 초일류기업으로 도약하기 위해서는 R&D 투자가 필수적인 요소일 수밖에 없다. 우수한 인재를 초빙하는 것은 물론 최고 수준의 기자재를 갖추는 것은 기본이고, 경기상황이나 회사 실적이 나쁠 때도 R&D 투자만은 최우선으로 챙기는 회사가 결국 경쟁에서 승리할 것이다. 원가절감은 물론 새로운 기술과 제품이 모두 R&D 투자의 산물이기 때문이다. 삼성전자는 2008년 한 해 동안에만 R&D 투자에 7조 원을 투입했다.

4. 정확한 수요 예측과 과감한 글로벌 마케팅

네 번째 공통점으로는 정확한 수요 예측과 과감한 글로벌 마케팅 전략을 들 수 있다. 급변하는 경제 환경 속에서 소비자들의 트렌드를 정확히 파악하는 동시에 미래수요를 정확히 예측하는 것은 품질 이상의 효과를 가지고 있다. 터치폰이나 스마트폰 등 소비자들의 선호를 따라가는 휴대폰을 남들보다 앞서 출시하고, 유가급등에다 경기침체가 겹치는 시기에 중소형 차와 고연비 차로 승부를 거는 전략이 대박을 터트리는 성공작으로 나타난 것이다. "전쟁 속에서도 아기는 태어나고 꽃은 피어난다"는 말처럼 대공황에 버금가는 글로벌 경기침체 속에서도 삼성전자와 LG전자의 고가의 고기능 휴대폰에 주력하는 역발상이 맞아떨어졌다. 현대차는 미국에서 유가급등이 화두가 되자 '휘발유 값 지원 프로그램'을 가동하고, 실업률이 급등하자 '실직자 보장 프로그램(Assurance Program)'을 내놓았다. 급속한 경제 불황으로 언제 실직할지 모르는 상황에서 만약 당신이 실직하게 되면 구입한 차를 되사주겠다는 회사를 어떻게 볼 것인가? 지나친 과장으로 들릴지 모르지만 마치 둘도 없는 친구 또는 부모형제와 같은 회사라는 느낌을 가지게 되지 않을까? 여기다 자동차시장의 침체로 '2009 디트로이트 모터쇼'에 대다수 자동차 회사들이 참가를 취소하거나 간소하게 치른 반면 현대차는 더 공격적인 마케팅을 펼쳤고, 가장 광고 단가가 비싸다는 미국의 미식축구 결승전 슈퍼볼에 5편의 광고를 내보냈다. 형편없는 품질의 '마차'를 파는 회사가 아니라 안전하면서도 편안한 그래서 타고 싶고 갖고 싶은 차를 파는 현대차 브랜드를 만들어가고 있는 것이다.

5. '오너 회장 + 전문 CEO' 체제로 위기 극복

다섯 번째로는 그룹의 오너 회장과 유능한 최고경영자(CEO)의 조합이라는 우리나라 특유의 기업 지배구조를 들 수 있다. 평상시에는 그룹 회장제가 여러 가지 면에서 비판의 도마에 오르기도 하지만 위기가 닥치면 가장 효율적인 위기 대응체제가 아닐까? 삼성전자, LG전자와 현대차 등은 대주주인 그룹 회장이 큰 틀을 잡아주면 각 회사 또는 부문별 CEO들이 막강한 권한과 책임을 가지고 거의 모든 일을 전권 처리한다. 평상시에는 그룹 회장의 역할이 거의 없는 것처럼 보이지만 현장을 다니면서 던지는 한두 마디가 경영의 핵심이 되거나 중요한 투자 또는 경영 결정에서 그룹 전체 또는 해당 회사의 미래 진로가 결정되기도 한다. 특히 위기의 조짐이 보이면 그룹 회장이 선두에 나서는 것은 물론 CEO들과 위기 대응기구를 만드는 등 신속하게 의사결정을 하고 그에 따라 실행에 나선다. 오너 회장의 기업 경영에 대한 열정과 CEO의 경영 노하우가 합쳐지면서 급변하는 환경에 적절히 대응함으로써 외부 충격의 파고를 넘어설 수 있는 것이다. 위기의 한복판에서 때로는 과감하면서도 신속한 결정이 필요하다. 오너가 아닌 전문경영인으로서의 CEO가 혼자서 그 같은 결정을 제 때에 내리기는 쉽지 않을 것이다.

미국의 자동차 '빅3' 중 GM과 크라이슬러는 파산보호신청 이후 구조조정을 거쳐 각각 뉴GM과 뉴크라이슬러로 다시 태어나고 있다. GM은 대주주가 없고, 크라이슬러는 독일의 다이물러가 인수한 후 전략다운 전략을 제대로 세우지 못한 상황에서 글로벌 위기를 맞으면서 지난 6월 이탈리아의 피아트로 경영권이 넘어갔다. 반면 포드 가문(家門)이 창립 이후 100년 이상 대주주로 건재한 포드는 아직 어렵기는 해도 살아남는 쪽으로 가닥이 잡히고 있다. 특히 최근 들어서는 미국 내 시장 점유율을 큰 폭으로 끌어올리는 등 GM과 크라이슬러의 부진에 따른 반사이익을 받아내고 있다.

6. 포드 가문 – GM이 갖고 있지 않은 위대한 자산

포드 가문은 미국 자동차업계에 이상 조짐이 보이기 시작한 2000년을 전후해 전면에 나서기 시작했다. 먼저 창업자 헨리 포드의 4대손(증손자)으로 가문의 대표주자인 윌리엄 포드가 1999년 회장직에 취임한데 이어 2001년에는 CEO까지 겸임하기 시작했다. 이어서 2006년에는 회사 역사상 처음으로 자동차업계가 아닌 항공기 제조회사 보잉의 수석부사장이었던 앨런 멀랠리(Alan Mulally)를 CEO로 영입했다. 오너 회장과 외부적 시각을 가진 유능한 전문경영인 CEO의 조합으로 난국을 헤쳐 나가겠다는 전략이었다.

지난 1월 말, 포드 본사가 있는 미국 미시건주 디어본에서 포드 가문회의가 열렸다. 포드 가문은 아직도 전체 의결권의 40%를 보유하고 있는 절대 대주주이다. 3개월에 한번 열리는 의례적인 회의였지만 이번에는 포드의 운명이 달려있는 비장한 분위기였다. 포드 회장과 멀랠리 CEO에 대한 신임 여부와 파산을 피하기 위한 자금 확보 계획이 안건으로 올랐다. GM과 크라이슬러의 파산보호신청이 임박했다는 소식에다 10년 전에 20억 달러를 넘었던 포드 가문 보유주식의 가치가 1억 4,000만 달러로 사상 최저수준까지 떨어져 있었다. 가문회의는 그러나 현 경영진을 지지하기로 결정하는 동시에 230억 달러의 자금 확보를 위해 포드사의 모든 자산을 담보로 제공키로 결정했다. 포드 가문이 경영에서 손을 떼고 빈털터리로 전락할 수도 있는 위험한 결정이었다. 결국 이 같은 대주주의 과감하면서도 신속한 의사결정과 자기희생은 임직원들과 투자자들의 신뢰를 회복하면서 회생의 발판을 마련하는 계기를 만들었다. 〈뉴욕타임스(2009. 6. 23일자)〉는 포드 가문의 이 같은 결정과 충성심이 '빅3' 중 유일하게 파산보호 신청을 피한 포드의 생존 비결이라고 분석했다. 미시건대 경영대학원의 데이비드 루이스 교수는 "포드 가문은 GM이 갖고 있지 않은 위대한 자산의 하나(The Ford family is one of Ford' s greatest assets, and one that G.M. has never had)" 라고 주장했다.

이상에서 잘 나가는 우리나라 글로벌 기업들의 공통점으로 위기대응 경험과 능력, 품질경영, R&D 투자, 수요 예측과 마케팅 전략, 그룹의 오너 회장과 CEO라는 독특한 기업 지배구조를 들었다. 이외에도 회사별로 인재 영입 및 육성 등 인사관리, 새로운 해외시장의 개척, 철저한 유통망 및 A/S 관리, 현장과 시장중시 경영, 상생(相生)의 노사관계, 다양한 품종을 동시에 생산하는 사업 포트폴리오 등을 들 수 있을 것이다.

7. 해답은 혁신력·경쟁력·리더십에 있다

그렇다면 이 같은 많은 장점들이 어우러져 만들어내는 실질적인 힘을 어떻게 요약할 수 있을까? 앞서 언급한 삼성경제연구소의 보고서 '불황기 지속성장 기업 3선' 에서 김상범 수석연구원은 불황에도 불구하고 지속성장하고 있는 글로벌 초일류 기업의 공통점으로 '혁신력, 경쟁력, 리더십'의 세 가지를 들었다. 혁신력은 과거의 제품과 사업을 전혀 새로운 시각에서 해석함으로써 성장의 한계를 돌파하는 역량을 말하고, 경쟁력은 원가와 기술 등 경쟁회사가 단기간에 모방할 수 없는 탁월한 수준의 경쟁우위를 확보하는 것이다. 리더십은 혁신력과 경쟁력이 한 방향으로 결합 추진될 수 있도록 명확한 목표와 실행동기를 조직 구성원에게 부여하는 행위를 의미한다. 이 같은 혁신력과 경쟁력, 리더십을 김상범 수석연구원이 선정한 월마트, IBM, 맥도날드에만 적용할 것이 아니라 우리나라의 삼성전자와 LG전자, 현대자동차 등에 적용해도 누구도 이의를 제기하지 않을 것이다.

혁신력과 경쟁력, 리더십은 어느 날 갑자기 생기거나 따라갈 성질의 것은 아니다. 하지만 빠른 속도로 좇아오는 회사보다 상대적으로 느릴 경우 언제나 추월당할 수 있다. 이제 전 세계에서 시장 점유율 1, 2위 또는 그에 근접하는 글로벌 기업으로 올라선 우리나라 기업들은 남을 따라하고 모방하던 '벤치마킹(benchmarking)' 시대에서 스스로 개발하고 수요를 창출하는 '벤치메이킹(benchmaking)' 또는 수성(守城)의 시대로 들어선 것이다. 게다가 우리나라 기업들의 시장 점유율이 높아질수록 해당국 로컬 회사들은 물론 해당국 정부의 견제를 대비해야 할 것이다. 무역 및 특허 분쟁, 보조금 등 상계관세 시비, 독과점법 적용 여부 등과 같은 단어들의 출현 비율이 갈수록 높아질 것이다. 글로벌화와 동시에 로컬화를 추진해야 하는 이유이기도 하다. 아울러 글로벌 금융위기 속에서 주춤했던 GM, 크라이슬러, 포드, 도요타, GE, 인텔, 노키아, 아르셀로미탈(세계 1위 철강회사) 등이 강한 구조조정을 거쳐 보다 높은 경쟁력으로 시장에 돌아올 가능성이 높다. 비 온 뒤에 땅이 굳어지는 것처럼 위기 후에 더 강해지는 것이다. 따라서 위기 이후를 대비하는 전략도 세워야 할 것이다.

8. 빅3 법칙

끝으로 잭디쉬 세스(Jagdish Sheth)와 라젠드라 시소디아(Rajendra Sisodia)가 쓴 책 〈빅3 법칙(The Rule of Three)〉을 소개하고자 한다. 빅3 법칙은 3권 분립·3정승·3두 정치처럼 정치권에서의 황금분할 숫자 3이 기업들에게도 통한다는 주장이다. 요즘 흔들리고 있지만 미국의 자동차산업은 1930년대부터 GM·포드·크라이슬러의 빅3가 좌지우지해왔다. 운동화의 나이키·아디다스·리복, 햄버거의 맥도날드·버거킹·웬디스 등 미국을 포함한 주요국의 대부분 산업에서도 빅3의 법칙이 적용되고 있다. 우리나라의 경우에도 백화점에서 신세계·롯데·현대백화점, TV 공중파 방송에서 KBS·MBC·SBS, 조선에서 현대·대우·삼성중공업이 빅3를 이루고 있거나 만들어가고 있다. 이상이 한 나라 시장을 상대로 한 빅3 법칙이라면 세계시장을 상대로 뛰는 글로벌 기업들의 경우 시장이 워낙 크기 때문에 업종에 따라 글로벌 빅3~5가 살아남게 될 것이다. 초대형사 3~5개가 세계시장을 과점하고 나머지는 중소업체들이 조금씩 나눠먹게 된다는 말이다. 현대자동차가 글로벌 빅5를 노리는 이유도 바로 여기에 있다.

빅3는 통상 70~90%의 국내시장 점유율을 차지하면서 다양한 제품과 서비스를 제공한다는 점에서 제너럴리스트(generalists)라고 할 수 있다. 반면 틈새시장에서 전문적인 상품을 제공하거나 특정 고객 또는 지역을 공략하는 스페셜리스트(specialists)들이 있다. 이들은 제각기 시장 점유율 1~5%를 차지하고 있다. CNN이나 지역방송, 경제신문과 같은 경우이다. 제너럴리스트에도, 스페셜리스트에도 끼지 못한 기업들은 결국 퇴출의 길을 걷게 될 것이다.

하지만 한번 빅3에 들어갔다고 해서, 또 1위를 차지했다고 안심해서는 안 된다는 것이 저자들의 주장이다. 미국의 할인소매업체 K마트는 원래 월마트를 크게 앞서는 1위였다. 하지만 월마트의 소도시 및 저가 (低價) 공세를 우습게 보다가 1위를 빼앗긴 데 이어 2002년에는 파산보호신청을 하는 수모를 당했다. 반면 월마트는 매출액에서 미국 전체기업 중 1위를 오르내리고 있다.

우리나라에서도 OB맥주가 하이트맥주가 출시될 당시 '150m 암반수가 아니다' 라는 말만 하다가 부동의 1위 자리를 내주고 만 경우가 있다. 특히 우리나라는 1997년 말 외환위기 이후 30대 재벌그룹 중 절반 이상이 망하거나 다른 그룹으로 합병되는 등 순위의 급격한 변동을 직접 목격한 케이스라고 할 수 있다.

그렇다면 1위를 지키기 위한 전략은 무엇인가? 저자들은 모두 여섯 가지를 들고 있다. 첫째, 혁신의 주도자가 아니라 '빠른 추종자(Fast Follower)' 가 돼야 한다. 2, 3위 기업들이 애써 해놓은 혁신을 재빨리 받아들여 내 것으로 소화하는 소위 혁신의 '무임승객(free rider)' 이 되라는 말이다. 달리 표현한다면 '혁신적 모방(innovative imitation)' 이라 부를 수 있을 것이다. 가장 최근의 경우로 신속하게 다른 회사의 신제품을 따라가서 성공한 마이크로소프트(MS)를 들 수 있다. MS는 인터넷 접속 소프트웨어인 '네스케이프' 가 나오자 불과 22개월 만에 '인터넷 익스플로러' 를 내놓았다. 이 바람에 네스케이프는 선발주자이면서도 시장 점유율을 거의 다 빼앗겨버렸다. 결국 올려다볼 곳이 없는 1위는 과감하게 내려다보면서 시장상황에 적극 대응해야 한다는 말로 해석할 수 있다. 높은 산에 오를수록 더 많이 보이기 때문이다.

둘째, 산업의 표준을 정하라(Rule Maker). 1위 기업은 최고의 제품 또는 서비스를 무기로 표준 또는 규범(norms)을 정하면서 시장을 선도해야 한다. 이렇게 하면 다른 경쟁기업들도 따라올 수밖에 없을 것이다. 마이크로소프트(MS)는 PC의 운영체제를 IBM의 도스(DOS) 방식에서 윈도우즈(Windows)로 바꾸는데 성공하면서 컴퓨터 소프트웨어업계를 독점하게 됐다. 이후 MS의 슬로건은 '우리가 표준을 정한다(We set the Standard)'가 되었다.

이와 비슷한 경우로 비디오 방식에서 서로 경쟁을 벌인 일본의 소니와 마츠시다를 들 수 있다. 소니의 베타 방식이 시작은 1년 정도 먼저 했지만 마츠시다의 VHS 방식이 표준으로 결정되면서 소니도 VHS 방식으로 돌아설 수밖에 없었다. 개발 및 시설투자에 따른 막대한 손해를 감수했을 뿐 아니라 소니의 위상에도 커다란 흠집을 남긴 사건이었다. 결국 1위는 때로는 2위를 따라가는 벤치마킹(benchmarking)도 필요하지만 때로는 스스로 표준을 만드는 벤치메이킹(benchmaking)도 잘 해야 한다는 말이다.

셋째, 나이키·코카콜라·맥도날드와 같은 핵심 브랜드를 키워라. 다양한 제품 및 서비스를 개발해 광범위하게 홍보함으로써 세계적인 핵심 브랜드(World-class Marketer and Advertiser)를 만들어야 한다. 저자들은 핵심 브랜드를 반드시 하나로 고집할 필요도 없지만 둘을 넘지 말라고 권고하고 있다.

넷째, 저비용·제품 다양화·시장 점유율을 중시하는 박리다매(薄利多賣)형으로 가야 한다. K마트는 월마트의 공격적인 경영에 적극 대응치 않았다. 월마트의 공격에도 상당 기간 상당한 수익을 올리고 있었기 때문이었다. 그러나 야금야금 시장을 잠식해온 월마트를 경쟁대상으로 인식했을 때는 이미 대응하기에 너무 늦었던 것이다. 이와 비슷한 경우로 제록스를 들 수 있다. 당시 복사기 시장은 제록스가 독점하다시피 하면서 높은 마진(margin)을 누리고 있었다. 마진이 높을 경우 잠재적인 경쟁자들이 시장진입을 노리게 될 것이다. 하지만 제록스는 계속 높은 마진을 고집하다 캐논과 리코가 시장에 진입하면서 높은 마진도, 시장 점유율도 상당 부분 뺏기고 말았다. 최근 미국의 자동차 빅3도 비슷한 경우라고 할 수 있다.

다섯째, 마진을 낮추고 해외 및 관련 기업으로 진출해 시장을 키워라. 마진을 낮추면 없던 시장도 생길 수 있다. 예를 들면, 낮은 소득계층이나 해당제품의 효용이 떨어지는 계층까지 파고들 수 있기 때문이다. 아울러 해외진출은 물론 시너지 효과를 가질 수 있는 관련 산업으로의 진출도 필요할 것이다.

여섯째, 변화에 적극적으로 대응하는 실용적인 사고를 가져야 한다. 원칙과 비전은 확실하게 고수하되 독단적인 사고를 피해야 한다(avoid dogmatic thinking)는 말이다. 이와 관련해 저자들은 경영학의 대가 피터 드러커(Peter Drucker)의 다음 말을 인용하고 있다.

"지적인 능력은 세상을 당신이 원하는 대로 보는 것이 아니라 있는 그대로 볼 수 있는 능력이다."

마지막 한 마디는 찰스 다윈(Charles Darwin)의 적자생존(適者生存)과 관련한 다음 말이다.

"살아남는 가장 강한 종(種)은 가장 지적인 종이 아니라, 변화에 가장 잘 적용하는 종이다(It is not the strongest of the species that survive, nor the most intelligent, but the most responsive to change)" 〈월간조선〉 (2009. 9.)

3. 100년 지속할 100대 기업

지난 1월 스위스 다보스에서 개최된 세계경제포럼(WEF·일명 다보스 포럼)의 한 섹션에서 재미있는 보고서가 발표됐다. 캐나다의 경제전문지 코퍼릿나이츠와 미국의 리서치 전문회사 이노베스트가 장기적으로 지속(또는 생존) 가능성이 높은 100대 기업을 선정한 결과였다. 'Global 100: Most Sustainable Corporations in the World'라는 영어 제목에서 보는 것처럼 향후 100년 이상 생명을 이어가면서 세계적인 명성을 유지할 것으로 평가되는 글로벌 100대 기업의 명단이었다. 우리가 잘 아는 아마존이나 코카콜라·아디다스·인텔·도요타 등과 같은 기업들도 있지만 아시오나(스페인의 종합건설회사), 센트리카(영국의 전력·가스회사)처럼 잘 알려지지 않은 기업들이 더 많이 포함돼 있다.

코퍼릿나이츠와 이노베스트는 전 세계 1800여 개 상장기업을 대상으로 동종 경쟁업체 중 환경 및 사회적 위험관리와 기업 지배구조 등에서 가장 뛰어난 회사를 선정했다. 올해의 경우 특히 주주와 종업원,

고객 등 모든 이해당사자(stakeholders)와의 관계를 평가하는 등 보다 종합적인 평가기준을 도입함으로써 이들 100대 기업들은 경기의 급락과 같은 환경변화에도 가장 잘 적응할 수 있는 기업들이라고 밝히고 있다.

1. 한국 등 신흥시장국 기업 전무(全無)

그렇다면 과연 어떤 기업들이 선정되고, 이들 선정된 기업들은 어떤 특징을 가지고 있을까? 먼저 국가별로 보면 15개국만이 명단을 올리고 있다. 미국이 20개 기업으로 가장 많고, 영국(19개)·일본(15개)·프랑스(8개)·독일(7개) 등이 그 뒤를 잇고 있다. 여기다 캐나다(5개)와 이탈리아(2개)를 더하면 선진7개국(G7)에 속하는 기업이 무려 76개로 10개 중 7~8개를 차지하고 있다. 대륙별로 보면 미국(20개)과 일본(15개)·캐나다(5개)·호주(3개)를 제외하면 모두 유럽 국가들이어서 유럽의 기업들이 100개 중 57개를 차지하고 있다. 특히 호주를 제외하면 G7과 유럽 국가들의 독차지라고 할 수 있다.

아쉬운 것은 아시아의 경우 일본을 제외하고는 중국과 인도·한국·대만 등이 단 1개의 기업도 이름을 올리지 못하고 있다는 점이다. 중남미 역시 1개의 기업도 포함시키지 못했다. 선정이 시작된 2005년부터 보더라도 2008년에 홍콩의 도시철도회사 MTR이 한 차례 선정됐던 것을 제외하면 신흥시장국 기업 중 글로벌 100대 기업은 전무한 상황이다. 선정기관의 공신력이나 선정방식에 문제를 제기할 수도 있고, 특히 기업 지배구조와 환경 등에 비중을 크게 둠으로써 신흥시장국 기업들의 잠재력을 과소평가했다고 비판할 수도 있다. 또 미국에서 가장 존경받는 기업 20개 중 3개(도요타, P&G, 골드만삭스), 미국에서 가장 일하고 싶은 기업 20개 중 단 1개(골드만삭스)만이 글로벌 100대 기업에 포함되었다. 존경받거나 일하고 싶은 기업이라고 해서 반드시 오래 살아남는 것은 아니겠지만 선정 또는 평가기준에 이의를 제기할 수 있는 부분이다. 실제로 '글로벌 100대 기업 홈페이지(www.global100.org)'에 들어가 보면 GE, 애플, 마이크로소프트, IBM, 맥도날드, 월마트와 같은 기업들이 포함되지 않은데 대한 코멘트들이 올라와 있기도 하다. 또 브릭스(BRICs·브라질, 러시아, 인도, 중국) 기업이 하나도 없다거나 한국의 현대가 빠져 있다고 지적하는 글도 있다. 하지만 다보스 포럼에서 5년 연속 발표된 명단이라면 상당한 신뢰도를 가지고 있다고 볼 수 있다. 따라서 선정결과를 무시하기보다는 선정된 기업들을 살펴봄으로써 특징과 교훈을 찾아보는 것이 바람직한 방향일 것이다.

미국의 경제전문지 〈포춘(Fortune)〉이 선정하는 글로벌 500대 기업(매출액으로만 기준)의 경우 34개 국가가 이름을 올리고 있다. 경제 규모에 걸맞게 미국이 153개 기업으로 가장 많고, 그 뒤를 일본(64개)·프랑스(39개)·독일(37개)·영국(34.5개 - 합병에 따라 두 개 국가에 본사로 두고 있는 경우 0.5개로 계산) 등이 따르고 있다. 중국이 29개(6위), 한국이 15개(7위), 캐나다와 스위스·네덜란드가 각각 14개씩(공동 8위)을 명단에 올리고 있다. 이외에도 스페인(11개)·이탈리아(10개)·호주(8개) 등이 상위권에 포진하고 있고, 인도(7개)·대만(6개)·브라질(5개)·러시아(5개)와 같은 신흥시장국들도 적잖게 얼굴을 내밀고 있다.

그러나 이들 글로벌 500대 기업 중 앞서 언급한 장기적으로 지속가능한 글로벌 100대 기업 명단에 이름을 올린 기업은 불과 34개에 불과하다. 특히 글로벌 500대 기업 중 상위 100대 기업 가운데 지속가능한 글로벌 100대 기업에 포함된 기업은 고작 9개뿐이다. '대마불사(大馬不死)'라고 하지만 덩치만 크다고 해서 장기적으로 지속가능하다고 볼 수만은 없는 부분이다. 덩치만으로 보면 신흥시장국 기업들이 대거 상위권에 올라가 있지만 신흥시장국들에는 아직까지 100년 이상을 이어갈 기업다운 기업이 없는 것으로 나타난 셈이다.

2. 자동차업체는 도요타와 혼다만 포함

반면 자본주의 역사가 시작된 유럽과 미국(캐나다 포함)의 경우 기업 역사 또한 오래되면서 생존의 법칙을 깨달은 기업들이 상대적으로 많다고 볼 수 있다. 올해 선정된 글로벌 100대 기업의 평균 나이는 102년이고, 46개 기업이 100년을 넘고 있다. 가장 오래된 역사를 가진 기업은 핀란드의 제지업체 스토라엔소로 1288년에 설립되었다. 그렇다고 오래된 회사만 선정된 것은 아니다. 캐나다의 통신업체 텔러스는 1999년에 설립된 회사지만 당당히 이름을 올렸다. 지금까지 오래 살았다고 해서 앞으로도 오래 살아갈 것으로 평가받는 것은 아니라는 점을 보여주고 있다.

업종별로는 어떤 기업들이 이름을 올리고 있을까. 농업이 1개 기업도 없는 반면 광업·제조업·건설업·운송업·소매업·금융업 등 다양한 업종의 기업들을 만날 수 있다. 전기와 가스 등 에너지를 공급하는 이른바 유틸리티회사(Utilities)와 주택건설 및 임대를 전문으로 하는 부동산회사도 각각 6개씩 포함되어 있다. 석유·가스회사 6개 중에는 우리가 흔히 들어본 엑손모빌과 브리티시 페트롤리움(BP), 로열 더치셸과 같은 회사는 찾아볼 수가 없다. 대신 BG그룹과 케언 에너지(영국), 엔카나(캐나다), 네스티오일(핀란드) 등과 같은 중규모 회사들이 포진하고 있다. 이들 회사들은 유전 또는 가스전 탐사부터 정유와 판매를 아우르는 종합 에너지업으로 글로벌 경기 또는 국제 유가의 등락에 상대적으로 영향을 덜 받는 것으로 볼 수 있다.

금융업에서는 은행이 3개, 보험이 4개, 종합금융업이 4개를 차지하고 있다. 은행에서는 프랑스의 크레딧 아그리콜, 캐나다의 로열뱅크오브캐나다와 토론토-도미니언뱅크가 이름을 올렸을 뿐 미국과 유럽의 대형 은행들은 보이지 않는다. 보험에서는 스위스재보험(스위스), 프루덴셜(영국), 솜포(損保)저팬(일본), 뮌헨리(독일)가 포함됐고, 종합금융업에서는 도이치증권거래소(독일), 골드만삭스와 스테이트스트리트(이상 미국), 런던증권거래소(영국)가 선정됐다. 보험과 종합금융업에서도 역시 초대형사들보다는 그 아래 규모의 회사들이 주로 자리잡고 있다.

3. 삼성전자, LG전자, 소니 등은 빠져

제조업을 세부 업종별로 보면 일본의 도요타와 혼다가 자동차 회사로 나란히 이름을 올리고 있다. 하지만 미국과 유럽의 한다하는 자동차 회사들은 이름을 찾아볼 수가 없고, 그나마 스웨덴의 트럭 및 버스 생산회사 스캐니아가 체면을 세워주고 있다. 자동차는 잘 못 만들어도 타이어회사인 프랑스의 미쉐린이 포함돼 있는 것은 특이한 점이라고 할 수 있다. 화학회사로는 독일의 바스프, 일본의 쿠라라이, 덴마크의 노보지메스가 들어있고, 소비재 및 생활용품 제조회사로는 독일의 아디다스, 미국의 코카콜라와 P&G·나이키, 프랑스의 다농, 영국의 유니레버와 휘트브레드 등이 포함돼 있다. 컴퓨터·전자제품회사로는 델·휴렛팩커드·인텔(이상 미국)과 에릭슨(스웨덴)·노키아(핀란드)·리코(일본)·파나소닉(일본) 등이 포함된 반면 우리나라의 삼성전자와 LG전자, 일본의 소니 등은 빠져 있다.

한 가지 분명한 사실은 글로벌 100대 기업들은 거의 대부분 사업 지역이 글로벌화되어 있다는 점이다. 소비재와 생활용품, 컴퓨터와 전자제품처럼 태생적으로 전 세계를 시장으로 하는 제품이나 서비스를 생산하는 회사는 물론이고 전통적으로 국내의 내수시장을 대상으로 하는 전기·가스회사, 부동산회사, 소매유통회사 등도 해외진출을 통한 글로벌화에 적극 나서고 있음을 알 수 있다. 우리에게 이름이 잘 알려져 있지 않은 기업들도 홈페이지에 들어가 보면 전 세계 10~30개국에 공장 또는 사업장 등을 두고 있다. 예를 들면, 알파벳 순으로 가장 먼저 이름을 올린 스페인의 종합건설회사 아시오나(Acciona)의 경우 5대륙 30개국, 프랑스의 아코르(Accor)는 90여개국에서 노보텔이나 소피텔과 같은 호텔 체인을 운영하고 있다. 소매유통업체와 전기회사들도 1990년대 이후 해외진출에 적극적으로 나서고 있다. 일본의 소매유통업체 이온(Aeon)의 경우 미국·중국·대만·홍콩 등으로 진출해 총매출의 11%를 해외에서 올리고 있다. 영국의 전기·가스회사인 센트리카는 미국·캐나다·유럽 대륙·이집트·나이지리아 등으로 사업 지역을 확대하고 있다. 100년을 넘기면서 오래 생존하기 위해서는 그 기업이 태어난 나라와 지역을 떠나 전 세계를 고객으로 삼아야 한다는 교훈을 주는 부분이다.

4. 5년 연속 선정된 기업은 9개국 28개

코퍼릿나이츠와 이노베스트가 글로벌 100대 기업을 선정하기 시작한 2005년부터 올해까지 총 5번의 명단을 비교해보면 해마다 변화가 많다는 사실을 발견할 수 있다. 매년 30개 안팎의 기업들이 퇴출되고, 또 새로 진입하고 있기 때문이다. 올해의 경우 2008년 명단에서 35개 기업이 바뀌었다. 그렇다면 2005년 이후 한 번도 빠지지 않고 이름을 올린 기업들은 어떤 기업들일까? 모두 9개국 28개 기업이다. 역시 미국이 9개로 가장 많았고, 그 뒤를 이어 영국(5개)과 일본(4개)·독일(3개)의 순이었다. 프랑스, 핀란드, 덴마크, 캐나다와 스위스가 1~2개씩의 기업을 포함시켰다.

28개 기업을 업종별로 보면 컴퓨터 및 전자제품 생산회사가 5개로 가장 많았다. 이어서 소비재 및 생활용품 제조회사(4개), 제약 및 건강 관련 회사(4개), 유틸리티 회사(3개) 순이었다. 광업, 부동산, 소매유통, 건설 등 기타 업종들도 골고루 1~2개씩의 기업을 포함시키고 있다. 여기서 눈여겨볼 부분은 이들 업종이 대부분 우리 생활에 없어서는 안 될 이른바 생활필수품을 생산하는 회사가 대부분이라는 점이다. 치약과 비누 또는 의약품과 같은 건강관련용품과 컴퓨터 등의 전자제품 등은 인류가 존재하는 한 필요한 것들이다. 아울러 이들 제품을 최종 소비자에게 연결해주는 소매유통업체는 물론이고 주택과 사무실, 이에 공급되는 전기와 가스 등도 살아가는데 반드시 필요한 제품 또는 기능이라고 할 수 있다.

이 같은 생활필수품의 경우 대부분 내수시장을 기반으로 하고 있다는 점을 상기할 필요가 있다. 앞서 글로벌 100대 기업의 국가별 구성에서 호주(3개)를 제외하면 97개 기업이 G7과 유럽 국가의 국적을 가지고 있다. G7은 내수 규모에서 모두 세계 10위권 이내에 들어가는 대규모 경제들이다. 여기다 캐나다는 세계 최대 경제국인 미국과 북미자유무역협정(NAFTA)을 맺고 있고, 유럽 국가들은 대부분 유럽연합(EU)의 회원국들이다. 스위스(3개)와 노르웨이(1개)는 EU 회원국은 아니지만 무역 및 해외투자시 거의 차별을 받지 않는다. NAFTA와 EU의 역내무역 비중은 2007년 기준으로 각각 51%와 68%에 달하고 있다. 자유무역협정(FTA)을 통해 내수시장을 엄청나게 넓혀 나가면서 기업들의 활동 범위도 글로벌화하고 있는 것이다. 일본의 경우 FTA에서 상대적으로 열세이기는 하지만 혼자서도 세계 2위의 경제 규모이다.

좀 더 범위를 좁혀서 5년 내리 글로벌 100대 기업에 이름을 올린 28개 기업의 국적을 자세히 들여다보자. 28개 기업을 배출한 9개국은 G6(이탈리아 제외)와 유럽 국가인 핀란드, 덴마크, 스위스로 국한되고 있다. 결국 내수시장의 크기 또한 기업의 지속가능성에 큰 잣대가 되고 있음을 알 수 있다. 우리나라가 한·미 FTA는 물론 한·유럽 FTA를 넘어 한·중·일 FTA 등을 적극적으로 추진해야 하는 이유라고 볼 수 있는 부분이다.

5. 생필품 생산, 내수시장, 글로벌화

이상에서 결국 큰 규모의 내수시장을 기반으로 생활에 필수적으로 필요한 제품이나 서비스를 생산하는 기업으로 전 세계를 시장으로 해야 오래 살아남을 수 있다는 결론을 내릴 수 있다. 아울러 해마다 30

개 안팎의 기업들이 글로벌 100대 기업 명단에서 사라지고 새로 이름을 내민다는 점에서 보면 지금 현재의 판단기준으로 100년 이상 살아남을 기업이라고 하더라도 계속해서 변신을 하지 않는다면 언제든지 밀려날 위험에 처할 수도 있다는 점을 말해주고 있다. 우리나라의 경우 삼성전자와 LG전자, 현대자동차처럼 컴퓨터와 휴대폰 또는 자동차와 같은 생활필수품 생산에서 발군의 실력을 발휘하는 기업도 있지만 내수시장 규모가 작은 데다 글로벌화에서 뒤처지면서 글로벌 100대 기업을 배출하지 못하고 있는 것으로 볼 수 있다.

올해의 글로벌 100대 기업 명단에는 일본의 파나소닉처럼 40억 달러가 넘는 대규모 적자를 낸 것으로 발표하거나 아직 발표하지는 않았지만 대규모 적자가 예상되는 기업들이 적잖이 포함돼 있다. 특히 2008년부터 시작된 글로벌 위기의 여파가 본격화되는 올해의 경우 상당수 기업들이 대규모 적자와 감원을 감수해야 할 것이다. 따라서 대공황 이후 최대의 글로벌 위기를 겪으면서 내년에 발표될 글로벌 100대 기업에는 훨씬 더 많은 변화가 예상된다. 이번과 같은 초대형 글로벌 위기를 넘어 살아남는 기업들이야말로 진정한 지속가능한 장수 기업으로 등극할 수 있다는 점에서 '2010년 글로벌 100대 기업' 명단이 벌써부터 기다려진다. 〈월간조선〉 (2009. 3)

4. 낙관론의 발목을 잡는 불확실성들

불과 몇 개월 전만 하더라도 비관론이 우세했던 세계 경제와 금융시장에서 최근 들어 낙관론자들의 입지가 급속하게 확대되고 있다. 좋아지는 듯하던 경제가 다시 악화되는 더블딥(double-dip)을 경고하는 목소리도 갈수록 작아지고 있다. 미국과 유럽, 일본 등 주요 선진국들의 경우 1분기만 하더라도 성장률(전기대비 또는 전기대비 연율)이 큰 폭의 마이너스를 기록했지만 2분기에는 플러스로 돌아서거나 소폭의 마이너스로 호전되고 있다. 특히 우리나라의 경우 지난 2분기 성장률이 전기대비 2.6%를 기록하면서 경제협력개발기구(OECD) 회원국 중 가장 빠른 회복속도를 보이고 있다. 그렇다면 이제 위기대응체제는 접으면서 출구전략을 포함한 위기 이후를 대비하는 시나리오를 준비해야 할 것인가.

필자의 대답은 '아직은 아니다' 이다. 글로벌 금융위기의 여파로 급락했던 미국 등 주요국 경제가 정부와 중앙은행의 공격적인 경기부양책에 힘입어 강하게 반등하고 있지만 과연 흐름을 이어갈 수 있을 것인지는 미지수이다. 게다가 회복의 발목을 잡을 수 있는 걸림돌들이 언제 터져 나올지 모르는 상황이다. 아직도 남아있는 불씨들을 하나씩 살펴 보기로 하자.

1. 다음 차례는 프라임 모기지

먼저 이번 금융위기의 진원지인 미국 주택시장의 동향이다. 지난 5월, 주택가격이 35개월 만에 처음으로 전월대비 플러스로 돌아선데 이어 6월에도 호조세를 이어가면서 2개월 연속 플러스를 기록했다. 하지만 아직도 1년 전에 비해서는 15%, 고점대비로는 32% 하락한 상황이다. 더욱이 일부에서는 반짝 상승에 그치면서 내년 상반기까지 최고 10~15% 정도 더 떨어질 것이라는 주장도 나오고 있다. 이런 가운데 서브프라임 모기지의 연체율은 25%대까지 뛰어올랐을 뿐 아니라 프라임 모기지의 연체율도 6%대로 급등, 전체 모기지의 연체율이 9.2%(2분기)로 사상최고 수준을 경신하고 있다. 특히 전체 모기지의 80% 이상을 차지하고 있는 프라임 모기지의 연체율 급등은 신용이 좋은 사람들도 쪼들리고 있다는 점에서 문제의 심각성을 더해주고 있다. 〈월스트리트저널(WSJ)〉등 주요 언론들이 프라임 모기지가 향후 금융불안의 새로운 불씨라는 우려를 내놓고 있는 것도 이 때문이다.

두 번째는 신용카드, 자동차대출, 학자금대출과 같은 개인신용의 부실 가능성이다. 미국의 집값이 크게 떨어진 가운데 실업률이 9.7%로 10%에 육박하면서 일반서민들의 어려움이 가중되고 있다. 지난 2분기 신용카드와 일반소비자대출 연체율이 각각 6.7%와 3.7%로 사상최고치를 경신하고 있다. 신용카드 연체율의 경우 1990년대 초반 이후 2008년 중반까지만 해도 3~4%를 유지했으나 2008년 4분기 5.6%에 이어 올해 1분기에는 6%를 넘어서면서 급등세를 보이고 있다. 금리가 사상최저 수준인데도 불구하고 이처럼 부실이 늘어나고 있어서 향후 은행권의 추가부실이 늘어날 가능성이 높다고 볼 수 있다.

2. 심상찮은 상업용 부동산 부실

세 번째는 상업용 부동산의 부실이 빠르게 늘어나고 있다는 점이다. 규모면에서 상업용 모기지는 3조 6000억 달러에 달해 주택용 모기지(11조 달러)의 3분의 1 정도이다. 이 중 모기지 채권으로 유동화된 부분은 25% 정도에 불과하고 절반 정도를 은행들이 직접 보유하고 있다. 이런 가운데 연체율의 급등은 은행의 부실에 직격탄을 날릴 수 있다. 지난 7월, 연방준비제도이사회(FRB) 벤 버냉키 의장이 상원 청문회에서 상업용 부동산 부실에 대해 강한 우려를 표명한 것도 이 때문이었다. 2007년 3분기까지만 해도 1%대를 유지하던 상업용 모기지의 연체율이 올 들어 지난 2분기에는 7.9%까지 치솟았다. 가파르게 오르던 상업용 부동산 가격이 2007년 6월을 고점으로 급락하고 있기 때문이었다. 현재 미국의 상업용 부동산 가격은 고점 대비 39%나 떨어져 주택가격의 고점 대비 하락률(32%)보다 더 짧은 기간에 더 빠르게 하락한 상황이다. 게다가 상가와 오피스 빌딩의 공실률이 올 연말까지 각각 13%대와 17%대까지 올라갈 것이라는 전망이어서 상업용 부동산 시장의 침체가 당분간 더 악화될 것이라는 전망이 지배적이다.

이처럼 미국 경제와 금융시장은 아직도 안개 속을 완전히 벗어났다고 보기가 어려운 상황이다. 대표적인 비관론자인 뉴욕대의 누리엘 루비니 교수가 쏟아지는 낙관론 속에서도 아직까지 비관론을 고수하고 있는 가장 큰 이유일 것이다. 루비니 교수는 9월 중순 CNBC와의 인터뷰에서 미국 경제가 더블딥의 위험에 직면해 있다면서 소비의 위축과 상업용 부동산 시장의 붕괴를 악재로 들었다. 그의 예언에 따르면 내년에 주택가격이 추가로 12% 정도 더 떨어지면서 파산은행도 1000개를 넘어서게 된다. 2008년 말 현재 미국의 은행이 총 8306개였으므로 8개 중 1개꼴로 은행들이 넘어진다는 것이다. 이는 곧 미국의 금융 시스템은 물론 미국 경제의 근간이라고 할 수 있는 신뢰와 신용에 큰 흠집을 내면서 경기회복에도 치명타를 안기게 될 것이다.

3. 더블딥의 가능성

미국 이외의 악재는 없는가? 적어도 세 가지는 더 들 수 있다. 동유럽 등 신흥시장국의 위기 가능성, 성급한 출구전략, 신종 플루의 대유행이다. 올해 초까지 대두되던 동유럽 국가들의 위기설이 최근 잠잠해진 편이지만 이들 동유럽 국가들의 외채와 경상수지 등 고질적인 문제는 여전히 남아있다. 특히 동유럽 국가들의 외채 중 90%를 넘는 1조 5000억 달러가 서유럽 은행들이 대출해준 돈이다. 게다가 서유럽 은행들이 동유럽 은행을 소유하는 비중이 70~97%에 달하고 있을 뿐 아니라 동유럽 국가들의 유럽연합(EU) 가입으로 수출과 해외직접투자(FDI) 등이 서로 얽히고설키는 복잡한 관계를 형성하고 있다. 한마디로 같은 배를 타고 있는 상황에서 어느 한 쪽이 가라앉을 경우 다른 한 쪽도 무사할 수 없다고 볼 수 있는 것이 현재 유럽 경제라고 할 수 있다.

현재로서는 가능성이 낮지만 미국 등 주요국이 성급하게 출구전략으로 정책방향을 돌릴 경우 그로 인한 가장 큰 후유증은 더블딥일 것이다. 다행인 것은 1930년대의 대공황과 1990년대 일본의 장기침체도 성급한 출구전략이 초래했다는데 대다수 정부와 학자들이 동의하고 있다는 점이다. 오는 9월 24~25일 미국 피츠버그에서 개최되는 주요 20개국(G20) 정상회의에서도 출구전략이 아직은 시기상조라는 점을 강조할 것으로 예상되고 있다. 그러나 일부 국가들이 자국내 부동산과 주식 등 자산 인플레이션을 우려해 금리를 올리기 시작할 경우 다른 나라들도 따라서 금리를 올릴 가능성도 배제할 수 없다.

신종 플루의 경우 현재 독감 유행계절인 10~11월까지 확산되다가 백신이 충분히 공급되기 시작하면서 사태가 진정될 것이라는 시나리오가 유력하다. 하지만 신종 플루가 예상을 뛰어넘어 장기전으로 가는 동시에 독성이 강한 변종이 출현할 경우 무역과 관광 등 세계 경제에 상당한 타격을 입힐 가능성도 염두에 둬야 할 것이다.

〈KRX (한국거래소 월간지)〉 (2009. 10)

5. 글로벌 불균형

 지난 9월, 미국 피츠버그에서 개최된 G20 정상회의의 핵심의제는 크게 두 가지였다. 하나는 주요국들이 글로벌 금융위기에 대응해 실시한 재정지출과 금리인하와 같은 경기부양책을 경기회복에 맞춰 환원시키는 '출구전략(Exit Strategy)' 이었고, 다른 하나는 위기의 재발 방지를 위해 '글로벌 불균형(Global Imbalances)' 을 해소하는 것이었다. 2008년 11월과 올해 4월에 개최된 1, 2차 G20 정상회의가 글로벌 금융위기의 극복에 초점을 맞췄다면, 9월에 개최된 3차 G20 정상회의는 위기 이후를 논의하는 자리였다.

 당시 출구전략의 공조가 전면에 부각되면서 글로벌 불균형의 해소가 다소 뒤로 밀린 감이 있지만 사실 출구전략보다 훨씬 더 국가간 공조가 필요한 부분이 글로벌 불균형의 해소이다. G20 정상들은 출구전략의 시행이 아직은 시기상조임을 강조하면서 국제적 공조의 필요성에 대한 공감을 표명했다.

하지만 지난 8월 이스라엘 중앙은행이 처음으로 금리를 올린데 이어 10월에는 호주와 노르웨이 중앙은행이 금리를 인상했고, 11월에는 호주가 다시 금리를 인상했다. 이스라엘과 노르웨이는 G20에 속하지 않는 나라여서 그렇다 치더라도 호주는 G20에 속하는 나라이면서 금리를 인상한 첫 케이스였다. 결국 G20 정상들이 출구전략의 공조를 합의했지만 그것은 어디까지나 가이드라인일 뿐 국가별 경제 및 금융 상황에 따라 적절히 시행할 수밖에 없는 것이 출구전략이라는 점을 잘 보여주고 있다.

1. 얽히고설킨 글로벌 불균형

반면 글로벌 불균형은 어느 한 나라의 힘이나 주장 또는 G20의 선언적인 합의로 해결될 수 없는 복잡한 문제라고 할 수 있다. 무엇보다 글로벌 불균형은 '전 세계적으로 발생하고 있는 무역 불균형' 을 말하기 때문에 한두 나라가 얽히고설킨 게 아니기 때문이다.

물론 크게 보면 미국의 무역적자와 중국의 무역흑자로 볼 수 있지만, 더 범위를 넓히면 무역적자를 내고 있는 미국을 포함한 선진국 대 무역흑자를 내고 있는 중국을 필두로 하는 신흥시장국 사이의 무역 불균형으로 볼 수 있다. 이처럼 선진국 대 신흥시장국이라는 그룹으로 나눌 수는 있지만 선진국은 선진국대로, 신흥시장국은 신흥시장국대로 각 나라의 상황과 입장이 다르기 때문에 한 목소리를 내기가 어려울 수밖에 없는 것이다. 특히 선진국들의 모임인 G7만으로는 해결할 수 없는 문제이기 때문에 공을 선진국과 신흥시장국의 모임인 G20로 넘긴 것이다.

이쯤에서 글로벌 불균형과 관련해 다음과 같은 질문을 던져보자. 도대체 무엇을 글로벌 불균형이라고 하는가? 글로벌 불균형이 최근에 갑자기 생겨난 것인가? 아니라면 이전에는 어떤 형태였고, 어떻게 문제를 해소했나? 이번 글로벌 불균형의 원인은 무엇이고, 현재의 상황은 어느 정도인가? 이번 글로벌 불균형과 글로벌 금융위기와는 어떤 관계에 있길래 위기의 재발방지책으로 글로벌 불균형의 해소를 들고 있나? 앞으로 글로벌 불균형의 해소 전망은 어떤가?

글로벌 불균형은 1990년대 말 이후 전 세계적으로 무역흑자와 무역적자의 불균형이 하나의 패턴으로 자리 잡고 있는 현상을 말한다. 크게 보면 미국과 영국 등의 대규모 무역적자와 중국과 일본, 독일 등의 대규모 무역흑자가 수년간 지속되는 현상이다. 통상 '상품 무역뿐 아니라 서비스 무역까지 포함해 경상수지 적자와 경상수지 흑자라는 불균형 상태가 지역적 국가적으로 상당 기간 지속하고 있는 상태'를 글로벌 불균형이라고 부르고 있다.

여기다 최근에는 무역 불균형의 결과로 2000년대 초반 이후 뚜렷하게 나타나고 있는 이들 국가들의 해외자산 포지션의 양극화도 넓은 의미의 글로벌 불균형에 포함시키고 있다. 이 때 해외자산 포지션은 경상수지 적자국들의 순해외자산이 큰 폭의 마이너스를 기록하는 반면, 경상수지 흑자국들의 순해외자산은 큰 폭의 플러스를 기록하는 현상을 말한다. 다시 말해 경상수지 흑자국들이 남아도는 돈을 해외에 투자하고, 적자국들은 이를 받아들일 수밖에 없는 돈의 일방적·불균형적인 흐름을 의미한다.

2. 1985년의 플라자 합의

글로벌 불균형이 이번이 처음은 아니다. 1980년대 들어 당시 레이건 미국 대통령의 조세감면정책과 러시아(당시 소련)와의 군비경쟁은 엄청난 재정적자를 초래했다. 재정적자를 메우기 위해 국채를 발행하자 전 세계로부터 돈이 몰려들면서 달러화는 강세를 보인 반면 미국 국내적으로는 금리가 낮아졌다. 낮은 금리와 달러 강세로 국내 소비가 늘어나면서 수입은 늘어난 반면 달러 강세로 수출은 어려워지면서 무역적자가 대규모로 발생했다. 이른바 재정적자와 무역적자가 동시에 발생하는 쌍둥이적자 시대의 시작이었다. 미국 경제의 장기 부진과 함께 쌍둥이적자라는 골칫거리는 결국 달러의 신뢰 추락이라는 문제에 부딪치게 되었다. 이 때 미국은 탈출구로 대규모 무역적자를 지목했다. 미국이 대규모 무역적자를 보이고 있던 일본과 독일(당시 서독)이 주된 대상이었다.

1985년 9월, 뉴욕의 플라자 호텔에서 미국·일본·독일·영국·프랑스의 5개국 대표들이 모여 일본 엔화와 독일의 마르크화를 절상하기로 합의했다. 이것이 유명한 '플라자 합의(Plaza Agreement)' 이다. 독일도 마르크화를 절상하기는 했지만 주된 타깃은 일본이었고, 일본 엔화는 이후 2년여에 걸쳐 50% 정도 절상되면서 환율이 달러당 230엔에서 120엔대까지 급락했다. 그러나 이 같은 엔화의 급격한 절상을 통해 미국의 무역적자가 어느 정도 줄어들기는 했지만 기대에는 크게 못 미쳤다는 평가를 받았다.

여기서 짚고 넘어갈 부분은 플라자 합의 당시만 해도 관련 당사국이 선진 5개국이었으므로 비교적 쉽게 합의를 이끌어낼 수 있었다는 점이다. 또한 해당국가 통화의 평가절상도 합의에 따라 잘 실행되었다. 특히 5개국의 합의라지만 미국과 일본 양국 사이의 합의에 대해 나머지 3개국이 들러리를 서면서 합의의 이행을 명목적으로 감시하는 역할을 했다고 할 수 있다.

그러나 플라자 합의 이후 미국의 무역적자가 줄어들기는 했지만 기대에는 못 미치는 가운데 이번에는 다른 쪽에서 불균형이 발생하기 시작했다. 미국과 영국을 제외한 주요 선진국들이 무역흑자를 올리는 가운데 신흥시장국들이 주로 무역적자를 보기 시작했다. 우리나라를 포함한 아시아의 신흥시장국들이 경제개발을 위해 공장건설용 설비와 원자재를 대거 수입하기 시작했기 때문이었다. 하지만 당시에는 우리나라를 비롯한 신흥시장국들의 경제 규모가 상대적으로 작았을 뿐 아니라 대미의존도가 높았기 때문에 불균형을 조정해야 한다는 목소리를 높일 수가 없었다. 우리나라의 경우 1980년대 후반 플라자 합의 이후 일본 엔화의 강세를 업고 경상수지 흑자를 보였지만 1990년대 들어서면서 다시 적자로 돌아섰고, 누적적자가 커지면서 1997년 말에는 외환위기를 겪게 되었다.

3. 1997년 아시아 외환위기와 중국의 등장

이 같은 흐름에 결정적인 변화를 가져온 것이 1997년 말, 아시아 외환위기와 중국의 등장이었다. 중국과 일본, 우리나라를 포함한 아시아 국가들이 대규모 무역흑자를 보이는 반면 미국은 여전히 대규모 무역적자에서 벗어나지 못하는 현재의 글로벌 불균형 현상이 고착화되기 시작했다. 중국의 경우 1980년대 중후반 경상수지가 적자를 보이다가 1990년대 초반 흑자로 돌아서는 모습을 보였다. 하지만 1993년 119억 달러에 달하는 사상 최대 규모의 경상수지 적자를 보이자 중국 정부는 위안화를 큰 폭으로 평가절하(환율 인상)했다. 1994년 1월, 위안화 환율을 달러당 5.8위안에서 8.7위안으로 전격적으로 평가절하한 이후 중국은 현재까지 한 해도 빼놓지 않고 대규모 경상수지 흑자를 유지하고 있다. 이에 더해 외환위기를 겪은 아시아 국가들의 통화도 1997년 말 이후 대폭 평가절하(대미 환율의 급등으로 통화가치 하락)되면서 이후 대부분 경상수지 흑자를 유지해오고 있다. 우리나라 역시 외환위기 이후 글로벌 금융위기의 여파로 수출이 급감한 2008년을 제외하고는 경상수지 흑자를 계속 이어오고 있다.

그 결과 현재의 글로벌 불균형은 매우 심각한 상황이다. 2008년의 경우 미국은 경상수지 적자가 7061억 달러에 달했다. 그나마 미국 경제가 침체로 돌아서면서 2006년 8035억 달러에서 1000억 달러 정도가 줄어든 것이다. 이에 따라 국내총생산(GDP) 대비 경상수지 적자 비중도 2006년에 사상 최고치인 6.0%를 기록했다가 2008년에는 4.9%로 낮아졌다. 이외에도 주요선진국(G7) 중에서는 영국·프랑스·이탈리아의 GDP 대비 경상수지 적자 비중이 2008년에 -1~-3%대를 기록했다. 반면 독일과 일본은 2008년에 각각 2533억 달러와 1571억 달러의 경상수지 흑자를 기록했고, GDP 대비 경상수지 흑자 비중은 각각 6.4%와 3.2%에 달했다. 캐나다는 76억 달러(GDP의 0.5%)의 경상수지 흑자를 보였다. G7 중 미국·영국·프랑스·이탈리아의 4개국이 적자이고, 독일·일본·캐나다의 3개국이 흑자이지만 미국의 적자 규모가 워낙 크기 때문에 G7 전체의 적자 규모는 2008년에 4782억 달러에 달했다.

신흥시장국들의 경상수지는 어떤가? 중국이 2008년에 4261억 달러의 흑자로 사상최대치를 기록했고, 말레이시아(396억 달러)·홍콩(306억 달러)·싱가포르(270억 달러)·대만(249억 달러) 등이 그 뒤를 잇고 있다. 우리나라와 태국·인도네시아 등은 2008년에 글로벌 금융위기의 여파로 흑자 규모가 크게 축소되거나 적자로 돌아섰지만 대체로 흑자를 유지하고 있다. 다만 인도의 경우 100~200억 달러대의 적자를 보이고 있다. 이렇게 보면 결국 현재의 글로벌 불균형은 미국 대 중국·일본을 포함한 아시아 국가들 사이의 문제라고 할 수 있다.

4. 환율과 미국의 과도한 소비

지금까지 읽어온 독자들은 미국의 대규모 무역적자와 아시아 국가들의 대규모 무역흑자라는 글로벌 불균형이 환율에 따른 결과로만 보일 것이다. 특히 중국을 비롯한 아시아 국가들이 대미 환율을 높게 가져감으로써 자국 통화가치의 하락을 통해 수출을 늘리고 수입을 줄여 경상수지 흑자를 유지해왔다고 할 수 있다. 하지만 이는 앞으로 환율 조정 또는 환율 전쟁이 글로벌 불균형 해소의 주된 쟁점이 될 것이라는 점을 강조한 것일 뿐 환율이 전부는 아니라고 할 수 있다.

환율 외에도 글로벌 불균형을 초래하고 있는 원인으로는 다음 세 가지를 들 수 있다. 첫 번째 원인으로는 미국의 과도한 소비 위주의 경제를 들 수 있다. 1980년대 중반 이후 계속된 전후 최장기 호황, 2001년 이후 지속된 연방준비제도이사회(FRB)의 금리 인하에 따른 저금리와 과잉유동성 등으로 미국인들은 그야말로 소비사회의 즐거움을 오랫동안 만끽해왔다. 이 때 미국 상품이 상대적으로 비싼 데다 경쟁력을 잃어 생산되지 못하는 상품들이 늘어나면서 수입이 급증할 수밖에 없었다. 한 번 소비에 맛들인 미국인들은 벌어들인 소득으로 모자라자 빌려서라도 소비하기 시작했다. 이에 따라 미국의 가처분소득 대비 가계부채 비중이 2001년 100% 안팎에서 최근에는 140%를 넘어섰다. 부채를 내서라도 소비하고, 그 결과 수입이 늘어나 경상수지 적자 규모가 커지게 된 것이다. 여기다 미국의 재정수지 적자, 즉 미국 정부의 과도한 재정지출 또한 상당 부분 경상수지 적자 요인으로 작용했다고 볼 수 있다. 재정지출 시에도 소비재와 투자재를 직간접적으로 해외로부터의 수입에 의존할 수밖에 없기 때문이다. 2008년에 미국은 2조 1170억 달러어치를 수입한 세계 최대의 수입국이었다. 문제는 수출이 1조 2770억 달러에 그치면서 무역적자가 거의 9000억 달러에 달했다는 점이다. 2008년 한 해 우리나라의 국내총생산(GDP)이 9290억 달러였다는 점과 비교하면 적자 규모가 얼마나 큰 지를 잘 알 수 있다.

두 번째는 중국 등 아시아 국가들의 높은 국내 저축률과 수출 드라이브 정책을 들 수 있다. 중국과 우리나라를 비롯한 아시아인들은 전통적으로 소비보다는 저축을 미덕으로 삼아왔다. 이에 따라 중국의 경우 저축률이 40%에 달할 정도이고, 나라와 시기에 따라 조금씩 다르기는 하지만 아시아 국가들의 저축률이 미국과 유럽 국가에 비해 훨씬 더 높은 상황이 이어지고 있다. 저축률이 높다는 것은 그만큼 소비율이 낮다는 것을 의미한다. 예를 들어, 미국과 영국 등 대다수 선진국들의 경우 민간소비가 국내총생산(GDP)에서 차지하는 비중이 70%를 넘고 있는 반면 중국의 민간소비 비중은 35~36%에 불과하다. 결국 중국 등 아시아의 신흥시장국들은 높은 저축률로 인한 내수 부진을 수출로 타개하기 시작했고, 이 전략이 맞아떨어지면서 대규모 경상수지 흑자를 보고 있는 것이다. 이것이 바로 벤 버냉키 FRB 의장이 주장하는 '글로벌 과잉저축(global saving gluts)'이다. 버냉키 의장은 의장으로 임명되기 전인 2005년 6월 미국의 경상수지 적자가 중국 등 아시아 국가들의 과잉저축과 그에 따른 수출전략에 따른 것이라고 주장했다. 미국의 경상수지 적자 문제를 다른 나라들에게 떠넘기고 있다는 비판을 받았지만 최근까지도 설득력 있는 주장으로 받아들여지고 있다.

5. 과잉저축의 미국 환류

세 번째로는 달러의 기축통화로서의 이점과 과잉저축의 미국으로의 환류를 빼놓을 수 없다. 1997년 말 외환위기 당시 필자는 한국은행 워싱턴사무소에 근무하면서 외환위기 관련 세미나에 불려 다녔다. 미국 경제학자들이 어쩌다가 한국이 그렇게 되었느냐는 비판과 질책이 높아질 때마다 필자가 내놓은 비장의 무기는 다음과 같은 질문이었다.

"아무리 대외부채가 많아도 절대로 파산하지 않을 나라는 전 세계에서 한 나라밖에 없다. 어느 나라인가?"

그들의 대답은 당연히 '미국'이었다. 달러는 전 세계 어느 나라에서나 통용이 되고 있을 뿐 아니라 전 세계 외환보유액의 60% 이상을 차지하고 있다. 미국의 금융시스템은 언제든지 돈을 빼갈 수 있을 정도로 크고 안전하다는 신뢰를 받고 있다. 2008년과 같은 글로벌 금융위기가 닥칠 때마다 나오는 용어가 '안전자산에 대한 선호현상(flight to quality)'이다. 위험의 조짐이 보이기만 하면 전 세계의 돈들이 가장 안전한 미국(달러)으로 몰려드는 것이다. 경상수지 흑자를 통해 엄청난 규모의 외환보유액을 쌓아놓고 있는 중국 등 아시아 국가들이 평소 돈을 굴릴 곳도 미국밖에 없다. 현재 전 세계 외환보유액은 7조 달러를 오르내리고 있고, 이 중 신흥시장국들의 외환보유액이 5조 달러를 넘고 있다. 최근 들어 달러의 기축통화로서의 입지가 흔들리고 있기는 해도 당분간 기축통화를 대체할 통화가 없다는 점에서 달러의 위상은 상당 기간 계속될 것이다. 문제는 돈이 미국으로 몰려들면 미국인들은 남의 돈으로 잔치를 벌일 수 있다는 점이다. 돈이 많아지면서 금리까지 낮아지므로 소비를 더 늘리고 그에 따라 경상수지 적자는 더 커지게 되는 악순환에 빠져드는 것이다.

6. 글로벌 불균형이 초래한 글로벌 금융위기

사실 이번 글로벌 금융위기의 진원지라고 할 수 있는 미국의 주택시장 거품도 낮은 금리에 많은 돈이 오랫동안 흘러 다닌 결과라고 할 수 있다. 이 때 금리가 낮아지고 시중에 돈이 많아지게 된 원인을 글로벌 불균형에서 찾을 수 있으므로 결국 글로벌 불균형이 글로벌 금융위기를 초래한 것이라고 말할 수 있는 것이다. 미국의 주택가격은 2000년대 들어 상승하기 시작해 2006년 7월까지 130%나 올랐다. 매년 12% 이상씩 주택가격이 오른 셈이다. 이 같은 주택가격의 장기상승세를 뒷받침한 것이 낮은 금리와 과잉유동성이었고, 그 배경에 글로벌 불균형이 자리잡고 있는 것이다. 이에 따라 글로벌 불균형을 해소하지 않을 경우 언제든지 비슷한 금융위기를 또 겪을 수 있으므로 이에 대한 방지책으로 글로벌 불균형을 해소해야 한다는 목소리가 높아지고 있는 것이다.

결국 그간에는 아시아의 경상수지 흑자국과 미국의 이해관계가 큰 마찰없이 이어져 오다가 2008년에 발생한 글로벌 금융위기로 인해 잠재해 있던 갈등이 불거져 나왔다고 할 수 있다. 그러니까 중국 등 경상수지 흑자국들이 미국의 국채를 사들이면서 미국의 금리가 낮아지고 그 덕분에 미국은 소비를 통해 장기호황을 누리는 메커니즘이 서브프라임 모기지 사태를 계기로 깨지면서 그간의 흐름에 대해 본격적인 비판이 시작되고 있는 것이다.

물론 이 같은 비판이 어제 오늘 일은 아니다. 글로벌 불균형의 위험에 대한 경고는 2000년대 초중반부터 많은 경제학자들이 지적해오던 골칫거리였다. 이번에 발생한 글로벌 금융위기와 같은 최악의 상황을 포함해 무엇이 문제라는 점에 대한 지적이 이어졌지만 더 큰 문제는 뾰족한 해결책이 없다는 것이었다. 2003년 9월 국제통화기금(IMF)이 연차총회에서 글로벌 불균형과 관련한 위험을 제기한 이후 IMF 차원에서 국가간 논의와 협력이 계속되었다. 이 같은 노력에다 달러의 글로벌 약세, 미국 성장률의 둔화 등이 맞물리면서 미국의 경상수지 적자는 2006년을 고비로 줄어들기 시작했다. 이에 따라 앞서 언급한 것처럼 미국의 국내총생산(GDP) 대비 경상수지 적자 비중도 2006년 6.0%에서 2008년에는 4.9%로 낮아졌고, 올해는 2%대로 급락할 것으로 예상되고 있다. 글로벌 금융위기의 여파로 미국의 성장률이 올해 −2%대로 급락하면서 수입 또한 큰 폭으로 줄어들 것으로 내다봤기 때문이다. IMF는 미국의 경상수지 적자가 2014년까지 3000~4000억 달러대를 유지하면서 GDP 대비 경상수지 적자 비중도 −2%대를 유지할 것으로 전망하고 있다. 경상수지 적자 비중이 −2%대로 낮아지기는 해도 적자 3000~4000억 달러는 결코 작은 규모가 아니다.

7. G20의 합의에도 꺼지지 않는 불씨

결론적으로 글로벌 불균형은 정도가 완화되기는 하겠지만 앞으로도 계속되면서 글로벌 금융 및 경제 불안의 불씨를 안고 갈 것이 거의 확실하다고 할 수 있다. 왜냐하면 글로벌 불균형의 네 가지 원인으로 제시했던 요인들이 단기간에 쉽사리 해결될 수 있는 것들이 아니기 때문이다. 환율 문제만 하더라도 중국 등 아시아 국가들이 수출경쟁력의 하락을 우려해 조정(대미 달러 환율의 하락)에 소극적일 것이다. 버냉키 FRB 의장은 10월의 한 세미나에서 우리나라 원화가 2008년 초부터 2009년 3월 사이에 40% 절하됐지만 이후 부분적으로만 회복되었다고 언급했다. 같은 기간 인도네시아의 루피아화의 가치도 22% 떨어졌다고 덧붙였다. 이는 곧 원화 등 아시아 통화의 추가적인 절상이 필요하다는 뜻으로 받아들여지면서 주요 뉴스로 보도되기도 했다. 버냉키 의장의 언급에는 빠져 있지만 중국의 경우 위안화 환율이 최근 1년 이상 달러당 6.82~6.83위안에서 고정되는 흐름을 보이면서 미국을 포함한 선진국들뿐만 아니라 우리나라와 대만·싱가포르·말레이시아·태국 등 주변 아시아 국가들의 불만을 사고 있다. 중국의 경우 가장 큰 적자를 보고 있는 미국(2008년 대중국 수출 697억 달러, 대중국 수입 3378억 달러로 대중국 무역적자 2681억 달러)조차도 위안화의 대폭적인 평가절상을 원하면서도 심기를 함부로 건드리지 못하고 있는 상황이다. 앞으로 환율 전쟁이 발생한다면 미국과 중국 간의 G2 전쟁이 되겠지만 플라자 합의 때와 같은 합의를 이끌어내지는 못할 것이라는 게 대체적인 견해이다. 중국의 입지와 위상이 갈수록 높아지고 있는데다 G20는 플라자 합의 때와는 달리 너무 많은 당사국들의 이해를 대변해야 하기 때문이다. 다만 우리나라를 포함한 다른 아시아 국가들의 경우 외환시장 개입을 통해 환율의 급격한 하락을 막기는 하겠지만 미국의 눈치를 보면서 과도한 인위적인 개입은 피하고자 할 것이다.

여기서 한 가지 짚고 넘어갈 점은 아시아 국가들의 통화가 강세로 돌아서고 달러가 약세로 돌아선다고 하더라도 과연 미국의 수출이 늘어나겠느냐 하는 것이다. 미국 제조업의 경쟁력이 약화되면서 상당수 제조업체들이 무너지고 어떤 경우에는 산업 자체가 사라진 상황이어서 달러가 약세로 돌아선다고 하더라도 수출할 상품을 만들 회사가 없다는 주장도 나오고 있다.

미국의 과도한 소비와 재정수지 적자, 중국 등 아시아 국가들의 과잉저축과 수출드라이브 전략, 과잉저축의 미국으로의 환류 또한 단기간에 방향을 바꿀 수 있는 흐름이 아니다. 물론 위기를 겪으면서 이미 상당한 변화가 일어나고 있는 것은 사실이다. 예를 들어, 미국인들의 소비행태를 들여다보자. 미국인들의 소비가 올해 들어 주춤하면서 마이너스까지 내려갔던 저축률이 최근 4~6%대로 급등하고 있다. 2008년 연말과 올해 초 '대공황에 버금가는 위기'라거나 '100년에 한 번 있을까 말까한 신용 쓰나미'라는 등의 비관적인 견해가 나오자 소비심리가 극도로 위축되면서 저축을 늘렸기 때문이었다. 이에 따라 소비가 줄면서 수입도 줄어들어 경상수지 적자폭이 축소되고 있는데, 미국의 고용지표가 확실하게 호전되지 않는 한 당분간 이 같은 추세는 이어질 것으로 보고 있다. 그러나 미국 경제가 예상보다 빠르게 반등할 경우 미국인들의 소비가 되살아나고 저축이 줄어들게 되면 다시 경상수지 적자가 확대될 가능성도 배제할 수 없다. 게다가 2008년에 8500억 달러(GDP의 5.9%)에 달했던 재정수지 적자가 올해는 1조 8000억 달러로 GDP의 12%를 넘어서고, 내년 이후도 GDP 대비 재정수지 적자 비중이 6~7%대에 달할 것이라는 IMF의 전망은 미국의 경상수지 적자가 쉽사리 줄어들지 않을 것이라는 점을 시사하고 있다.

중국 등 아시아 국가들이 수출 드라이브 전략에서 내수를 키우는 전략으로 돌아서고 있다는 점은 글로벌 불균형 해소에 도움이 될 것이다. 특히 중국은 12차 경제계획기간(2011~2015년) 중 생산대국에서 소비대국으로 전환하겠다고 밝히고 있다. 그러나 내수라는 것이 어느 날 갑자기 커지는 게 아니라는 점에서 해당 국가들의 인내심이 필요한 부분이라고 볼 수 있다. 과잉저축의 미국으로의 환류 또한 투자를 대체할 곳이 없다는 점에서 당분간 이어질 것으로 보고 있다.

끝으로 9월에 개최된 G20 정상회의에서 제시된 글로벌 불균형 시정 방안을 살펴보자. 정상들은 합의문에서 '지속가능한 균형성장 체제'의 구축이 필요하다면서 몇 가지 질서 있는 방식을 제시했다. 우선 대외 적자국, 즉 경상수지 적자국은 민간저축을 지원하는 정책, 시장 개방 유지 및 수출 부문 강화, 재정 건전화 정책을 이행해야 한다고 지적했다. 반면 경상수지 흑자국은 국내 투자의 증대, 금융시장의 왜곡 축소,

서비스 부문의 생산성 제고, 사회안전망 개선, 수요증가에 대한 제약 해소 등을 통해 내수 성장동력을 강화해야 한다고 주문했다.

그 내용을 들여다보면 적자국은 적자를 줄이기 위해 노력하고, 흑자국은 흑자를 줄이기 위해 노력해야 한다는 원칙론이라고 할 수 있다. 하지만 이를 보다 실천적으로 밀고 나가기 위해 G20 재무장관들은 IMF의 지원을 받아 각국의 재정 및 통화정책, 외환시장과 경상수지 등의 일관성을 '상호평가(peer review)' 하기로 합의했다. IMF의 '정책 권고(policy recommendation 또는 advice)'가 제대로 먹혀들지 않고 있다는 점을 감안해 G20가 각국의 '상호평가' 라는 새로운 도구를 도입한 것이다. 하지만 상호평가 또한 강제적인 구속력은 없다는 점에서 제대로 작동할 수 있을 것인가에 대해서는 회의적인 견해도 많은 편이다. 어쨌든 9월 G20 정상회의는 글로벌 불균형이 이번 글로벌 금융위기의 원인이라는데 공감하면서, 불균형 해소를 위해 서로가 노력해야 한다는데 공감대를 형성하고 보다 구속력 있는 가이드라인을 제시했다는 점에서 높이 평가할 수 있을 것이다. 〈월간조선〉 (2009. 12)

6. 중국의 부상(浮上)과 신북학파(新北學派)

"한국과 중국이 지금은 친구(파트너)지만 미래에는 중국이 주도권을 잡고 한국은 위성국가로 전락할 수도 있다."

2004년 3월 〈비즈니스위크〉에 실린 커버스토리의 핵심 내용이다. 당시 대통령 탄핵 문제로 온 나라가 시끄러울 때였는데 비즈니스위크의 두 기자가 "지금 한국이 이럴 때가 아니라 가장 큰 기회이자 위협으로 부상하고 있는 중국에 대한 대비책을 마련해야 한다" 면서 경고하고 나선 것이었다.

5년이나 지난 오래된 글이지만 이후 최근까지도 조지프 나이 하버드대 교수 등 유명인사들이 심심찮게 비슷한 내용으로 언급하고 있다. 그만큼 한국의 중국에 대한 경제적 의존도가 커지고 있다는 말인 동시에 잘못하면 이름없는 변방국가로 전락할 가능성이 높다는 말이기도 하다.

하지만 이는 곧 한국이 잘 하기만 하면 중국의 파트너로서 중국의 고도성장의 열매를 오랫동안 누릴 수 있다는 해석도 가능하다. 물론 부잣집 옆에서 아무 것도 하지 않고 가만히 있기만 한다면 얻는 게 별로 없을 것이다. 그러나 부잣집과 경쟁하기도 하고 협력하기도 하면서 얻을 것은 얻고 줄 것은 준다면 얼마든지 상생의 길을 찾을 수 있다. 특히 현재 우리나라는 상당수 제조업 및 기술 분야에서 중국에 앞서고 있기 때문에 중국으로서도 우리나라와의 경쟁 및 협력관계를 마다할 이유가 없는 상황이다. 따라서 우리나라가 떠오르는 중국을 기회로 잘 활용하는 한편 위협요인을 최소화함으로써 한·중 양국이 서로 상부상조하는 모양새를 만들어 가느냐 아니냐는 우리의 노력에 달려있다고 할 수 있다.

1. 생산기지와 내수시장으로서의 중국

중국의 기회요인으로 가장 많이 알려진 것은 생산기지와 내수시장의 두 가지 측면이다. 여기다 우리나라 등 주변 국가들만이 가지는 기회요인이라고 할 수 있는 문화적 유사성과 지리적 이점을 더할 수 있을 것이다. 먼저 생산기지로서의 중국은 싼 임금과 땅값에다 지리적으로 가까워 물류비용이 적게 들어가는 이점을 이용하는 것이다. 1992년 한·중 수교 이후 초기단계에서 진출한 우리나라 기업들의 대부분이 중국을 생산기지로 이용하자는 것이었다. 한국에서 부품과 소재를 들여다 가공해서 제3국으로 수출하는 방식이었다. 하지만 최근 들어서는 베트남, 방글라데시와 같은 보다 싼 임금과 땅값을 찾아 다시 공장을 이전하거나 처음부터 베트남 등지로 투자방향을 돌리는 회사들이 늘어나고 있다. 중국 경제와 소득수준이 급속히 발전하면서 임금과 땅값의 이점이 급속도로 사라지고 있을 뿐 아니라 노동조합(工會) 등 노동법의 강화, 환경관련 규제의 강화, 중국 정부의 달라진 태도 등으로 기업환경이 예전과 같지 않기 때문이다.

하지만 앞으로도 한동안 중국은 '세계의 공장' 지위를 유지할 것이라는 게 지배적인 견해이다. 브라질과 인도, 아세안, 동유럽 등이 있지만 아직은 노동력과 기술력, 가격 경쟁력 등에서 중국과 대적하기는 역부족이기 때문이다. 최근 들어 중국에 진출한 한국 등 외국계 기업들이 중국 내에서 부품과 소재를 조달하는 경우가 늘어나고 있다. 2007년 현재 한국의 대중 수출에서 부품과 소재가 차지하는 비중이 61%에 달하고 있지만 이 비중은 계속 줄어갈 것이다. 따라서 앞으로 생산기지로서 살아남으려면 연구개발(R&D) 등 일부 핵심기능을 제외한 부품과 소재 등을 현지에서 조달하는 완전한 로컬기업으로 변신하는 노력이 필요하다. 그래야 중국에 진출한 한국 기업들이 중국이 세계의 공장인 동시에 '세계 분업구조의 중심'으로 떠오르는 한 축을 차지할 수 있을 것이다.

생산기지로서의 이점이 줄어들면서 부쩍 대두되는 것이 중국의 내수 시장을 겨냥한 진출이다. 중국 경제는 1970년대 말 개방 이후 연평균 실질성장률(1980~2008년)이 9.9%에 달하고 있다. 연평균 10%씩 성장하면 7년마다 경제 규모가 2배씩 늘어나게 된다. 2008년 중국의 국내총생산(GDP)은 4조 4016억 달러로 미국(14조 2646억 달러)과 일본(4조 9238억 달러)에 이어 세계 3위를 차지했다. 내년에는 일본을 추월해 2위로 올라설 것이라는 게 국제통화기금(IMF)의 전망이다. 미국과 함께 세계를 이끌어갈

G2(Group of 2)라고 불리고 있는 것도 바로 이 때문이다.

2. 급증하는 중국의 부유층

이처럼 경제 규모가 급속히 늘어나는 반면 인구증가는 억제되면서 중국의 1인당 국민소득도 급증하고 있다. 1980년 중국의 1인당 국민소득은 313달러에 불과했으나 2001년에 1000달러, 2008년에는 3000달러를 넘어섰다. 지역별로는 선전이 2007년에 1인당 소득 1만 달러를 넘어선데 이어 2008년에는 광저우, 상하이 등 6개 도시가 1만 달러 클럽에 가입했다. 조만간 베이징 등 동남부 연안지역의 대다수 도시들이 1인당 소득 1만 달러 클럽에 가입할 것이다. 더욱이 맥킨지의 최근 보고서에 따르면 한 해 소득이 25만 위안(8월 말 환율로 3만 6600달러)을 넘는 중국의 부유층이 2008년 현재 160만 가구에 달하고 있다. 맥킨지는 이 같은 부유층이 2015년에는 440만 가구를 초과하면서 미국·일본·영국에 이어 4위를 차지할 것으로 전망했다.

한 가지 짚고 넘어갈 것은 중국의 내수시장, 특히 소비시장은 경제 규모에 비해서는 매우 작다는 점이다. 이는 중국인들이 전통적으로 소비보다는 저축을 미덕으로 삼아온 탓에 민간소비가 국내총생산에서 차지하는 비중이 35~36%에 불과하기 때문이다. 반면 미국과 일본 등 대다수 선진국의 경우 소비 비중이 70%를 넘고 있다. 이에 따라 소비 규모를 보면 2008년에 중국은 1조 6000억 달러 규모로 미국(11조 2000억 달러)과 일본(3조 8000억 달러)은 물론 경제 규모 4위인 독일(2조 7000억 달러)에도 한참 뒤지고 있다. 그러나 중국의 소비 비중이 현재 크게 낮다는 것은 그만큼 앞으로 소비 잠재력이 높다는 것으로 해석할 수 있다. 특히 중국은 이번 글로벌 위기를 계기로 수출주도형 성장에서 내수주도형 성장으로 빠르게 전환해 갈 것이라는 전망이다.

결국 중국은 경제 규모가 급속하게 팽창하고 있는 가운데 글로벌 기준으로 봤을 때도 중상위층이라고 할 수 있는 부자들을 대거 배출해내고 있다. 이보다 더 좋은 시장이 어디에 있겠는가. 부자들에게는 부자들의 눈높이에 맞는 상품과 서비스로 승부하고, 그보다 소득이 낮은 중하위 계층에는 또 그에 맞는 상품과 서비스를 팔 수 있는 무궁무진한 시장인 셈이다. 이처럼 빠르게 성장하고 있는 중국의 내수시장은 온전히 기업들의 몫이다.

3. 한·중 FTA의 체결 – 한류(韓流)와 한류(漢流)

아울러 정부 차원에서도 다양한 측면 지원과 혜택을 짜내야 할 것이다. 이 중 우선순위를 두고 추진해야 할 과제는 한·중 FTA의 체결이다. 현재 산관학 공동연구가 진행 중으로 아직 정부간 협상은 시작도 못한 상황이다. 하지만 2008년 8월 후진타오 주석의 방한시 양국 정상이 한·중 FTA의 체결을 위해 노력하기로 합의했다. 한·중 FTA가 체결될 경우 우리나라의 농업과 경공업 등 경쟁력이 취약한 산업과 부문에서는 상당한 타격이 예상된다. 하지만 그렇다고 해서 '마지막 남은 기회의 땅'을 남에게 넘겨줄 수는 없는 노릇이 아닌가. 한·중 FTA가 한국이 중국의 파트너가 되는 기회를 만드는 것이지 위성국가로 전락하는 것을 재촉하는 것은 아니라면 더욱 더 필요한 일이다.

세 번째 기회요인인 지리적 이점은 우리나라에게 주어진 천혜의 자원인 셈이다. 비행기로 이동할 경우 베이징과 상하이는 1시간 30분 거리에 있고, 홍콩도 3시간 거리에 불과하다. 시차도 1시간에 불과해 아침에 출발해서 저녁에 돌아오는 회의 또는 제품에 대한 애프터서비스(AS)도 가능한 곳이 중국이다. 한·중 수교 이후 불과 11년 만인 2003년 중국은 우리나라의 수출대상국 1위로 올라섰다. 당시 대다수 언론들이 사상 처음이라고 보도했지만 실은 100년 남짓 일본과 미국이 대신했다가 중국이 원래의 자리로 원위치한 것이다. 유사 이래 구한말까지 우리나라의 1대 수출대상국은 중국이었기 때문이다. 2004년부터는 수출과 수입을 합한 교역 규모에서도 중국이 1위로 올라섰다. 우리나라의 앞선 제조업이 지리적 이점을 등에 업고 비상하는 중국을 가장 중요한 파트너로 손을 잡은 것이다. 지리적 이점을 잘 활용할 경우 우리나라는 무역에서의 이점을 넘어 교통(수송), 의료, 레저, 교육의 허브 역할을 할 수 있을 것이다.

마지막 네 번째 기회요인인 문화적 유사성 또한 돈으로 환산할 수 없는 값어치를 가지고 있는 것이다. 같은 한자 및 유교 문화권인데다 생긴 것도 비슷하다는 점은 유럽연합(EU)에 버금가는 유사성이라고 할 수 있다. 한·중 양국은 구한말까지 2000여년 이상 가장 빈번하게 교류해왔지만 100여년 간의 단절을 거쳤다. 하지만 수교한 이후 불과 17년 만에 역사상 가장 활발한 교류가 이뤄지고 있다. 한·중간 항공편은 800여 편(1주일 기준)으로 일본과 미국보다도 각각 2, 4배 정도씩 많다. 해외로 나가는 한국인 3명 중 1명이 중국으로 가고, 국내로 들어오는 외국인 5명 중 1명이 중국인이다. 한국의 대중국 해외직접투자(FDI) 누적액이 그간 280억 달러를 넘어서면서 중국에 진출한 한국계 기업이 3만여 개, 중국에 상주하고 있는 한국인이 70만 명에 달하고 있다. 이와 함께 양국간 유학생 수도 급증하고 있다. 2008년의 경우 중국 내 한국인 유학생은 6만여 명으로 전체 외국인 유학생의 3분의 1을 넘고 있고, 한국으로 유학온 중국인도 4만여 명에 달하고 있다. 양국간 교역 및 투자가 폭발적으로 증가하면서 교육 및 문화 교류도 활발해지고 있는 것이다. 서로의 노력에 따라 앞으로 중국에서의 '한류(韓流)'와 한국에서의 '한류(漢流)'가 양국의 중요한 교육 및 문화 코드로 자리잡는 날이 올 것이다.

4. '따거(大兄)' 다운 중국

끝으로 언급할 부분은 중국의 대국(大國)으로서의 행태와 입지 또한 우리에게는 긍정적인 면이 많다는 점이다. 1997년 말 외환위기 당시 한국을 비롯한 대다수 동남아시아 국가들은 외채 위기를 겪으면서 환율이 급등했다. 하지만 이후 위기 극복과정에서는 급등한 환율 덕분에 수출이 크게 늘어나면서 성장세를 회복할 수 있었다. 그러나 만약 중국이 자국의 수출 둔화를 우려해 위안화의 평가절하(환율 인상)에 나섰더라면 한국과 태국 등이 중국과 이전투구를 벌일 수밖에 없는 상황이었으므로 그처럼 빨리 위기를 벗어나기는 불가능했을 것이다. 그래서 "역시 '따거(大兄)' 다운 중국"이라는 말이 나오기도 했었다.

'세계의 공장'인 중국으로부터 값싼 제품이 쏟아져 나오면서 20년 가깝게 전 세계가 낮은 물가를 유지했다는 점도 무시할 수 없다. 1970

년대 선진국의 소비자물가 상승률은 연평균 9.2%로 높았었다. 하지만 1980년대 들어서는 연평균 5.5%로 낮아진데 이어 1990년대와 2000년대(2001~2008년)는 각각 연평균 2.7%와 2.2%로 더 안정됐다. 1970년대 두 번의 오일쇼크에 따른 고(高)인플레이션을 겪은 이후 주요 선진국들이 물가안정에 최우선 순위를 두기도 했지만 중국의 개방과 등장이 큰 요인이었다는 분석이다. 특히 우리나라의 경우 중국의 값싼 노동력과 땅값을 이용한 가공수출에서 가격경쟁력을 크게 높임으로써 최근까지 매년 10~30%대의 높은 수출증가율을 유지할 수 있었다. 현재도 대중국 수출의 70% 이상이 중국 내에서 가공된 후 제3국으로 수출하기 위한 가공무역 또는 보세무역이다.

대공황 이후 가장 심각하다는 이번 글로벌 금융위기 와중에 우리나라가 경제협력개발기구(OECD) 회원국 중 가장 빠른 회복세를 보이고 있는 것도 중국이 버티고 있기 때문이다. 중국은 올해 8%대의 성장률을 지키는 '바오파(保八)' 에 성공할 것이라는 전망이 우세하다. 중국이 8% 성장할 경우 우리나라 수출이 90억 달러 늘어나면서 성장률도 1%포인트 정도 올라갈 것으로 추정하고 있다('바오파가 아시아 경제회복을 선도한다', 현대경제연구원, 2009년 7월). 우리 경제의 대중국 의존도가 높다는 위험이 이번에는 긍정적인 방향으로 작용하고 있는 것이다. 한국개발연구원(KDI)의 현오석 원장이 지난 8월 중국 광둥성 고위공무원을 대상으로 하는 강연에서 "한국 경제의 회복에서 중국의 역할이 매우 중요하다" 고 언급한 것도 이 때문일 것이다. 뿐만 아니라 제2의 외환위기 가능성이 고조되던 2008년 12월 중순 한·중 통화스왑을 체결함으로써 우리나라의 외환시장 안정, 즉 환율 안정에 크게 기여한 점도 빼놓을 수 없는 부분이다.

5. 신북학파(新北學派)의 등장과 한국의 미래

이제 잠시 200여년 전으로 돌아가 보자. 병자호란(1636~37년)의 수모를 겪고 난 다음 조선은 청나라를 북쪽 오랑캐라고 경멸하면서 복수해야 한다는 '북벌(北伐)'이 대세를 이루고 있었다. 당시로서는 세계에서 가장 앞서가는 청나라의 문물과 사상을 배척하는 분위기였다. 그러나 영조(재위 1724~76년)와 정조(재위 1776~1800년)대에 와서는 홍대용, 박지원, 박제가와 같은 일부 신진학자들이 조선의 후진성을 자각하는 동시에 청나라의 문물을 선진문화로 인식하고 받아들이자는 '북학(北學)'을 주장하기 시작했다. 북벌의 분위기가 많이 가시기는 했어도 북학을 내세우기가 쉬운 환경이 아니었음에도 과감하게 배울 것은 배워야 한다고 나선 것이었다. 당시 북학파 학자들은 새롭게 다가오는 국제질서와 선진학문 및 기술을 배워 백성을 이롭게 하려는 '이용후생(利用厚生)'의 실용적 학풍을 추구했다. 만약 북학파의 이 같은 실용적 학풍이 조선사회와 경제의 개혁과 선진문물의 수용에 성공했더라면 하는 아쉬움은 아직도 남아있다. 이들의 주장과 노력은 북학 또는 실학(實學)이라는 하나의 학문 유파로 끝나면서 실제 조선시대 경제의 신성장동력이 되는 데는 실패하고 말았기 때문이다.

200여년이 지난 지금 새로운 북학파 또는 '신북학파(新北學派)'가 전면에 나서고 있다. 앞서 언급한 (조기)유학생은 물론 중국을 드나들고 상주하는 수많은 한국인들을 신북학파라고 불러야 하지 않을까. 이들은 아마도 한 걸음 더 나가 중국을 알고 배우지 않고서는 한국의 미래가 없다고까지 말할 것이다. 신북학파의 성공 여부는 중국이 앞으로도 계속 우리나라의 성장동력 역할을 할 수 있도록 우리 경제와 금융시스템을 변화시킬 수 있느냐에 달려있다. 과연 한국이 중국의 파트너 위치를 유지할 것인가, 아니면 위성국가로 전락할 것인가가 이들 신북학파들이 중국을 우리의 미래에 어떻게 가져다 붙일 것인가에 달려있다는 말이다. 다행스러운 것은 신북학파가 조선시대의 북학파보다 훨씬 더 성공 가능성이 높다는 점이다. 북학파가 중국(청)으로부터 일방적으로 선진 문물과 기술을 일방적으로 수용하고자 했다면 지금의 신북학파는 서두에 언급한 것처럼 경쟁과 협력을 통해 얻을 것은 얻고 줄 것은 주는 상생(相生)이 가능하기 때문이다. 〈월간조선〉 (2009. 10)

7. 심상치 않은 브릭스(BRICs) 동맹

"우리는 보다 공정하고 민주적이고 다극화된 세계 질서의 구축을 지향한다. 우리는 국제금융체제의 개혁에 대한 발언권과 대표권을 강화해 나갈 것이다."

지난 7월 중순 사상 처음으로 가진 브릭스(BRICs) 4개국 정상회담에서 나온 공동성명의 주요 내용이다. 한 마디로 앞으로 브릭스가 힘을 합쳐 미국의 독주를 막겠다는 의미로 해석할 수 있다. 게다가 4개국 정상들이 모인 러시아 중부지방의 예카테린부르크가 어떤 곳인가? 300년 이상 이어졌던 러시아 로마노프 왕조의 마지막 황제 니콜라이 2세일가가 90여년 전 유폐되었다가 총살당한 곳이다. 볼셰비키 혁명을 통해 제정 러시아를 무너뜨리고 세계 최초의 사회주의 국가를 세운 상징적인 도시라고 할 수 있다. 브릭스 4개국이 미국 또는 G7에 버금가는 세력으로 자리매김하는 경우를 상정해보자. 우연인지 아니면 러시아의 의도적인 선택인지는 모르지만 예카테린부르크는 미국 주도의 세계 질서인 '팍스 아메리카나(Pax Americana)'를 구질서로 돌리고 새로운 세계 질서가 시작된 곳이라는 역사성을 또 하나 더 갖게 될 것이다. 브릭스 정상들은 정상회담을 정례화하기로 하고 내년 회의는 브라질에서 가지기로 합의함으로써 앞으로 다양한 협력체제를 구축하기로 했다.

브릭스가 이처럼 목소리를 키우고 있는 배경은 엄청난 규모의 인구와 국토 면적에다 급성장하고 있는 경제라고 할 수 있다. 브릭스 4개국은 전 세계 인구의 42%, 면적의 29%, 외환보유액의 43%, 국내총생산(GDP)의 15%를 차지하고 있다. 인구와 면적에 비해 GDP 규모가 상대적으로 작기는 해도 앞으로의 전망이 가장 밝다는 점이 부각되고 있다. 특히 물가수준을 감안한 구매력으로 평가할 경우 브릭스 경제가 전 세계에서 차지하는 비중은 22.4%로 높아지면서 이미 미국(20.7%)을 웃돌고 있다.

1. 덩치에 걸맞는 목소리를 키우자

그렇다면 브릭스는 목소리를 키워서 뭘 어쩌겠다는 것인가? 무엇보다 그간에는 덩치만 컸다면 최근 들어 근육에 힘이 생기면서 더 이상 예전과 같은 대우에는 만족할 수 없다는 것이다. 그 중 하나가 글로벌 금융위기 이후 예상되는 국제 금융체제의 개혁에 대한 발언권과 대표권을 강화하자는 것이다. 이를 위해 우선 IMF에서의 의결권을 상향조정하려는 움직임이 나타나고 있다. 브릭스의 IMF 의결권은 모두 합해 9.6%로 미국의 16.8%에 크게 못 미치고 있다. IMF 의결권과 맞물려 있는 세계은행의 의결권도 동시에 확대함으로써 국제 금융 시스템의 개혁은 물론 저소득국가의 개발 정책 수립 등에서도 입지를 다지겠다는 것이다.

두 번째는 선진국이 국민총소득(GNI)의 0.7%를 신흥시장국에 지원토록 하자는 것이다. 남의 일에 콩 놓아라 팥 놓아라하는 격이지만 잘 사는 나라들이 못 사는 나라를 지원해야 할 의무가 있다는 점을 강조함으로써 자신들의 위상을 높이는 동시에 큰형님으로서 신흥시장국들의 입장을 대변하겠다는 의도가 엿보이는 부분이다.

세 번째는 인도와 브라질이 유엔(UN)에서 더 큰 역할을 수행하려는 희망을 지지한다고 밝혔다. 그간 인도와 브라질의 유엔 안보리 상임이사국 진출에 미온적인 입장을 보여 오던 러시아와 중국이 지지하는 쪽으로 선회한 것이다.

2. 기축통화 달러에 대한 도전

여기다 앞서 언급한 다극화된 세계 질서의 구축은 미국 달러의 기축통화 지위에 대한 공개적인 도전이라고 볼 수 있다. 그간에도 중국과 러시아, 브라질 등이 개별적으로 달러에 대한 자국의 견해를 밝힌 적은 있지만 공동으로 한 목소리를 내기는 이번이 처음이다. 당초 기축통화 문제를 놓고 중국이 지난 3월 처음으로 제안한 '슈퍼 통화' 등에 대한 보다 강한 표현이 예상됐었다. 하지만 이번에는 달러가 계속 기축통화로서의 지위 유지가 어려울 것이라는데 공감대를 형성하는 선에서 그치고 보다 구체적인 논의는 향후 추진과제로 남겨놓았다. 달러가 4개국 외환보유액의 60% 이상을 차지하고 있는 상황에서 달러를 흔들어 달러 가치가 급락할 경우 스스로 무덤을 파는 격이 되기 때문이다. 그러나 지난 7월 이탈리아에서 개최된 G8 정상회담에 초청된 브릭스 4개국은 개별적으로 기축통화에 대한 문제를 제기하고 나섰다. 특히 중국은 G8 정상회담에서 새로운 기축통화 문제를 논의해야 한다고 주장하기도 했다.

3. 강한 달러를 외칠 수밖에 없는 미국

이 같은 브릭스의 움직임에 대한 미국의 입장은 어떨까? 기분이 언짢기는 하겠지만 공식적인 대응을 할 성격의 일도 아닌데다 가치가 떨어지는 달러가 싫다는데 어쩔 도리가 없지 않을까? 경상수지 적자가 수년째 7000억 달러를 넘고 있을 뿐 아니라 재정적자는 올해 1조 달러를 넘어서고, 내년에는 1조 8000억 달러에 달할 것이라는 전망이다. 금융위기 극복과정에서 미국 정부와 중앙은행인 연방준비제도이사회(FRB)가 대거 돈(달러)을 풀었기 때문이다. 돈이 많아지면 그 돈의 값은 떨어지게 마련이다. 기껏 할 수 있는 일이라고는 역대 미국 대통령과 재무부 장관이 되풀이해온 '강한 달러(Strong Dollar)' 를 외치는 일뿐이다. 지난 16일에도 가이트너 재무부 장관은 중동 방문시 "미국은 강한 달러 정책을 유지할 것" 이라면서 "이에 대해 우려할 필요가 없다" 고 말했다.

여기서 짚고 넘어갈 부분은 어렵다고는 하지만 아직도 미국의 경제와 금융, 달러의 위상은 타의 추종을 불허하고 있다는 점이다. 2008년 기준으로 미국의 명목국내총생산(GDP)은 14조 2000억 달러로 전 세계 GDP의 4분의 1을 차지하고 있다. 연간 15~20조 달러에 달하는 글로벌 무역 결제의 대부분이 안정적인 결제 시스템을 잘 갖추고 있는 미국의 금융시장을 통해 이루어지고 있다. 또한 전 세계 외환거래의 43%가 달러로 행해지고 있으며, 전 세계 외환보유액의 64%가 달러 표시 자산으로 보유되고 있다. 따라서 달러의 위상이 갑자기 추락하기보다는 유로, 엔, 위안과 같은 다른 지역(공동)통화가 부상하면서 달러의 기축통화로서의 역할도 서서히 약화될 것으로 예상된다.

4. 접점보다 갈등이 더 많은 합종연횡(合從連橫)

마지막으로 브릭스의 이 같은 연합에 대한 향후 전망은 어떤가? 일부에서는 G8과 같은 실질적 협력체 또는 정치적 동맹을 포괄하는 블록으로 발전할 가능성도 제기되고 있다. 한 발 더 나아가 경제동맹체 또는 자유무역지대(FTA)를 형성할 것이라는 주장도 나오고 있다. 그러나 브릭스 4개국은 경제체제는 물론 산업구조가 판이하게 다르다는 점에서 그 같은 주장은 주장일 뿐이라는 게 대다수 전문가들의 견해이다. 중국과 러시아가 국가자본주의 체제인 반면 인도와 브라질은 시장경제 체제를 취하고 있다. 브라질이 농업대국이라면 러시아는 에너지자원 대국이고, 인도는 IT강국인 반면 중국은 제조업 중심의 수출대국이다. 이들 4개국은 무역분쟁은 물론 자원개발에서도 심심찮게 경쟁과 분쟁을 일으켜왔다. 국경을 접하고 있는 중국과 인도, 러시아는 국경분쟁을 겪은 경험이 있는데다 상대국의 군사력 증강에 서로 촉각을 곤두세우고 있다. 사실 접점보다 갈등의 소지가 더 많은데도 일시적으로 뜻이 맞아 합종연횡(合從連橫)하고 있는 상황으로도 볼 수 있다. 그럼에도 불구하고 브릭스 연합 또는 동맹이 주목을 받는 이유는 떠오르는 신흥제국들의 덩치가 워낙 크고, 그 파도가 가져올 영향력이 빠르게 커지고 있기 때문일 것이다. 〈KRX〉 (2009. 8)

8. 동유럽이 위험하다

체력이 약한 사람에게 독감 바이러스가 기승을 부린다면 그 결과는 뻔하다. 병치레를 단단히 하거나 심할 경우 목숨을 잃게 될 것이다. 최근 대다수 동유럽 국가들이 이와 비슷한 상황에 처해 있다고 할 수 있다. 미국 발 글로벌 금융위기가 진행되고 있는 가운데 이들 동유럽 국가들의 경우 한 나라 경제의 체력을 보여주는 각종 지표들이 급격히 악화되고 있다. 나라에 따라 조금씩 다르기는 하지만 전체적으로 보면 과도한 대외채무와 과소한 외환보유액, 경상수지와 재정수지의 동반적자, 해외자본의 이탈 등이 동시다발적으로 진행 중이다.

1. 높아지는 국가위험도

스위스계 금융기관 크레딧스위스(CS)가 지난 3월 중순경 내놓은 '국가위험도 평가표(Country Risk Table)' 에 따르면 위험도가 높은 순으로 10

위 내에 동유럽 국가가 무려 5개나 포함돼 있다. 이미 부도가 나서 국제통화기금(IMF)의 지원을 받은 아이슬란드가 1위를 차지하고 있고, 그 뒤를 이어 불가리아(2위)·에스토니아(4위)·리투아니아(6위)·라트비아(8위)·루마니아(10위)가 10위권 내에 들고 있다.

분석 대상국 42개국 중 중국이 42위로 위험도가 가장 낮은 것으로 평가됐고, 우리나라는 19위로 중간 정도로 나타났다. 반면 호주(9위), 영국(11위), 미국(13위) 등이 주요 선진국 중에서는 위험도가 높은 것으로 평가됐다. 과연 우리나라가 이들 세 나라보다 위험도가 낮다고 볼 수 있을까? 물론 CS의 평가결과를 100% 신뢰할 것은 아니지만 경상수지와 정부 부채, 은행의 예대율, 신용부도스왑(CDS-Credit Default Swap) 등을 종합평가하고 있다는 점에서 상당한 의미를 가지고 있다. 또한 선진국의 경우 위험도와 위기의 실현 가능성을 서로 별개의 문제로 볼 수 있지만 동유럽과 같은 신흥시장국이나 우리나라의 경우 위험도와 위기 가능성이 매우 밀접한 상관관계를 가지고 있다고 봐야 할 것이다.

도대체 동유럽 국가들의 위기 상황 및 그에 따른 파급효과가 어느 정도이길래 제2차 글로벌 금융위기가 발생할 것이라는 우려가 제기되고 있는가? CS가 동유럽 국가 중 가장 위험하다고 평가한 불가리아를 예로 들어보자. 국내총생산(GDP) 대비 대외채무 비중이 74%로 외환보유액 대비 대외채무 비중은 257%에 달하고 있다. GDP 대비 경상수지 적자 비율은 무려 14%를 넘고 있다. 환율(이하 3월 16일 기준)이 2008년 말 대비 7% 정도 오른 게 다행이라면 다행이다. 주가의 경우 2008년 말 대비 26% 급락했고, 최고점이었던 2007년 10월과 비교하면 무려 86%나 추락한 상황이다. 이에 따라 한 나라의 국가부도 위험 정도를 나타내는 신용부도스왑(CDS) 프리미엄이 지난 3월 9일에는 698bp(6.98%)로 사상최고치를 기록했다. 이후 소폭 하락해 3월 16일 현재 597bp로 떨어졌지만 아직 안심할 단계는 아니라고 할 수 있다. 불가리아의 CDS 프리미엄은 2008년 초반만 하더라도 100bp를 밑돌았었다.

이런 가운데 불가리아를 포함한 2~3개의 동유럽 국가가 국가부도를 선언한다면 위기는 다른 동유럽 국가뿐 아니라 남미와 아프리카의 신흥시장국으로도 급속하게 번질 것이다. 가용자금이 2000억 달러에 불과한 IMF도 손을 제대로 쓰지 못하면서 국가부도 도미노 현상을 겪게 되는 시나리오이다. 지난 2월 말 동유럽 문제가 본격적으로 불거져 나왔을 때 도미니크 스트로스 칸 IMF 총재도 "어려움을 겪는 국가들이 동시다발적으로 급증하면서 지원요청이 몰리고 있다" 면서 "앞으로 3개월 내에 근본적인 해결방안을 도출해야 한다" 고 밝힌 바 있다.

2. 동유럽과 서유럽의 위험한 밀월(蜜月)

동유럽 국가들이 동시다발적으로 위기를 겪게 되면 가장 직접적으로 영향을 받는 지역은 서유럽 국가들이다. 동유럽 국가들이 대출받은 총 1조 7000억 달러 중 서유럽 은행으로부터 받은 자금이 1조 5000억 달러로 90%를 넘고 있다. 게다가 서유럽 은행들이 동유럽 은행을 소유하는 비중이 70~97%에 달하고 있어서 동유럽 은행들에 문제가 생길 경우 바로 서유럽 은행들이 직격탄을 맞는 구조를 가지고 있다. 금융 부문뿐 아니라 실물 부문의 경우 수출과 해외직접투자(FDI)에 연결돼 있다. 유로 지역의 동유럽 수출 비중은 20%를 넘고 있고,

FDI는 오스트리아의 경우 동유럽 비중이 33%, 독일과 노르웨이는 각각 6%를 넘고 있다. 지난 3월 초 서유럽 국가들이 동유럽 국가에 대한 구제금융에 난색을 표명했지만 사태가 악화될 경우 구제금융에 나설 수밖에 없을 것이라는 전망이 나오고 있는 것도 이처럼 얽히고설켜 있기 때문이다.

우리나라의 경우 동유럽에 대한 해외직접투자 잔액은 51억 달러로 전체의 4.3%에 불과하지만 서유럽까지 포함할 경우 20%(230억 달러)에 달하고 있다. 특히 우리나라의 총외채 3662억 달러(2008년 9월 말 기준) 중 서유럽 은행들로부터 유입된 자금이 2093억 달러에 달해 절반을 넘고 있다. 동유럽 발 금융위기로 인해 서유럽 은행들이 자금회수에 나설 경우 우리나라가 피해가기는 어려울 것이다. 또한 우리나라의 동유럽 수출 비중은 8%에 불과하지만 서유럽 경제가 동유럽 문제로 인해 더 악화될 경우 선박을 포함한 서유럽 수출(전체 수출 중 14%)도 상당한 타격을 받게 될 것이다.

3. 동유럽 위기는 휴화산

최근 들어 동유럽 발 금융위기설이 잠시 수면 아래로 가라앉은 것처럼 보인다. 하지만 동유럽 국가들의 외채와 경상수지 등 기본적인 문제가 해결됐거나 해결될 호재가 보였기 때문은 아니다. 따라서 동유럽의 금융위기 가능성은 언제든지 다시 불거져 나올 수 있는 휴화산이라고 할 수 있다.

동유럽 외에도 글로벌 금융시장과 경제에 걸림돌 또는 폭탄이 될 수 있는 악재들은 수두룩하다. 미국 금융시장이 최근 주가가 급등하는 등 상대적으로 호조를 보이고 있지만 언제 대형 금융기관이나 제조업체 또는 서비스업체의 새로운 부실이 터져 나올지 모르는 상황이다. 게다가 동유럽 위기에서 보는 것처럼 부실 지역이 그간의 글로벌화를 타고 전 세계로 급속히 확산되고 있다. 위기의 가능성이 남미와 동남아 또는 중동과 같은 원자재 수출국으로 번질 가능성도 있다는 말이다. 미국 발 주택경기 침체 또한 전 세계적인 현상이 되면서 글로벌 소비는 물론 금융기관들의 발목을 잡을 수 있다. 이외에도 중국 경제의 연착륙 여부, 전 세계 신흥 중산층의 몰락, 대형 테러 또는 전쟁 등도 전 세계 소비자와 투자자들의 공포심리를 급격히 확산시키면서 금융시장과 실물경제를 동반 추락시키는 뇌관의 역할을 할 수 있다. 따라서 적어도 내년 상반기까지는 언제 어디서 터져 나올지 모르는 지뢰와 폭탄을 조심하듯이 소비자와 투자자 모두 조심스러운 행보를 이어가야 할 것이다. 〈KRX〉(2009. 4)

9. GM의 몰락과 전망

"첫째, 똥차를 만든다. 둘째, 높은 임금에다 강성노조가 있다. 셋째, 도요타가 있다."

2008년 말 어느 기업체에서 강의를 할 때 나온 "왜 GM이 망했느냐?" 라는 질문에 대한 필자의 즉흥적인 대답이었다. 필자가 GM에 대해 특별히 연구를 한 것은 아니었지만 그럴 듯한 대답이었다는 생각에 이후에는 아예 강의 내용에 포함시키고 있다. 그러다 사석에서 어느 분이 하나를 추가하면 좋겠다면서 네 번째 이유를 들었다. 오래된 기업에서 흔히 나타나는 이른바 '관료주의(bureaucracy)' 였다. 그 분의 가까운 친척이 자동차업계에서 오래 근무하면서 GM과 일할 기회가 많았다고 한다. 예를 들어, 아주 사소한 설계나 모양새를 바꾸려고 해도 미국 본사로부터 허락을 받아야 하는데 보통 한두 달씩이나 걸렸다는 것이다. 의사결정 과정이 길 뿐 아니라 서로 책임을 안 지려고 하는 바람에 최종결정권자까지 갔다가 오는데 터무니없이 긴 시간이 소요되었다는 지적이었다. 이후 필자는 GM이 망할 수밖에 없는 이유로 모두 4가지를 들고 있다.

1. 바퀴 빠진 GM

미국의 경제잡지 〈포춘(Fortune)〉은 '2009년 미국 1000대 기업'에서 매출액(2008년 기준)에서 6위, 적자 규모에서 4위를 차지한 GM에 대해 다음과 같은 코멘트를 달고 있다.

"지난 수년 간 미끄러지던 GM이 작년에는 바퀴가 빠지고 말았다. 내년에는 GM이 과연 어디쯤 자리할까. 노조와의 협상에서 충분한 양보와 정부로부터의 구제금융을 받아냄으로써 회사를 이어갈 것인가, 아니면 파산보호신청을 통해 지금보다 크게 쪼그라들면서 새로운 GM으로 태어날 것인가."

GM이 어떤 회사인데 이런 수모를 당하고 있는가. 1903년에 설립된 포드에 이어 1908년에 종합 자동차 회사로 설립된 이후 최근까지 미국은 물론 전 세계적으로 가장 오래되면서도 가장 큰 자동차 회사라는 명성을 누려왔다. 1930년대에는 포드, 크라이슬러와 함께 3대 자동차 회사를 형성하면서 '빅3(Big 3)'라는 새로운 조어를 만들어내기도 했다. 이후 1950년대부터는 부동의 1위 자리를 지키면서 미국하면 GM, 자동차하면 GM일 정도였다. 뿐만 아니라 제너럴일렉트릭(GE)과 함께 미국과 미국의 제조업을 대표하는 국민기업이라고 부를 정도였다. 사람답게 살아가는데 꼭 필요한 두 가지가 전기와 자동차라면 전기(Electric)에서는 GE, 자동차(Motors)에서는 GM인 셈이었다. 전기와 자동차 앞에 '일반적인' 또는 '보통의' 라는 뜻을 가진 'General' 이라는 단어를 붙인 것도 소비자들이 일반적으로 필요한 전기와 자동차를 공급하는 회사라는 이미지를 주기 위한 목적이 아니었을까. 사실 우리나라에서도 해방 이후, 특히 6.25 전쟁을 겪으면서 트럭이나 차하면 '제무시(GMC·GM의 트럭 브랜드)' 였던 적이 있었다.

2. 추락하는 GM

GM의 과거 행로는 엄청나게 화려하다. 앞서 언급한 포춘의 미국 1000대 기업 리스트(매출액 기준)를 보면 1955년 이후 2000년까지 46년 동안 GM이 1위를 차지하지 못한 해가 9년 밖에 되지 않는다. 그것도 1, 2차 오일쇼크로 자동차 수요가 크게 위축됐던 1970년대 중후반과 1980년대 초중반뿐이었다. 1986년에 다시 1위로 복귀한 이후 2001년 엑슨모빌과 월마트에 이어 3위로 밀려날 때까지 15년 연속 1위 자리를 유지했다. 올해의 6위는 1955년 이후 가장 낮은 순위를 기록한 것이었다. 전 세계 자동차업계에서 차지하던 부동의 1위 자리도 2008년부터 도요타에게 넘겨주면서 2위로 내려앉고 말았다.

문제는 매출액만 떨어진 것이 아니라 손실이 커지면서 회사가 망하게 되었다는 데 있다. 2005년부터 적자가 나기 시작해 2008년까지 4년 동안 누적적자가 무려 822억 달러에 달하고 있다. 822억 달러면 2008년 한 해 우리나라 국내총생산(GDP·9287억 달러)의 10%에 육박하는 엄청난 규모의 금액이다. 이 정도의 적자에 버틸 회사는 지구상에 없을 것이다. 결국 GM은 2008년 12월 이후 미국 정부로부터 134억 달러의 구제금융을 받은데 이어 지난 4월 중순에는 긴급운전자금으로 50억 달러를 지원받았다. 그것도 6월 1일까지 보다 확실한 구조조정안을 내놓을 때까지 회사를 운영하기 위한 응급조치였다. 5월 들어서도 캐나다 정부로부터 5억 달러의 운전자금을 빌리기로 하는 등 상황이 개선되지 않고 있다. 이런 와중에 2007년에만 해도 30~40달러대에서 움직이던 주가는 1~2달러대로 폭락했다. 2008년 11월 독일 최대 은행인 도이체방크는 GM의 목표주가를 '0' 달러로 하향조정했다. 주가가 '0' 달러면 말 그대로 휴지조각이 되는 셈이다. 더욱이 5월 초 블룸버그 통신은 다우지수(다우존스공업평균지수) 산정시 대상종목이 되는 30개 기업에서 GM이 74년 만에 퇴출될 전망이라고 보도했다. 미국을 대표하는 기업의 자리를 내놓는 것을 넘어 상장폐지가 우려되고 있는 상황인 것이다.

3. 낮은 품질과 떨어지는 시장 점유율

설립 이후 100년 동안 1등 기업의 자리를 놓치지 않았던 회사가 수년 사이에 망할 지경에 이르렀다면 문제가 한두 군데가 아닐 것이다. 첫 번째 이유인 GM이 품질 나쁜 형편없는 차를 만든다는 점부터 살펴보자. 자동차산업의 전문가가 아닌 필자의 입장에서 보면 좋은 차의 기준은 소비자들로부터 찾을 수 있다. 많이 팔린다는 것은 가격에 비해 품질과 서비스가 좋다는 뜻이므로 많이 팔리는 차가 좋은 차인 것이다. 미국의 자동차 내수 시장에서 빅3(GM, 포드, 크라이슬러)의 점유율은 1984년 77.4%를 고점으로 서서히 하락하기 시작해 2000년에는 처음으로 70%를 밑돌았다. 이후 빅3의 점유율은 급격히 줄어들어 2008년에는 급기야 50% 아래로 떨어졌다. 이 와중에 최근 10년 동안 30%를 오르내리던 GM의 점유율도 2008년에는 21%대로 추락했다. 그만큼 GM이 미국인들의 마음에 들지 않는 형편없는 차를 만들어냈기 때문이었다. 특히 GM 등 미국의 자동차 회사들은 연비 효율보다는 크기와 성능에 집착하면서 대형차 위주의 생산을 고집한 것이 도요타 등 중소형차에 집중한 외국계 자동차 회사에 자리를 내주게 되었다는 분석이다. 엎친 데 덮친 격으로 유가마저 급등하면서 대형차는 물론 GM 등 빅3의 주력제품이던 스포츠유틸리티(SUV)와 픽업트럭 등이 설 곳을 잃게 된 것이다.

4. 높은 임금과 강성노조, 관료주의

두 번째 이유인 높은 임금 및 강성노조와 네 번째 이유인 관료주의는 형편없는 차를 만들게 하는 원인 제공자라고 할 수 있다. 환율에 따라 조금씩 달라지기는 하지만 GM의 생산직 근로자의 시간당 임금(2007년 기준)은 73달러로 미국 근로자의 시간당 평균임금 25달러의 3배에 달하고 있다. 뿐만 아니라 시간당 임금이 40달러대인 일본의 도요타와 혼다에 비해서도 30달러 정도 높은 수준이다. GM은 도요타보다 무려 70% 이상 높은 임금을 주면서도 좋은 차는 만들지 못하고 있는 것이다. 더 큰 문제는 GM의 생산직 근로자가 실제로 받아가는 임금 수준은 73달러의 절반에도 못 미치는 32달러 선이라는 데 있다. 나머지 40달러 정도는 현재 근무하고 있는 근로자뿐 아니라 퇴직한 근로자에게도 혜택을 주기 위한 복지비용이다. GM 등 미국의 자동차 회사들은

1950년대에 전미자동차노조(UAW)와 맺은 단체협약에 따라 현직 근로자는 물론 퇴직자와 부양가족에게도 회사가 의료비와 연금을 종신 지급하고 있다. GM이 지출하고 있는 의료복지비용만 해도 연간 60억 달러 안팎인 것으로 알려지고 있다. 매출액 1490억 달러에 적자가 308억 달러에 달하는 회사가 의료복지비용으로 60억 달러를 지출한다는 것은 그 자체만으로도 상식을 벗어나는 것이다. 여기다 연금 등 기타 복지비용까지 합하면 복지관련 지출만 자동차 1대당 1500달러에 달한다는 계산이 나온다고 한다. 안 그래도 연비가 낮은 큰 차가 값까지 비싸지는 이유라고 할 수 있다.

이 같은 결과는 강성노조의 득세와 경영진의 무능 및 무사안일이 합작한 작품이라고 할 수 있다. 1950년 GM과 전미자동차노조는 근로자와 가족의 의료비 50%를 회사 측이 지급하기로 합의했다. 이 후 계속 노조 측 입장을 받아들이면서 1961년에는 근로자 100%, 퇴직자 50%로 확대 상향조정됐으며, 1967년부터는 퇴직자에 대해서도 의료비를 100% 지급하는 것으로 변경됐다. 최고경영자(CEO) 등 경영진이 노조의 무리한 요구에 적극 대응하지 못한 것이 GM의 현재와 미래에 악재로 작용하고 있는 것이다. 여기다 조직의 관료주의는 급변하는 환경 변화에 둔감하게 되면서 팔리는 차를 만들지 못하는 또 하나의 근본원인을 제공했을 것이다.

5. 도요타와 혼다, 현대가 기다리고 있다

세 번째 이유인 도요타가 있다는 사실은 글로벌화와 자유무역에 따른 치열한 경쟁에서 GM이 제대로 대처하지 못했다는 것을 의미한다. 1970년대 도요타 등 일본산 자동차가 미국 시장에 발을 들여놓기 시작할 때만 해도 빅3와 미국인들은 다분히 비꼬는 태도를 취했다. 일본차를 '마차에 엔진을 달았다' 거나 '깡통에 바퀴를 달았다' 고 비아냥거렸다. 하지만 1980년대 들어 도요타와 혼다 등 일본 자동차들이 소형차와 기술력을 앞세워 시장 점유율을 급속히 늘려가기 시작했다. 만약 자유무역이 아니라 문을 닫고 살았거나 수입자동차가 시원찮았다면 빅3가 아무리 형편없는 차를 만들어 팔아도 미국의 소비자들은 울며 겨자 먹기 식으로 미국산 자동차를 살 수밖에 없었을 것이다. 하지만 시장개방과 자유무역으로 인해 더 좋은 차가 더 싼 값에 들어오면서 빅3의 설 자리가 점점 줄어들고 있는 것이다. 만들기만 하면 팔리던 차가 안 팔리기 시작한 것이다.

지금까지 언급한 이유로 인해 GM은 파산위기로 치닫고 있다. GM은 2008년 말 이후 미국 정부로부터 134억 달러의 구제금융을 받은데 이어 지난 2월에는 구조조정안을 제출하면서 166억 달러의 추가지원을 요청했다. 당시 구조조정안에는 2011년까지 경영정상화를 목표로 2012년까지 미국 내 5개 공장을 포함한 총 15개 공장을 폐쇄하면서 4만 7000명의 인력을 감축하겠다는 계획이 들어있었다. 중소형차 중심의 생산라인 조정, 선진기술 개발 및 제조, 퇴직자에 대한 의료비 축소 등 비용 개선 등도 약속했다. 그러나 미국 정부는 GM이 제출한 구조조정안을 거부하면서 새로운 구조조정안을 6월 1일까지 제출하도록 2개월의 시간을 추가적으로 부여했다. 미국 정부는 아울러 새로운 구조조정안도 GM의 회생에 도움이 되지 않는 것으로 판단되면 파산절차를 밟겠다면서 파산절차를 준비하도록 요구했다.

6. 뉴GM으로 거듭날 듯

만약 미국 내 1위의 자동차 회사 GM이 파산한다면 어떻게 될까? 먼저 GM처럼 큰 회사를 미국 정부가 과연 파산시킬 것인가? 일부에서는 미국 정부의 구제금융이 오히려 GM의 회생을 지연시키고 있다고 주장하고 있다. 파산을 통해 근본적으로 구조조정하는 것이 바람직하다는 쪽으로 여론이 조성될 경우 GM의 파산 가능성도 배제할 수 없다. 미국 정부는 GM을 파산시키기로 결정한다면 그로 인한 악영향을 최대한 줄이기 위해 가급적 신속하게 파산절차를 밟을 것이다. 전문가들은 이 경우 돈이 되는 브랜드와 돈이 안 되는 브랜드로 구분해 돈이 되는 브랜드로만 새로운 GM을 만들 것으로 예상하고 있다. 이 때 탈락하는 브랜드는 매각하거나 파산절차를 밟는 전략이다. 현재 GM은 뷰익, 캐딜락, 시보레, GMC, 홀덴, 허버, 올즈모빌, 오펠, 폰티악, 사브, 새턴, 복스홀 등 모두 10여 개의 브랜드를 가지고 있다. 이중 뷰익, 캐딜락, 시보레, GMC가 새로운 GM의 핵심 브랜드가 될 것으로 알려지고 있다. 이미 파산보호를 신청한 크라이슬러와 함께 GM 브랜드가 이탈리아의 피아트 등으로 인수되면서 미국은 물론 세계 자동차업계는 100여년 만에 가장 큰 지각변동을 겪게 될 것이다.

이 과정에서 미국 자동차산업의 위상이 낮아지는 것은 물론 미국과 미국 제조업의 위상도 크게 추락하게 될 것이다. 뿐만 아니라 GM과 크라이슬러가 공장 폐쇄 등 강력한 구조조정에 돌입하면서 대규모 감원에 나설 수밖에 없을 것이다. 이 때 자동차 회사는 물론 딜러 등 관련 산업까지 포함하면 직간접적으로 타격을 입게 되는 미국 내 고용인원이 300만 명에 달할 것이라는 전망이다. 이는 미국 전체 고용인원 1억 4100만 명의 2%를 넘는 규모에 해당한다. 고용감소는 곧 미국인들의 소득감소와 그에 따른 소비위축으로 이어지면서 미국 경제를 더 끌어내리는 역할을 할 것이다.

7. 기회와 위기를 맞고 있는 우리나라 자동차산업

우리나라의 경우 GM의 자회사인 GM대우가 직접적으로 영향을 받는 동시에 현대·기아차그룹 등 우리나라 자동차산업도 위기와 기회가 엇갈리는 시기를 맞고 있다. 우선 부품공급이 글로벌화되어 있는 자동차산업에서 GM의 파산은 공급 사슬에 적잖은 악영향을 미칠 것이다. 국내 자동차업계도 부품공급 여건이 악화될 가능성에 적극적으로 대비해야 할 것이다. 반면 최근 현대·기아차그룹이 미국 시장 등에서 선전하고 있는 것에서 보는 것처럼 소형차 중심의 전략과 적극적인 시장 공략으로 글로벌 시장 점유율을 크게 올릴 수 있는 기회가 될 것이다. 빅3의 부진에다 엔고(円高)로 도요타와 혼다 등 일본 자동차 회사들이 주춤하는 사이를 우리 자동차가 높은 환율을 등에 업고 파고들고 있기 때문이다. 하지만 최근 들어 하락하고 있는 환율이 하반기에는 더 떨어질 것으로 예상되므로 이에 따른 대비책과 전략도 동시에 마련해야 할 것이다. 아울러 GM 등 빅3가 높은 임금구조와 강성노조 등 비효율로 인해 추락하고 있다는 것을 시금석으로 삼아 국내 자동차 회사들도 자체적인 구조조정은 물론 노사관계의 전향적인 개혁을 위해 노력해야 할 것이다.

　GM의 해외 생산거점으로 GM의 글로벌 유통망에 전적으로 의존하고 있는 GM대우는 GM의 구조조정 또는 파산 과정에서 엄청난 타격을 받게 될 것이다. 지금도 GM대우는 유동성위기를 겪으면서 정부에 1~2조 원의 자금지원을 요청하고 있다. 이와 관련해 4·29 재보선 당시 여야 정치인들은 GM대우를 기필코 살리겠다고들 말했다. 하지만 GM대우 문제는 정치적 논리가 아니라 경제적 논리에 근거해 지원을 결정해야 한다. 특히 GM대우는 1대 주주(우호지분 포함 72%)가 GM이므로 GM이 자구노력과 회생방안을 우선적으로 마련해야 한다. 그래야 2대 주주(28%)인 산업은행도 자금지원에 나설 수 있을 것이다. 소형차 생산 위주의 GM대우는 GM 자회사 중 유일하게 이익을 내던 회사였다는 점에서 나름대로 강점을 가지고 있다. 강점을 십분 살림으로써 다시 이익을 내는 회사로 만들 희망이 없다면 자금지원은 밑 빠진 독에 국민들의 세금을 붓는 것이다. 1997년 외환위기 직전 망하게 된 국내의 모 자동차 회사를 놓고 '국민기업'이라는 명목으로 지원에 나서다 국내외 신뢰를 잃어버리면서 위기로 치닫게 된 경험을 가지고 있다. 비슷한 잘못을 되풀이해서는 안 될 것이다. 아울러 GM대우와 쌍용자동차가 우리나라에서 생산과 고용을 일으키는 우리나라 기업이라는 점에서 대주주가 외국인이라는 사실만으로 살려야 할 기업을 죽이는 우를 범해서는 더더욱 안 될 것이다. 〈월간조선〉 (2009. 6)

10. 구조조정으로 위기 이후를 대비할 때

　　GM과 크라이슬러가 뉴GM, 뉴크라이슬러로 태어나기 위해 전방위적인 구조조정에 박차를 가하고 있다. 미국 정부의 지원을 받은 이상 정부의 의도와 간섭에 따를 수밖에 없기도 하지만 파산보호신청을 한 상황이므로 더 물러설 곳도 없다. 이외에도 GE, 인텔, 노키아, 도요타 등 이번 금융위기를 맞아 주춤했던 초일류 기업들도 자체적인 구조조정을 거쳐 한 단계 높은 경쟁력으로 글로벌 시장에 돌아올 가능성이 높다. 위기를 겪은 후에 더 강한 기업으로 변신한 이들은 그간의 부진을 만회하고자 날카로운 칼을 휘두를 것이다.

　　반면 우리나라를 대표하는 기업들은 남의 불행이 나의 행복이라고 할 정도로 잘 나가고 있다. 삼성전자, LG전자, 하이닉스 등이 만드는 반도체와 LCD, 휴대폰의 세계시장 점유율이 각각 60%, 55%, 30%를 넘어섰다. 현대차(기아차 포함)의 미국 시장 점유율은 7%를 넘어섰고, 중국 시장 점유율은 10%에 육박하고 있다. 이외에도 부동의 1위를 고수하고 있는 조선업과 꾸준히 점유율을 높여가고 있는 철강업과 화학업 등에서도 발군의 성적표를 내놓고 있다.

이들 우리나라 기업들은 '제발 지금만 같아라' 하는 마음이 굴뚝같을 것이다. 동시에 지금의 호황을 유지하기 위해 나름대로 위기 이후를 대비하고 있을 것이다. 그러나 위기를 겪으면서 살아남은 기업들이 위기를 겪지 않은 기업들에 비해 경쟁력이 훨씬 높아지는 것이 통상적인 경험이다. 우리나라 기업들이 대공황에 버금간다는 글로벌 위기를 잘 헤쳐 나가고 있는 것은 환율 급등이라는 외적 요인도 있지만 10여년 전에 겪은 사상초유의 위기에서 살아남은 경험과 위기 대응능력 덕분일 것이다. 최근 월마트와 IBM이 위기 속에서 잘 나가는 이유도 몇 년 전에 남보다 먼저 위기를 겪었기 때문이라는 분석이다. 뒤집어보면 이는 곧 그간 점유율을 높인 우리나라 대표기업들이 1~2년 후에는 GM, 도요타, 인텔, 노키아 등의 날카로워진 칼을 방어해야 한다는 것을 의미한다.

1. 구조조정이 위기 이후 글로벌 경쟁력 좌우

그렇다면 잘 나가고 있는 우리나라 기업들도 위기를 겪고 있는 기업들에 못지않은 강한 구조조정을 해야 할 것이다. 구조조정을 통해 경쟁력을 획기적으로 높이지 못할 경우 위기 이후 다시 세계시장 점유율을 빼앗길 확률이 높기 때문이다. 여기서 구조조정은 기존의 사업 및 조직구조를 개혁함으로써 기업 전체의 효율과 경쟁력을 높이는 일련의 과정을 의미한다. 보다 구체적으로는 자산매각, 조직개편, 정리해고, 사업정리, 분사(Spin-off), 인수합병(M&A) 등의 고통스러운 조치를 거쳐 핵심 분야의 기초체력을 키우는 것이다.

여기서 한 가지 짚고 넘어갈 점은 이 같은 구조조정이 삼성전자, LG
전자, 현대자동차와 같은 우리나라 대표기업들에게만 필요한 일은 아
니라는 것이다. 처한 상황에 따라 구조조정의 의미와 내용은 상당 폭
다르겠지만 잘 나가는 대기업은 물론 어려움을 겪고 있는 대기업과 중
소기업들 또한 구조조정을 통해 옥석(玉石)을 가려내야 한다. 그래야 우
리 경제와 금융시장이 위기를 극복하는 동시에 위기 이후를 잘 대비
할 수 있을 것이다. 2008년 하반기 이후 글로벌 금융위기의 여파로 국
내 금융시장이 불안해지고 경기가 급락하면서 우리 정부와 은행들이
선제적으로 기업 구조조정을 추진하기 시작한 것도 바로 이 같은 점을
염두에 두었기 때문이다. 부실 우려가 큰 업종에 대한 구조조정을 우
선적으로 추진한데 이어 대기업 그룹·개별 대기업·중소기업 등 기업규
모별 구조조정도 순차적으로 진행하고 있다.

올해 초부터 46개 건설·조선·해운 기업들을 구조조정 대상으로 선
정해 워크아웃 또는 기업회생절차 등을 추진 중이다. 또 9개 대기업 그
룹과는 주채권은행이 재무구조개선 약정을 체결하고 계열사 정리 등
자산매각은 물론 자본확충 등 시장신뢰를 회복할 수 있는 강력한 자
구노력을 시행하고 있다. 개별 대기업(여신 500억 원 이상)은 33개 기업을 구
조조정 대상으로 선정, 워크아웃 등 본격적인 구조조정에 돌입한 상황
이다. 중소기업(여신 500억 원 미만)의 경우에도 1차적으로 113개 기업을 구
조조정 대상으로 선정한데 이어 오는 11월 말까지 3차에 걸쳐 은행들
이 신용위험평가를 거쳐 구조조정 대상을 추가로 선정할 예정이다.

2. 선제적·단계적 외과수술로 좀비기업 퇴출시켜야

쌍용자동차 사태에서 보는 것처럼 구조조정 대상이 되는 기업과 임직원을 제외한 대다수 기업은 물론 정부와 은행, 국민들은 신속한 구조조정을 원한다. 구조조정을 통해서만이 금융시장을 정상화하는 동시에 경제 전반의 불확실성을 해소할 수 있기 때문이다. 시중에 돈이 많이 풀렸다고는 하지만 위기 이전만큼 돈이 잘 돌지 않는 가장 큰 이유는 불확실성이 아직도 크기 때문이다. 망할 기업과 흥할 기업을 잘 가릴 수 없는 상황에서 누가 돈을 선뜻 빌려주겠는가. 금융시장과 소비자·투자자·기업들이 가장 싫어하는 단어가 바로 불확실성이다. 특히 원금의 만기연장과 신용보증 확대 등으로 간신히 연명하고 있는 한계기업 또는 부실기업들은 이 같은 불확실성을 더 증폭시키고 있다. 한계기업 또는 부실기업들은 비효율적 경영 및 투자와 낮은 경쟁력에도 불구하고 정부와 은행의 일괄적 구제조치에 목을 매달고 있는 좀비기업들이다.

이들 좀비기업들을 과감한 구조조정을 통해 퇴출시키지 않을 경우 살아날 만한 다른 기업들이 더 큰 어려움을 겪게 되는 동시에 자본주의 경제의 기본이라고 할 수 있는 창업의 기회마저 박탈하게 될 것이다. 수혈(輸血)의 양은 정해져 있는데 좀비기업들이 일정 부분을 차지할 경우 나머지 기업들에의 수혈이 줄어들 수밖에 없기 때문이다.

과감한 구조조정을 통해 퇴출당하는 기업들이 늘어날 경우 일자리가 줄어들고 은행의 부실채권이 급증하게 될 것이다. 그렇다고 해서 좀비기업들에게 계속 수혈하는 것은 경쟁력 제고는 물론 우리 경제의 본격적인 회복에도 걸림돌로 작용하게 될 것이다. 외환위기 때처럼 급박하지는 않다고 하더라도 선제적·단계적이면서도 과감한 구조조정, 즉 외과적 수술에 나서야 하는 이유이다. 실업과 부실채권이라는 후유증 또는 필요악(必要惡)이 무서워 수술을 않다가 우리 경제와 금융시장 전체가 가라앉을 수도 있다.

최근 들어 우리나라를 포함한 미국과 중국·유럽 등 주요국 경제가 반등세를 보이고 있다. 아직 비관론자들의 목소리가 남아있기는 해도 전체적인 분위기는 낙관적인 쪽으로 돌아서고 있다. 일부에서는 자칫 이런 분위기에 휩쓸려 구조조정의 끈을 놓아버리는 것은 아닌가하는 우려가 제기되고 있다. 이번 위기 이후 경쟁력 있는 기업과 국가가 될 것인가, 아니면 좀비기업들이 득실거리는 2류 국가로 전락할 것인가는 구조조정에 달려 있다. 더욱이 최근 거론되고 있는 출구전략이 국내외 적으로 시행될 경우 우리 경제와 금융시장에 미치는 영향을 최소화하기 위해서라도 구조조정은 우리 경제와 기업들이 반드시 넘어야 할 산이다. 〈KRX〉 (2009. 9)

11. 미국 주택시장 돌아서나?

어떤 경제지표건 한없이 내려가거나 한없이 올라가지는 않는다. 대표적인 예가 최근의 국제 유가다. 2008년 7월 중순 배럴당 140달러를 넘어섰을 때는 200달러가 얼마 남지 않았다는 전망도 나왔다. 하지만 한번 꺾이고 나더니 불과 4~5개월 만에 30달러대까지 떨어졌다가 최근 다시 50달러대로 올라왔다.

지난 주 미국의 주택시장 관련지표들이 예상보다 좋은 것으로 발표됐다. 2월 기존 및 신규주택 거래 건수와 주택착공 호수가 전문가들의 예상치를 크게 상회하면서 전월에 비해 큰 폭으로 증가했다. 이들 세 지표는 주택시장 동향을 가장 잘 보여주는 지표들인데 지난 1월을 저점으로 2월부터 나란히 상승세로 돌아선 것이다. 이에 따라 일부에서는 미국의 주택시장이 바닥을 찍고 회복세로 돌아서는 신호라는 낙관적인 전망을 내놓고 있다. 하지만 불과 한 달의 결과를 놓고 판단하는 것은 너무 성급한 일이 아닐까?

미국의 기존주택과 신규주택 거래 건수는 최고치에 비해 각각 30%, 70%씩 줄어들었다. 신규주택 착공 또한 최고치 대비 70% 이상 감소한 50만호 안팎까지 떨어졌다. 인구 4850만 명인 우리나라의 한 해 주택건설이 50만호 정도인데 인구 3억 명의 미국이 50만호라면 소득수준과 주택수급 등 다른 여건을 감안하더라도 과도하게 줄어든 수치임에 틀림없다. 따라서 3년째 계속되고 있는 주택지표들의 하락이 멈추면서 주택경기가 회복세로 돌아설 때도 됐다고 볼 수 있다.

하지만 문제는 주택가격의 향방이다. 미국의 주택가격은 2006년 6월을 고점으로 하락하기 시작해 2008년 12월까지 28.3%(케이스-실러 10대 도시 기준) 떨어졌다. 2년 반 만에 30% 가까이 떨어졌으면 그만 떨어질 때도 됐건만 전문가들은 앞으로도 10~20% 정도 더 떨어질 것이라는 견해를 내놓고 있다.

미국의 주택가격이 더 떨어질 것으로 보는 주된 근거는 고용 및 소득여건의 급속한 악화로 인한 수요 위축과 연체 증가이다. 2007년 초반만 해도 4.5% 안팎을 유지하던 미국의 실업률이 서브프라임 모기지(비우량 장기주택담보대출) 부실사태가 본격화되기 시작한 2008년 초부터 급등하기 시작해 지난 2월에는 8.1%까지 치솟았다. 3월 8.5%에 이어 조만간 9%도 넘어설 것이라는 전망이다. 불과 2년 사이에 실업률이 2배 가까이 높아지는 것이다.

서브프라임 모기지 발 금융위기가 실물경제로 급속히 확산되면서 2008년 1월 이후 사라진 일자리만 504만개에 달한다. 2월 말 현재 미국의 실업자(1247만) 10명 중 4명이 최근 1년 내에 일자리를 잃은 사람들이라는 계산이 나온다. 게다가 국제통화기금(IMF)은 미국의 성장률이

2008년 1.1%에서 올해 −2.6%로 떨어지고, 내년에도 0.2%에 그칠 것으로 내다보고 있다. 20~30년에 걸쳐 매월 분할상환하는 구조의 모기지 대출을 받은 사람에게 이 같은 고용과 소득불안은 곧바로 연체로 이어질 수밖에 없다.

2008년 말 현재 서브프라임 모기지의 연체율은 21%를 넘어섰고, 프라임 모기지(우량 장기주택담보대출)의 연체율도 5%를 넘었다. 아무리 비우량이라지만 10건 중 2건이 연체에 있고, 특히 2%대를 벗어나지 않던 프라임 모기지 연체율이 5%를 넘어섰다는 사실은 대다수 미국인들이 어느 정도 코너에 몰리고 있는가를 잘 보여주고 있다.

이 바람에 이미 금융과 실물이 서로 물고 늘어지는 악순환에 빠져들고 있다. 모기지 부실이 은행 부실로 이어지고, 은행 부실은 대출억제 또는 환수를 통해 기업과 개인들의 투자와 소비를 옥죄고 있다. 투자와 소비의 부진은 소득과 고용감소로 나타나고, 그 여파가 기업과 개인의 연쇄파산 또는 부실로 나타나는 것이다. 이 고리를 끊기 위해 미국 정부와 연방준비제도이사회(FRB)가 공격적으로 나서고 있지만 약발이 잘 먹히지 않고 있다. 따라서 빨라도 2010년 상반기까지는 미국 주택시장과 미국 경제가 회복세를 보이기는 어려운 상황이고, 2010년 상반기에 가서도 그 회복세는 미약할 것으로 봐야 할 것이다. 미국 경제가 이 같은 모습을 이어간다면 2010년 상반기까지 세계 경제는 물론 한국 경제도 미국에 버금가는 어려움이 계속될 것이다. 미국의 오바마 대통령이 말한 대로 시간과 인내심이 필요한 때라고 할 수 있다.

〈파이낸셜뉴스〉 (2009. 3. 31)

12. 낙관과 비관 사이

　최근 들어 글로벌 주식시장이 장밋빛 일색이다. 뉴욕과 유럽, 중국 증시가 연일 상승세를 이어가면서 2008년 하반기에 시작된 글로벌 금융위기로부터 완전히 벗어나는 모양새를 만들어가고 있다. 무엇보다 미국 등 주요 선진국의 제조업 지수가 바닥을 치고 상승세로 돌아서고 있을 뿐 아니라 소비와 투자심리도 빠른 회복세를 타고 있기 때문이다. 여기다 우려됐던 미국 기업들의 실적도 인텔과 골드만삭스 등 업종 대표주들이 예상 밖의 호성적을 내놓으면서 실적이 뒷받침된 장세라는 주장이 힘을 얻고 있다.

1. 낙관론에 파묻히고 있는 비관론자들
　이런 가운데 누리엘 루비니 뉴욕대 교수 등 일부 비관론자들이 "아직은 아니다"라고 목소리를 높이고 있지만 드센 낙관론 속에 파묻히고 있다. 사실 시장은 어떤 시장이나 한 쪽으로 쏠릴 때가 가장 위험하다. 2007년 10월 코스피지수가 2000선을 넘을 때만 해도 주식(펀드 포함)을 가지고 있지 않은 사람들은 가슴을 치면서 마음 아파한 반면 주식을 가진 사람들은 이어지는 '횡재'에 일이 손에 잡히지 않았다. 하지만 곧바로 입장이 뒤바뀌면서 애지중지하던 주식이 애물단지로 전락하고 말았던 기억이 지금도 생생하다. 이제 애물단지가 다시 황금알을 낳은 거위로 변할 수 있을 것인가?

글로벌 주식시장이 상승세를 타고 있는 가운데 우리나라 주식시장도 좋은 흐름을 이어가고 있다. 주요 증권사의 리서치센터장들은 올해 코스피지수의 고점을 1600~1700대로 올려 잡고 있다. 이와 함께 주요 예측기관들은 우리나라 경제전망치를 상향조정하고 있다. 한국은행이 올해 우리나라 성장률 전망치를 기존의 −2.4%에서 −1.6%로 상향조정한데 이어 3~4월까지만 해도 −3~−5%대로 내다봤던 외국계 은행들과 국내 연구소·증권사들도 −1%대로 합류하고 있다. 2010년 성장률 전망치도 1~2%대에서 2~4%대로 올라가고 있다. 발 빠른 경기 부양책과 금리 인하가 효과를 발휘하고 있는데다 중국과 인도의 경제회복에 힘입어 아시아 지역이 상대적으로 강한 회복세를 보이고 있기 때문이라는 배경 설명이다. 우리 정부 또한 지난 달 말 올해 성장률 전망치를 −2%에서 −1.5%로 올려 잡으면서 2010년 성장률을 4% 내외로 전망했다.

2. 남아있는 불확실성들

그러나 이런 가운데서도 비관론자는 물론 낙관론을 내놓는 대다수 전문가들도 대내외 불확실성이 산재해 있다는 경고를 빼놓지 않고 있다. 오판을 피해가려는 속셈이기도 하지만 유난히 불확실성 또는 잠재적 위험요인을 강조하고 있다는 점은 짚고 넘어가야 할 부분이다. 가장 먼저 들 수 있는 이유는 상반기 중 우리 경제를 이끌어온 동력이 경제 내부에서 자생적으로 살아난 것이라기보다는 인위적이거나 외부적인 여건의 호전에 힘입은 바가 크기 때문이다. 예를 들면, 정부의 과감하면서도 신속한 감세와 재정지출, 한국은행의 금리 인하와 유동성 공급, 유가 급락 등과 같은 요인이다. 2008년에 비해 크게 높아진 환율이 해외 수출에 큰 도움이 된 것도 빼놓을 수 없다. 따라서 하반기에도 이들 요인들이 계속 우리 경제와 금융시장에 긍정적인 방향으로 영향을 미칠 것인가, 또한 하반기에 터져 나올 가능성이 높은 추가 악재는 없는가 등에 대한 우려가 적지 않은 것이다.

먼저 대외적 불확실 요인들을 살펴보자. 가장 큰 불확실성은 글로벌 경제의 회복 속도일 것이다. 앞서 언급한 대로 주요국 제조업 지수와 소비 및 투자심리가 상승세를 타고는 있지만 그 강도가 약한 가운데 실업과 기업 파산이 급속하게 늘어나고 있다. 이에 따라 2010년에 가야 본격적인 경기회복이 시작되고, 추세성장으로의 복귀에는 3~4년이 소요될 것이라는 전망이다. 지난 7월 16일 루비니 교수가 "연내에 미국의 경기침체가 끝날 것"이라고 말했다는 보도가 나오면서 뉴욕 증시가 1% 이상 올랐다. 하지만 이후 해명에서 루비니 교수는 "2007년 12월에 시작된 경기침체 상황이 올해 12월까지는 끝나지 않을 것"이라고 거듭 강조했다. 특히 "향후 몇 년간 미국의 성장률이 1%대에 그칠 것이고 실업률은 2010년에 11%까지 오를 것"이라면서 경기가 좋아지는 듯하다가 다시 나빠지는 더블딥(doubel-dip)의 가능성을 경고했다. 21일에는 로렌스 서머스 백악관 국가경제위원장이 "미국의 2010년 경제성장이 '매우 불투명(very much in doubt)' 하다" 고 말했다.

이외에도 미국의 주택가격 하락 지속과 상업용 모기지 및 신용카드 부실에 따른 금융회사의 추가부실, 달러 가치의 급락, 유가의 재급등, 동유럽 등 신흥시장국의 위기 등과 같은 대외적 악재가 향후 우리 경제와 금융시장의 발목을 잡을 가능성이 높다고 할 수 있다.

3. 자생력을 회복치 못하고 있는 소비와 투자

대내적으로는 소비와 투자가 부진을 벗어나지 못하고 있는 가운데 수출도 8개월째 감소세를 이어가고 있다. 한 마디로 우리 경제를 이끌어갈 엔진이 보이지 않는 상황이다. 특히 정부의 과감한 재정집행과 한국은행의 유례없는 금리 인하에도 불구하고 소비와 투자가 좀처럼 살아나지 않고 있다. 기업과 가계 모두 그간 과도한 부채가 누적되면서 위기대응 능력은 물론 소비와 투자 여력이 낮아졌기 때문이다. 예를 들어, 가계 부문의 경우 금융회사로부터 빌린 총가계신용이 2008년의 경우 명목국내총생산(GDP) 대비 67%에 달하고 있다. 지난 2000년에만 해도 이 비중이 44%였던 것이 이후 소득보다 빌린 돈이 빠르게 늘어나면서 많은 개인들이 빚더미에 올라앉아 있다. 2008년 10월 이후 한국은행의 공격적인 금리 인하로 대출금리가 낮아지면서 이자 부담이 크게 줄어들고 있지만 과도한 부채 부담은 금리 상승에다 고용악화가 겹칠 경우 언제든지 화약고로 변할 수 있는 부분이다.

뿐만 아니라 상반기에 재정이 171조원(63%)이나 조기집행되면서 하반기에는 재정집행이 100조원(37%)에 불과하다는 점도 하반기 경제를 불안하게 하는 요인이다. 여기다 환율이 더 떨어질 경우 수출에 적잖은 악영향을 미치면서 그나마 남은 동력마저 힘을 잃게 될 것이다. 또한 아직 경기회복이 본격화되지 않은 가운데 일본과 영국, 독일 등이 선거를 앞두고 '출구전략(exit strategy)'을 채택할 경우 우리 정부와 한국은행도 부담을 가지면서 어떤 식으로건 금리와 유동성 등을 손질하게 될 가능성도 배제할 수 없다. 여기서 출구전략은 위기 극복과정에서 유발된 초저금리와 과잉유동성이 가져올 위기 이후 인플레이션을 우려해 선제적으로 금리를 올리고 유동성을 흡수하는 긴축적 조치를 의미한다. 따라서 출구전략의 성급한 채택은 물론 출구전략에 대한 논의 그 자체로도 경기회복은 물론 신용경색 해소에 자칫 찬물을 끼얹을 수 있다.

물론 이 같은 악재들이 한꺼번에 터져 나오지는 않을 것이다. 그러나 악재는 꼬리에 꼬리를 물고 나타나는 법이다. 따라서 정부와 한국은행은 이들 악재들이 터져 나올 경우 적극적으로 대응하고 후속 악재가 발생하지 않도록 하는 '컨틴전시 플랜(contingency plan)'이 필요하다. 그럼에도 일단 악재가 발생하면 주가, 환율, 금리 등 금융시장의 불안정성 확대는 물론 성장률과 고용 등 실물경제에도 악영향을 미칠 것이다. 따라서 각 개인들도 주식과 펀드 등 위험자산에의 투자시 잠재적 위험과 불확실성에 대한 보다 적극적인 모니터링과 대응전략이 요구되는 시점이라고 할 수 있다. (위클리조선) (2009. 7. 27)

13. 인플레이션 vs 디플레이션

국제통화기금(IMF)의 도미니크 스트로스 칸 총재는 지난 6월 8일 "경기가 9~10월경에 전환점을 맞고 2010년 상반기에는 완연한 회복세로 돌아설 것" 이라면서 "위기가 끝나면 급격한 인플레이션이 발생할 수 있다" 고 경고했다. 그간 부분적으로 나오고 있던 인플레이션 우려에 대한 IMF 총재의 발언이라는 점에서 전 세계 언론의 주목을 받았다. 이후 위기 이후를 대비하는 '출구전략(exit strategy)' 에 대한 논의가 본격화되는 기미를 보이고 있다. 회복조짐이 보이고 있다고는 하지만 아직도 찬바람이 불고 있는 세계 경제를 놓고 인플레이션을 우려하는 것이 과연 일부 경제전문가들의 지적 유희일까, 아니면 실질적인 고민거리일까?

먼저 최근 세계 경제의 성장과 물가 동향을 짚어보자. IMF에 따르면 전 세계 경제의 성장률은 2008년 3.2%로 낮아진데 이어 올해는 −1.3%로 급락하고, 2010년에도 1.9%에 그칠 전망이다. 내후년인 2011

년에 가야 성장률이 4.3%로 올라가면서 1995~2008년 사이의 연평균 성장률 3.8%를 웃돌 것으로 내다봤다. 하지만 2008~10년 사이에 내리 3년간 낮은 성장에 머문 것을 감안하면 2011년에도 체감 경기는 크게 호전되지 않을 것으로 볼 수 있다. 그나마 다행이라면 2012~14년에도 매년 4% 후반대의 높은 성장률을 이어갈 것으로 전망하고 있다는 점이다.

1. 오르는 성장률과 떨어지는 물가

이 같은 상황에서 물가는 어떤 흐름을 이어가고 있을까? 전 세계 소비자물가 상승률은 1990년대 초반까지만 해도 20~30%대였지만 1990년대 중반 이후 급속히 안정되기 시작해 2000년대 들어서는 3~4%대로 안정되었다. 다만 2008년에는 원유 등 국제원자재 가격의 급등으로 인해 6.0%까지 급등했다. 그러나 올해 들어서는 국제원자재 가격의 급락과 글로벌 경기침체의 영향으로 2.5%로 안정될 것으로 IMF는 전망하고 있다. 이후에도 2012년까지는 2%대를 유지하다 2013~14년에 가야 각각 3.0%로 높아질 것으로 내다보고 있다. 이 기간 중 전 세계 성장률이 4%대를 유지하면서 수요 쪽에서의 물가상승 압력이 거의 없을 것으로 전망한 것이다.

더욱이 주요국의 물가동향을 보면 미국과 유럽, 일본 등 대다수 선진국과 중국과 대만 등 일부 신흥시장국에서는 물가가 떨어지고 있다. 미국의 경우 지난 3월부터 전년동월대비 소비자물가 상승률이 마이너스로 돌아서서 5월에는 −1.3%를 기록했다. 이런 추세대로 간다면 올해 미국의 소비자물가 상승률은 마이너스를 기록할 것이 거의 확실하다. 또한 미국 의회예산국(CBO) 등은 앞으로 3~4년 동안 미국의 실질국내총생산(GDP)은 잠재GDP를 하회할 것으로 전망하고 있다. 실질GDP가 잠재GDP를 하회한다는 것은 곧 물가상승 압력이 매우 낮다는 것을 의미한다. 당분간 물가상승이 아니라 오히려 물가가 떨어지는 디플레이션을 걱정해야 하는 것으로 해석할 수 있다.

2. 초저금리와 과잉유동성의 위험

그런데 웬 인플레이션 타령인가? 무엇보다 전 세계적인 초저금리와 시중에 풀린 과잉유동성이 가져올 파괴력을 우려하기 때문이다. 낮은 금리와 넘쳐나는 유동성이 오랫동안 지속될 경우 일반물가를 상승시키는 것은 물론 주식과 주택 가격을 끌어올리는 이른바 자산 인플레이션을 초래할 수 있다. 미국의 경우 주택 가격이 본격적으로 하락세로 돌아서던 2007년 9월(당시 5.25%)부터 기준금리를 인하하기 시작해 2008년 12월에는 제로 금리(0~0.25%)까지 낮췄다. 이 과정에서 유동성이 대거 시중에 공급됐을 뿐 아니라 중앙은행인 연방준비제도이사회(FRB)가 국채와 모기지 채권·기업어음 등을 직접 매입하는 양적 완화정책을 통해 엄청난 규모의 돈이 시중에 풀려나갔다.

사실 시중에 돈이 많고 적음을 따지기는 쉽지 않은 일이다. 나라와 경제마다 경제구조와 상관행, 결제 행태 등이 다르기 때문에 일률적으로 이야기할 수 없는 문제이기도 하다. 하지만 한 가지 분명한 사실은 소득증가율보다 통화증가율이 더 빠르게 늘어나는 경우가 상당 기간 계속된다면 물가상승은 물론 집값이나 주식값의 거품과 같은 부작용으로 나타난다는 점이다.

나라와 시기별로 돈이 얼마나 많이 풀렸나를 볼 때는 통상 명목국내총생산(GDP)을 소득지표로, M2를 통화지표로 사용한다. M2는 민간이 보유하고 있는 현금과 예금취급기관(은행과 저축은행 등)의 결제성 예금을 더한 M1에다 예금취급기관의 준결제성 예금을 합한 것이다. 이 때 결제성 예금은 당좌예금 또는 보통예금과 같은 요구불예금과 저축예금 및 수시입출식예금 등을 말하고, 준결제성 예금은 만기 2년 미만의 정기예금과 정기적금·금전신탁·CD·수익증권·금융채·발행어음 등을 포함한다.

미국의 경우 2004~06년의 3년 동안에는 명목GDP 증가율이 M2 증가율을 웃돌았지만 금리를 내리기 시작한 2007년부터 M2 증가율이 명목GDP 증가율을 웃돌기 시작했다. 특히 올 들어 1분기에는 명목GDP 증가율이 −0.4%(이하 전년동기대비)로 추락한 반면 M2 증가율은 9.6%에 달했다. 우리나라의 경우 2005~07년의 3년 동안에는 M2 증가율이 명목GDP 증가율을 2~3%포인트 웃도는 정도였지만 2008년 10월 이후 금리를 공격적으로 인하하면서 그 차이가 9.0%포인트까지 치솟았다. 지난 1분기에는 명목GDP 증가율이 −1.6%를 기록한 반면 M2 증가율은 11.5%에 달해 그 차이가 13.1%포인트에 달하고 있다.

3. 경기회복과 출구전략

이 같은 상황이 오래 지속된다면 IMF 총재의 언급대로 전 세계적으로 급격한 인플레이션이 발생할 가능성이 높다고 볼 수 있다. 미국과 우리나라뿐 아니라 유럽과 일본 등 주요선진국들이 금융위기를 극복하는 과정에서 금리 인하 공조에 나섰기 때문이다. 따라서 향후 인플레이션 우려에 대해서는 상당 부분 공감대가 형성되고 있다고 볼 수 있다. 그러나 여기서 짚고 넘어갈 것은 인플레이션을 우려하는 전문가들도 지금 당장 중앙은행들이 금리를 올리면서 유동성을 흡수하라는 말은 아니라는 점이다. IMF 총재도 인플레이션 우려를 언급한 후 불과 1주일만인 6월 15일에는 "출구전략을 행하기 전에 위기에서 빠져나와야만 한다" 면서 "우리는 아직 위기를 빠져나오지 못했다" 고 말했다. 아직 불이 꺼지지 않았으므로 먼저 불을 끄는데 전력을 다하고 불이 꺼진 후의 수습책을 준비는 하되 바로 실행할 일은 아니라는 뜻이다. 다시 말해 지금은 경기회복과 금융시장의 안정이 최우선 과제라는 말이다. 물론 정책방향의 전환을 미루다가 시기를 놓칠 수도 있다. 따라서 경기회복 후의 부작용을 예상해 미리 출구전략을 짜놓고 금리를 인상하기 전이라도 단계적·선제적으로 유동성을 회수하는 시나리오는 필요할 것이다. 아울러 우리나라의 경우 국내 경제와 금융 및 물가동향과 함께 미국 등 주요국의 정책 흐름을 면밀히 따라가면서 이에 공조하는 정책으로 대응해야 할 것이다. 〈KRX〉 (2009. 7)

14. BBQ와 신뢰

어떤 정책이나 구호건 간단명료해서 알아듣기 쉬워야 한다. 게다가 정책이나 구호가 성공하기 위해서는 말로 그치지 않고 실제 생활이나 노력으로 살아나고 눈에 보여야 한다. 이런 점에서 "잘 살아 보세, 잘 살아보세, 우리도 한 번 잘 살아보세"는 군더더기 하나 없이 잘 만든 구호이자 노래라고 할 수 있다. 지지리도 못 살던 우리 국민들에게 말 그대로 우리도 한 번 잘 살아보자는 의욕을 불태우게 만들었다. 더욱이 1960~70년대 당시 정부는 해외차관을 들여와서라도 공장을 지어 국민들에게 일자리를 찾아주었다. 그야말로 열심히 노력하고 일하면 당대에 잘 살 수 있다는 것을 보여주는 시기였다. 구호대로 잘 살기 시작한 국민과 정부는 서로를 신뢰하면서 고성장시대를 열어갈 수 있었다. 물론 대내외적 여건이 좋았다고도 할 수 있다. 하지만 당시 우리보다 잘 살던 나라들이 수두룩한 가운데 우리 경제가 발군의 성장세를 보였다는 것은 뭔가 남 다른 데가 있었다고 봐야 할 부분이다.

지난 2월 10일 미국의 다우지수가 382포인트, 4.6%나 폭락했다. 당일 미 상원은 오바마 대통령이 내놓은 8380억 달러의 경기부양법안을 통과시켰을 뿐 아니라 미 재무부는 최대 2조 달러에 달하는 2차 구제금융안을 발표했다. 그러나 구제금융안에 부실자산 및 신용경색 해소에 대한 구체적인 내용이 없다면서 주식을 투매에 가까울 정도로 내다팔았다. 오바마 대통령이 이끄는 새 정부의 정책에 기대를 걸었던 미국인들이 실망한 결과라고 할 수 있다.

미국은 서브프라임 모기지 부실사태가 불거지기 시작한 2008년 초 이후 신용경색 해소와 경기부양을 위해 공격적으로 대응하고 있다. 〈워싱턴포스트〉의 최근 집계에 따르면 지금까지 미 재무부와 연방준비제도이사회(FRB), 연방예금보험공사(FDIC) 등이 투입했거나 투입할 예정인 자금 규모는 무려 7조 8000억 달러에 달한다. 2008년 미국의 국내총생산(GDP) 14조 2000억 달러의 절반을 넘고 있다. 게다가 FRB는 2007년 9월부터 정책금리를 낮추기 시작해 2008년 12월까지 10번에 걸쳐 제로 금리 수준까지 끌어내렸다. 그럼에도 불구하고 경기가 살아날 기미를 보이지 않는 것은 물론 신용경색도 해소되지 않는 상황이 이어지고 있다. 이런 와중에 유럽계 은행의 대규모 손실과 영국과 러시아·아일랜드의 위기설 등 제2의 글로벌 금융위기설이 제기되고 있다.

국내를 돌아보자. 우리 정부와 중앙은행인 한국은행도 글로벌 금융위기와 그에 따른 실물위기에 적극적으로 대처하고 있다. 정부와 한국은행은 지금까지 150조 원 안팎의 경기부양 및 유동성 지원을 발표·시행하고 있다. 하지만 150조 원은 우리나라 GDP(2008년 950조 원 추정)의 15% 정도에 불과하다. 한국은행의 금리 인하도 2008년 10월에 시작해 아직 그 효과가 미진한 상황이다.

이런 가운데 윤증현 기획재정부 장관 등 2기 경제팀이 들어섰다. 1기 경제팀의 '올해 3% 성장과 일자리 10만 개 창출'에서 '올해 −2% 성장과 일자리 20만 개 감소'라는 좀 더 현실적인 인식에서 시작하고 있다. 또 "경기침체를 하루아침에 정상궤도로 올려놓는 요술방망이는 없다"면서 "정책에 대한 신뢰 회복이 시급한 과제"라는 윤 장관의 말도 가슴에 와 닿는다.

국민들은 이제 말이 아니라 구체적인 정책과 행동을 원한다. 그래야 정책에 신뢰가 실리면서 효과도 극대화할 수 있을 것이다. 전대미문의 위기가 다가온다면 그에 따른 대처도 보다 과감하고 신속해야 할 것이다. 이른바 'BBQ(Big, Bold and Quick)' 식이어야 한다. 국민들을 대표하는 국회도 대승적으로 경제위기 극복에 동참해야 한다. 예를 들면, 정부와 한국은행에 꼬리표가 달리지 않은 긴급자금을 방출할 수 있는 특별권한을 부여하는 등의 특단의 조치를 취하는 것이다. 전 세계 경제와 금융시장에서 교과서에 없는 일이 벌어지고 있다면 교과서에 없는 일도 과감하게 선제적으로 해야 한다. 오바마 대통령이 지난 9일 취임 첫 회견에서 "오직 정부만이 경제위기의 악순환을 끊을 수 있다"면서 "신속하고 과감하게 행동하지 않을 경우 1990년대 일본이 겪었던 '잃어버린 10년'을 경험할 수도 있다"라고 말한 것이 미국에만 국한되지는 않을 것이다. 〈한국경제연구원 KERI 칼럼〉 (2009. 2)

15. U자형과 떡시루형

외환위기 직후 우리 경제의 회복 유형을 예측할 때 많이 나왔던 영어 알파벳이 V, U, W, L이었다. V자형은 경제가 급락하는 만큼 재빨리 급등한다는 것이고, U자형은 V자형에 비해서는 상대적으로 천천히 가라앉았다가 천천히 회복한다는 뜻이다. 반면 W자형은 경제가 되살아나는 듯하다가 다시 급락하는 이른바 더블딥(double-dip) 현상을 말하는 것이고, L자형은 일본형 장기침체를 의미한다.

외환위기 당시 우리 경제는 다행히 V자형을 그릴 수 있었다. 무엇보다 미국을 비롯한 주요 선진국 경제가 호조세를 유지하면서 우리나라 수출을 받아주었기 때문이었다. 덕분에 1998년 -6.9%를 기록했던 국내총생산(GDP) 성장률이 바로 다음 해인 1999년에는 9.5%로 치솟았고, 2000년에도 8.5%를 기록했다. 위기를 겪은 국가 중에서는 발군의 복원력을 보임으로써 역시 한국이라는 말을 듣기도 했다.

이후 10년 만에 다시 우리 경제가 위기를 맞고 있다. 이번에는 국내적인 문제가 아니라 미국 발 서브프라임 모기지 부실사태로 인한 글로벌 금융위기라는 직격탄 탓이다. 특히 소방수 역할을 해야 할 미국이 화재의 진원지가 되고 있어서 전 세계 경제와 금융시장이 방향감각을 잃고 있다고 할 수 있다. 급기야 국제통화기금(IMF)은 지난 1월, 올해 전 세계 성장률을 0.5%로 하향조정했다. 2008년 7월의 3.8%에 비하면 3.3%포인트나 낮아진 것으로 성장이 거의 멈춰서는 셈이다.

이런 가운데 우리나라의 올해 성장률 전망치도 갈수록 낮아지고 있다. 2008년 하반기만 해도 3~4%였던 것이 최근에는 아직 수정 전망치를 내놓지 않은 예측기관을 빼고는 대부분 마이너스권으로 내다보고 있다. IMF가 −4.0%라는 충격적인 예측치를 내놓은데 이어 우리 정부도 −2% 안팎으로 예상했다. 한 가지 다행이라면서 앞세우는 것이 2010년 전망이다. IMF가 우리 경제의 2010년 성장률을 4.2%로 내다보는 등 대부분 올해 마이너스로 떨어지는 만큼, 또는 그 이상 올라갈 것으로 예상하고 있다.

하지만 우리 경제를 가로막을 국내외 걸림돌들을 하나씩 도마에 올려놓고 보면 2010년 또한 녹록치 않다고 할 수 있다. 무엇보다 그간 우리 경제의 단발 엔진 역할을 해오던 수출을 받아줄 데가 보이지 않는다. 국내적으로는 소비와 투자의 위축 정도와 속도가 외환위기 때보다 더 심각하다. 게다가 서브프라임 모기지 부실의 핵심인 미국 주택시장이 언제쯤 바닥을 치고 올라올 지가 불확실한 가운데 미국 발 금융위기가 주요국의 실물위기로 급속히 전이되고 있어서 예상치 못한 악재가 언제 어디서 터져 나올지 모르는 불확실한 상황이 이어지고 있다.

이에 따라 필자는 향후 경기회복 유형으로 새로운 용어를 하나 개발

했다. 바로 '떡시루형'이다. 떡시루는 바닥이 넓으면서도 여기저기 구멍이 나 있어서 건너가기가 쉽지 않음을 뜻한다. V자형이나 U자형 또는 L자형보다 훨씬 더 복잡한 회복 유형이다.

　이제 공은 정부와 중앙은행인 한국은행의 손에 있다. 떡시루의 크기는 물론 구멍의 수와 크기가 정부와 한국은행이 내놓는 정책과 시행에 달려 있다는 말이다. 성장의 엔진인 수출과 소비·투자가 한꺼번에 멈춰서고 있는 상황에서 믿을 곳은 정부와 한국은행뿐이기 때문이다.

〈Life Leader(대한생명 퇴직연금 리포트)〉 (2009. 2)

16. 라이언 일병과 출구전략

영화 '라이언 일병 구하기'(Saving Private Ryan)'에서 밀러 대위의 임무는 제목 그대로 라이언 일병을 구해내는 일이다. 여기서 구해낸다는 것은 라이언 일병을 찾아내는 것은 물론 라이언 일병을 안전한 곳까지 인도하는 일이다. 따라서 라이언 일병이 있는 곳까지 가기 위해서는 적진을 뚫고 가는 과정에서 닥쳐올 온갖 어려움과 위험에 적절히 대처하는 컨틴전시 오퍼레이션(contingency operation), 또는 컨틴전시 플랜(contingency plan)이 필요하다. 아울러 이에 못지않게 중요한 것이 찾아낸 라이언 일병을 안전한 지역까지 데리고 나가는 전략, 즉 '출구전략(exit strategy)' 일 것이다. 큰 틀에서 보면 출구전략도 컨틴전시 오퍼레이션 중의 일부분이기는 하지만 일정 부분 목표를 달성한 이후 빠져나가는 과정을 강조한 것이라고 할 수 있다.

최근 우리나라를 포함한 주요국 경제와 금융시장이 최악의 상황을 벗어나면서 출구전략이라는 단어가 부쩍 많이 나오고 있다. 출구전략은 금융위기 극복과정에서 유발된 초저금리와 과잉유동성이 가져올 위기 이후의 과도한 인플레이션을 우려해 선제적으로 유동성을 흡수하고 금리를 올리는 긴축적 조치를 말한다. 이 때의 인플레이션은 물가가 지속적으로 상승하는 통상적인 인플레이션 외에도 주식이나 부동산과 같은 자산의 가격이 급등하는 경우를 모두 포함해 사용하고 있다.

"서울의 정부 관리들에게 경의를 표한다(Hats off to officials in Seoul)"

블룸버그 통신의 경제 칼럼니스트 윌리엄 페섹이 최근 아시아 경제의 빠른 회복에 대한 칼럼을 쓰면서 붙인 첫 번째 소제목이다. 불과 8개월 전만 하더라도 한국은 단기외채 문제로 '제2의 아이슬란드'가 될 수도 있다는 우려가 제기될 정도였다. 하지만 이후 우리 정부와 중앙은행의 신속하면서도 과감한 대처와 경기부양으로 2분기 성장률이 2.3%(전기 대비)를 기록할 정도로 가장 빠른 회복세를 보이고 있는데 대해 호평을 한 것이다. 이에 더해 경기선행지수 등 각종 경제지표들이 호조세로 돌아서면서 해외 투자은행들도 앞다퉈 한국 경제에 대한 전망치를 상향조정하고 있다. 이 정도면 일단 라이언 일병을 찾아내는 데까지는 성공한 것으로 볼 수 있을 것 같다.

그렇다면 이제 해야 할 일은 라이언 일병, 아니 한국 경제가 과연 다음 장소로 옮겨갈 수 있을 정도의 건강과 체력을 가지고 있는가를 따져보는 동시에 출구전략을 짜고 실행하는 것이다. 먼저 2분기 성장률 2.3%를 들여다보면 재정지출과 자동차 세제혜택, 금리 인하 등과 같은 인위적 조치와 유가 급락 및 환율 상승과 같은 외부적 여건의 호전에 힘입은 바가 크다고 할 수 있다. 그런데 문제는 이 같은 긍정적 요인들이 하반기에 가면 약효가 떨어질 가능성이 높을 뿐 아니라 외부적 여건도 호재보다는 악재가 더 많다는 데 있다. 소비와 투자가 아직 자생력을 회복하지 못하고 있을 뿐 아니라 8개월째 감소세를 이어가고 있는 수출도 글로벌 경기의 회복이 지연될 경우 낙관할 수 없는 상황이다. 특히 상반기에 재정이 171조 원(63%)이나 조기집행되면서 하반기에는 재정집행이 100조 원(37%)에 불과하다는 점과 환율의 하락안정세도 부정적 요인이다. 한 마디로 하반기와 내년 우리 경제를 이끌어갈 엔진이 보이지 않는다고 할 수 있다. 앞서 언급한 페섹이 호평과 동시에 우려하고 있는 점도 바로 이 부분이다. 여기다 미국 등 글로벌 경기 회복의 불확실성, 미국과 유럽 금융회사의 추가부실, 유가의 재급등, 동유럽 등 신흥시장국의 위기 등과 같은 대외적 악재도 아직 꺼지지 않은 불들이다.

따라서 출구전략의 성급한 채택은 물론 출구전략에 대한 논의 그 자체로도 경기회복은 물론 신용경색 해소에 자칫 찬물을 끼얹을 수 있다. 한 쪽에서 출구전략을 준비해야 하는 것은 분명하지만 아직은 위기와 위험에 대비하는 컨틴전시 오퍼레이션이 더 필요한 시기가 아닐까? 라이언 일병을 구하고 밀러 대위와 대부분의 동료들은 죽고 말았지만 한국 경제는 모두가 살아나는 상생(相生)이 필요하기 때문이다.

<조선일보> (2009. 7. 31)

| 제2부 |

경제 다시보기

글로벌화와 선발자 이익

샌드위치와 규제완화

글로벌 주택시장의 거품 및 붕괴 가능성

미국과 세계 경제의 최악 침체에 대비할 때

적극적인 경기부양에 나서야 할 때

금리를 선제적으로 인하해야 하는 이유

코끼리의 10년 전 악몽

공격적인 투약이 필요하다

위기 대응전략을 바꿔라

주요국 중앙은행의 정책금리를 읽어라

미국의 금리 인하와 후폭풍

숭례문 화재와 금리정책

흔들리는 소비심리 잡아라

진로와 삼성전자

볼보가 볼보를 판 이유

명품과 생태계, 부(富)의 트라이앵글

1. 글로벌화와 선발자 이익

'영국, 네덜란드, 아일랜드' 는 공통점이 많은 나라들이다. 무엇보다 잘 사는 유럽 국가라는 점이다. 2007년 기준으로 영국과 네덜란드는 1인당 국민소득이 4만 6000달러대로 비슷하고, 아일랜드는 6만 달러에 육박하고 있다.

하지만 이들 세 나라가 지금까지 오는 과정은 결코 순탄치만은 않았다. 한때 잘 나가던 1류 국가들이었지만 1970~80년대에는 국제사회로부터 병자(病者) 취급을 받았다. 영국은 '영국병(English disease)', 네덜란드는 '네덜란드병(Dutch disease)', 아일랜드는 '서유럽의 병자(Sick man of Western Europe)' 였다. 1류에서 2류로 떨어진 배경도 비슷하다. 2차 세계대전 이후 경제 재건에 이은 장기호황을 누리면서 정치는 물론 경제적으로도 자만감에 빠져 들었다. 이에 따라 과도한 복지와 과격한 노조 활동 등이 이어지면서 경제 전체가 동맥경화 현상을 일으키기 시작했다. 결국 사회 전체적으로 고비용·저효율이 계속되면서 성장률은 떨어지고 실업자를 양산해냈다.

또 한 가지 신기할 정도로 비슷한 점은 이들 세 나라가 1980년을 전후해 대대적인 개혁에 성공하면서 다시 한 번 1류 국가로 태어났다는 것이다. 짧게는 수년, 길게는 10여 년에 걸쳐 가장 큰 걸림돌이었던 노조문제를 정면돌파(영국)하거나 '노사정(勞使政) 대화합(아일랜드와 네덜란드)'으로 해결하는 등 고통스러운 개혁과 구조조정을 거쳤다. 그 결과 병든 사회와 경제를 건강한 글로벌 경제로 돌려놓으면서 세계적인 자국기업을 키워내는 것은 물론 수많은 해외 기업과 금융기관들을 국내로 유치하는데 성공했다.

여기서 우리가 눈여겨봐야 할 대목은 이들의 고통스러운 개혁과 구조조정이 글로벌화를 위한 사전 정지작업이었다는 점이다. 경직된 노사관계를 획기적으로 변화시키는 것은 물론 기업 활동과 관련한 규제를 대폭 완화하거나 폐지함으로써 기업하기 좋은 환경을 만들어냈다. 이들 나라에서는 기업의 국적에 관심이 없다. 자국기업이든 외국기업이든 우리나라에서 생산과 고용을 창출한다면 고마운 기업일 뿐이다.

이들 세 나라 외에도 유럽의 강소국이라 불리는 벨기에, 스위스, 덴마크, 핀란드, 스웨덴, 노르웨이와 같은 나라들은 대부분 글로벌화를 통해 소득 수준을 끌어올리는데 성공한 케이스라고 할 수 있다. 예를 들어, 핀란드의 경우 현재의 노인층들은 대부분 영어를 전혀 모르는 반면 청소년층은 물론 중장년층들도 자유스럽게 영어를 구사하고 있다. 다른 나라들도 대부분 고등학교에 다닐 정도면 영어를 구사하는데 거의 문제가 없다. 여차하면 일자리를 찾아 다른 유럽 국가는 물론 미국이나 호주까지도 갈 수 있다.

우리나라는 1960년대에 뒤늦게 '산업화'를 시작해 압축성장에 성공한 데 이어 1990년대 중반 이후에는 '정보(IT)화'에 앞서면서 1인당 소득 2만 달러를 달성했다. 앞으로 우리나라의 미래도 '글로벌화'에 달려 있다. 최근 우리 경제의 덩치는 세계 12~13위로 올라왔지만 글로벌화 수준은 30위권(2007년 AT 커니 글로벌화 지수)에 머물고 있다. 동북아 금융 허브를 만들겠다고 목소리를 높여 왔지만 글로벌금융센터지수(GFCI)에서 서울은 51위에 불과하다. 런던(1위), 뉴욕(2위), 홍콩(3위), 싱가포르(4위), 취리히(5위)는 물론 도쿄(9위), 상하이(31위), 베이징(46위) 등도 서울보다 저만큼 앞서가고 있다.

산업화와 IT화는 '후발자 이익(late-comer advantage)'을 누릴 여지가 많아 잘만 하면 우리가 했던 것처럼 압축성장이 가능하다. 하지만 글로벌화의 경우 뒤로 처질수록 따라가기가 어려워진다. 글로벌화는 '선발자 이익(first-mover advantage)'이 워낙 크기 때문에 늦으면 늦을수록 따라가기가 어렵기 때문이다.

필자는 미래학자 앨빈 토플러와 존 나이스빗과 만나 "한국이 다시 한 번 도약하기 위해 필요한 것이 무엇이냐?"는 같은 질문을 던진 적이 있다. 이구동성으로 돌아온 대답은 '열린 마음(open mind)'이었다. 한국도 이제 값싸고 좋은 물건을 잘 만들어내는 제조업과 IT와 같은 하드웨어를 뛰어넘어 열린 마음과 같은 소프트웨어가 필요하다는 뜻이었다. 한국의 미래는 열린 마음으로 세계와 글로벌 스탠더드를 향해 뛰는 한국인들에게 달려 있다. 〈파이낸셜뉴스〉 (2008. 8. 7)

2. 샌드위치와 규제완화

　우리 경제가 중국과 일본 사이에 끼인 샌드위치 신세라는 우려가 제기되고 있는 가운데 현대경제연구원이 '중진국 함정에 빠진 한국 경제'라는 제목의 보고서를 내놓았다. 현재와 같은 4%대의 성장률이 지속될 경우 10년 내에 1인당 소득 3만 달러로 올라서지 못하면서 중진국의 지위가 고착화되리라는 주장이다.

　우리나라의 1인당 국민소득은 빠르면 올해, 늦어도 내년이면 2만 달러로 올라설 것으로 예상된다. 1995년에 1만 달러를 넘어선 지 12~13년만이다. 우리보다 앞서간 선진국들이 1만 달러에서 2만 달러로 가는데 평균 9~10년 걸린 것에 비해 3~4년 정도 느린 속도이다. 아마도 1만 달러까지 급속하게 오는데 무리한 부분이 있어서일 것이다.

　그렇기는 해도 2만 달러까지는 잘 따라왔는데 왜 샌드위치 신세니 중진국의 함정이니 하는 우려가 제기되는 것인가? 소득 1만 달러에서 2만 달러까지 오는데 엔진이 무엇이었느냐를 돌아보면 이 같은 우려의 배경을 잘 알 수 있다. 미국과 일본, 영국, 독일의 경우 1만 달러에서 2만 달러로 가는 기간 동안 국내총생산(GDP) 성장률보다 설비투자 증가율이 더 높았다. 예를 들어, 미국의 경우 1만 달러(1978년)에서 2만 달러(1988년)까지 가는데 걸린 10년 동안 연평균 성장률이 3.2%인 반면 설비투자 증가율은 연평균 4.8%로 1.5배나 높았다. 투자가 성장의 견인차였다고 평가할 수 있다.

우리나라의 경우 1만 달러를 달성한 1995년 이후 2006년까지 11년 동안 GDP 성장률은 연평균 4.6%로 높았다. 하지만 같은 기간 중 설비투자 증가율은 연평균 3.8%로 성장률보다 낮았다. 민간소비 증가율은 연평균 3.2%로 더 낮았다. 결국 우리 경제는 1만 달러를 달성한 이후 소비와 투자와 같은 내수보다는 수출이 혼자서 엔진 역할을 해온 셈이다. 1970~80년대에 잘 다져놓은 기계, 철강, 자동차, 조선 등 전통 제조업과 반도체·휴대폰 등이 전 세계적인 고성장세를 업고 수출에서 선전하지 않았다면 그나마 4%대 성장도 어려웠을 것이다.

사실 미래의 성장 엔진이라고 할 수 있는 설비투자가 10년 이상 부진했다면 앞으로가 더 걱정이 아닐 수가 없다. 게다가 요즘엔 소비 여력이 있는 국민들은 국내 소비보다는 해외 소비를 더 많이 하고 있어서 소비 또한 늘어나기가 쉽지 않은 상황이다. 현대경제연구원은 보고서에서 성장률을 6%대로 높여야 중진국의 함정을 벗어날 수 있다고 주장했다. 이를 위해 신성장산업의 조기 발굴, 서비스산업과 부품·소재 및 신기술 관련 벤처기업의 육성, 자본시장의 육성을 통한 시중부동자금의 생산적인 투자 부문으로의 유도 등이 필요하다고 제시했다.

이 같은 중장기적 과제의 달성 여부는 규제의 획기적인 완화와 그에 따른 투자 활성화에 달려 있다. 규제개혁위원회의 통계에 따르면 늘어나기만 하던 규제가 2007년 들어서는 3000여건(38%)이나 크게 줄어들었다. 하지만 피부에 와 닿는다는 말을 하는 기업인은 거의 없다. 오히려 하이닉스 공장 증설건, 부동산 관련 규제 등 기업의 투자와 개인의 소비활동을 옥죄고 있다는 이야기가 더 많이 나오고 있다. 세계은행이 작성하는 '기업하기 좋은 환경'에서 세계 23위, 헤리티지 재단이 작성하는 '경제 자유도'에서 세계 36위로 중위권을 면치 못하고 있는 것도 바로 수많은 규제 때문이다.

글로벌화는 국가 간 경쟁에서도 양극화를 만들어내고 있다. 선진국으로 올라서기는 힘들어도 후진국으로 떨어지기는 쉽다는 말이다. 성장잠재력을 6%대로 끌어올리지 못한다면 우리 경제 역시 중진국으로 고착화되기는커녕 후진국으로 전락할 가능성이 더 높다. 전 세계에서 유례없는 고성장을 해온 우리 경제의 장점을 하나만 들라고 하면 단연 '기업가 정신(entrepreneurship)'이다. 아무 것도 없는 맨땅에서 맨주먹으로 국내외를 상대로 먹을 만한 샌드위치를 만들어 세계적인 글로벌 기업들을 일궈냈다. 열심히 일한 국민들도 덕분에 소득 2만 달러 시대를 맞고 있다. 규제를 풀면 판에 찍은 듯한 샌드위치가 아니라 보다 다양하면서도 맛있는 샌드위치를 만들어낼 기업가 정신이 다시 한 번 빛을 발할 수 있을 것이다. 《파이낸셜뉴스》 (2007. 3. 29.)

3. 글로벌 주택시장의 거품 및 붕괴 가능성

"언제 음악이 멈출 것인가? (When will the music stop?)"

영국의 경제주간지 〈이코노미스트(2002. 3. 28일자)〉가 주요 선진국 주택시장의 거품 가능성과 붕괴를 경고하기 시작하면서 내놓은 제목 중의 하나이다. 이코노미스트가 글로벌 주택시장을 거품이라고 진단하고 주요국의 주택가격지수를 모아 발표하기 시작한 것은 2002년 3월이었다. 이후 이코노미스트는 1년에도 몇 번씩 글로벌 주택시장의 거품이 꺼질 것이라고 경고했다.

"주택가격이 오르면 오를수록 떨어질 가능성이 높아진다(The higher house prices climb, the more they are likely to fall)." (이코노미스트 2003. 11. 27일자)

"급등한 주택가격은 원유보다 더 큰 위험을 세계 경제에 던지고 있다 (Inflated house prices pose even bigger risk to the world economy than oil)." (이코노미스트 2004. 6. 3일자)

그러나 미국을 비롯한 주요국 주택시장은 2006년까지 상승세를 이어오면서 이코노미스트의 줄기찬 경고를 무색케 했다. 하지만 고생 끝에 낙이 온다고 2007년 들어서면서 미국을 시작으로 주요국의 주택가격이 하락세로 돌아서고 있다. 경고를 시작한 지 무려 5년여 만이어서 이코노미스트가 "그것 봐! 내가 뭐라고 했어!" 라고 하기에는 너무 늦기는 했지만 '지나친 거품은 언젠가는 터지기 마련' 이라는 역사적 경험이 맞아떨어지고 있는 것은 아닐까?

주요 선진국의 주택시장은 국내적 상황이 조금씩 다르기는 해도 대체적으로 경기호황에다 낮은 금리, 풍부한 유동성 등이 이어지면서 길게는 20년 가까이 호황을 지속해왔다. 미국의 경우 걸프전의 영향으로 성장률이 마이너스(-0.2%)로 급락했던 1991년에 주택가격이 일시적으로 하락했다. 하지만 1992년부터 주택가격이 상승세로 돌아선 이후 2007년 초중반까지 15년 연속 상승세를 지속했다. 특히 2000년대 들어서는 경기호황에다 저금리까지 겹치면서 말 그대로 '부동산 불패' 라는 신화를 낳았다. 뉴욕과 로스앤젤레스, 워싱턴DC 등 대도시 주변의 주택 가격은 부르는 게 값이었다.

1. 음악은 멈추고

미국의 주택가격지수는 연방주택감독청(OFHEO)이 발표하는 분기별 주택가격지수와 매월 발표하는 케이스-실러 지수가 있다. 연방주택감독청의 지수는 최근 들어 월별 자료를 발표하기 시작했지만 그간에는 분기별 자료일 뿐 아니라 고가주택을 제외하고 있어서 주택시장 동향을 제대로 반영하지 못한다는 비판을 받아왔다. 이에 따라 최근에는 케이스-실러 지수를 더 많이 사용하고 있는데, 이코노미스트도 2년여 전부터는 OFHEO지수와 함께 케이스-실러 지수를 함께 인용하고 있다.

1997년 1분기와 최고점 사이의 미국 주택가격을 비교해 보면 OFHEO지수는 98% 상승에 그치고 있는 반면 케이스-실러 지수(전국)는 132%나 상승하고 있다. 게다가 케이스-실러 지수는 OFHEO지수보다 무려 1년이나 빠른 2006년 2분기에 고점에 달한 후 하락세로 돌아서고 있다. 케이스-실러 지수가 미국 주택시장의 흐름을 보다 더 잘 반영하고 있다고 볼 수 있는 부분이다. 최근 케이스-실러 지수의 동향을 보면 2008년 1분기 하락률이 전년동기대비 14.1%에 달해 20년 전에 이 지수가 개발된 이후 가장 큰 폭의 하락세를 보였다. 이 지수를 만든 예일대의 로버트 실러 교수는 대공황이 한창이던 1932년(-10.5%)보다 더 큰 폭의 하락이라면서 주택공황을 경고하기도 했다.

같은 기간 중 영국과 아일랜드 등 다른 선진국들의 주택가격은 훨씬 더 가파르게 올랐다. 아일랜드가 1997년 1분기 이후 최근 고점까지 275%나 올랐고, 영국도 202% 올랐다. 이들 두 나라는 주요 선진국 중에서도 주택가격이 가장 많이 오른 나라인 동시에 미국에 이어 가장 먼저 하락세로 돌아선 나라들이다. 아일랜드는 5월 현재 고점대비 11.5% 하락했고, 영국은 6월 현재 고점대비 9.6% 하락했다. 전 세계적인 주택시장의 붐에 동참하지 못하고 있는 일본과 독일을 제외하고는 최근까지 주택가격이 하락세로 돌아선 나라는 아직까지는 미국과 영국, 아일랜드의 세 나라뿐이다.

프랑스와 스페인, 스웨덴 등은 아직도 상승세를 지속하면서 거품을 키워가고 있다. 프랑스는 1997년 1분기 이후 올해 초까지 151% 올랐고, 스페인은 195%, 스웨덴 또한 150% 올랐다. 그러나 거품이 많이 생긴 순서대로 거품이 꺼진다고 본다면 아일랜드, 영국에 이어 다음 차례는 스페인과 프랑스, 스웨덴이라는 게 전문가들의 진단이다. 예를 들어, 스페인의 경우 빈 집이 늘어나고 거래가 줄어드는 등 주택시장에 한파가 닥치고 있다는 신호가 여기저기서 감지되고 있다. 15~16년간의 거품이 파열음을 내면서 가라앉을 것이라는 게 대체적인 견해이다. 결국 미국의 주택가격 하락을 선두로, 또 그에 따른 서브프라임 모기지 부실 사태의 여파로 주택시장의 거품 붕괴가 전 세계적으로 동시다발적으로 발생하는 시나리오가 제기되고 있는 것이다.

2. 경착륙 vs 연착륙

문제는 과연 예상되는 거품 붕괴의 경로를 가급적 경착륙(硬着陸·hard landing)이 아닌 연착륙(軟着陸·soft landing)으로 만들어 갈 수 있느냐에 달려 있다고 할 수 있다. 연착륙은 풍선에서 바람이 서서히 빠지면서 향후 경로가 예측이 가능한 것처럼 주택가격이 서서히 하락하면서 경기 또한 상대적으로 나빠지지만 큰 충격 없이 악영향을 흡수하는 경우를 말한다. 반대로 경착륙은 빵빵하게 부푼 풍선을 손에서 놓칠 경우 급격하게 바람이 빠지면서 도대체 어디서 어떻게 멈추게 될지를 예측할 수 없는 경우를 말한다. 비행기로 치면 우당탕하면서 활주로에 내려앉는 경우여서 동체에 무리가 가거나 심하면 동체가 파손이 되고 화재가 발생하는 위험까지도 배제할 수 없다. 물론 이 때 타고 있는 승객들, 나라로 치면 일반국민들도 심각한 악영향을 받게 된다. 1997년 외환위기 때처럼 소득이 줄어드는 것은 물론 직장을 잃고 나앉거나 젊은이들이 일자리를 제대로 얻지 못하게 되기 때문이다.

한편에서는 대공황 이후 여러 차례 위기를 겪은 나라들이 대부분이어서 위기대응 능력이 뛰어나기 때문에 큰 문제가 발생치 않을 것이라는 주장도 있다. 그러나 서브프라임 모기지 부실 사태에서 보듯이 부실 규모가 갈수록 커지고 있을 뿐 아니라 잊을 만하면 새로운 부실이 또 다시 불거지는 일이 반복되고 있다. 2007년 2~3월경 서브프라임 모기지 부실이라는 말이 처음 나왔을 때만 해도 큰 골칫거리가 되리라고 생각지 않았지만 지금까지도 그 망령을 떨쳐버리지 못하고 있다. 일부에서는 주택시장의 거품붕괴가 이제 막 시작일 뿐으로 향후 적어도 2~3년간 전 세계적으로 계속되면서 미국을 포함한 전 세계 경제를 더 끌어내릴 것이라는 주장도 나오고 있다. 우리나라도 예외는 아니지 않을까? 〈위클리조선〉 (2008. 7. 21)

4. 미국과 세계 경제의 최악 침체에 대비할 때

"미국 경제가 대공황 이후 최악의 침체를 맞게 될 것!"

2008년 2월 말, 이 같은 주장이 나오기 시작했을 때만 해도 많은 사람들은 지나치게 비관적이라면서 설마 하는 생각을 가졌었다. 하지만 3월 들어 안 좋은 소식들이 쏟아져 나오면서 '대공황(Great Depression)'이라는 단어가 더 자주 쓰이고 있다. 특히 3월 14일 미국의 중앙은행인 연방준비제도이사회(FRB)는 1930년대 대공황 이후 사용하지 않던 칼을 빼들었다. 미국 내 5위의 투자은행 베어스턴스가 유동성위기를 겪자 FRB가 급거 나서서 JP모건체이스를 통해 우회적으로 긴급자금을 지원한 것이다. FRB가 투자은행에 직접 자금을 지원할 수 없기 때문에 상업은행인 JP모건체이스에 돈을 빌려주고, 이 돈을 JP모건체이스가 베어스턴스에 빌려주는 식이었다. FRB가 상업은행이 아닌 금융기관에 구제금융을 지원한 것은 1930년대 대공황 이후 처음 있는 일이다. 1998년 대형 헤지펀드 롱텀캐피털(LTCM)의 파산 사태 시에도 FRB는 관련된 10

여 개 금융기관들이 긴급자금을 지원하도록 주선했을 뿐 자금을 직접 또는 간접적으로 지원하지는 않았었다.

1. 공격적으로 금리를 인하하는 미국의 FRB

FRB는 휴일인 3월 16일에는 긴급회의를 통해 JP모건체이스의 베어스턴스 인수를 승인하는 동시에 재할인율을 0.25%포인트 인하하는 조치를 취했다. 1923년에 설립돼 대공황과 두 번의 세계대전을 거치면서도 살아남은 대형 투자은행이 불과 주당 2달러에 팔리면서 역사에서 사라지게 된 것이다. 불과 8개월 전만 하더라도 주당 150달러에 달했던 주가가 유동성 위기가 발생했다는 소식에 50% 가까이 하락해 주당 30달러로 곤두박질친데 이어 주주총회의 승인도 없이 주당 가격의 15분의 1 가격에 다른 은행에 팔리게 된 것이다.

재할인율을 전격적으로 인하한데 이어 FRB는 이틀 후에 개최된 정기회의(3월 18일)에서 다시 정책금리와 재할인율을 각각 0.75%포인트씩 인하했다. 2007년 9월부터 정책금리를 인하하기 시작해 6차례에 걸쳐 총 3.0%포인트나 인하했다. 이 바람에 정책금리가 불과 6개월 사이에 5.25%에서 2.25%로 낮아졌다. 금리 인하와는 별도로 2008년 3월 11일에는 2000억 달러 규모의 유동성을 추가 지원하겠다고 밝힌 상황이다. 게다가 필요할 경우 앞으로도 금리를 추가 인하할 가능성을 열어놓고 있다. 금융시장을 안정시키고 경제를 살리기 위해서는 금리(재할인율 포함) 인하는 물론 무한정으로 돈을 풀겠다는 FRB라고 할 수 있다. 디플레이션을 막기 위해서라면 헬리콥터로 돈을 뿌릴 수도 있다고 말해 '헬

'리콥터 벤' 이라는 별명으로 불리던 벤 버냉키 FRB의장이 별명에 걸맞게 이번에는 인플레이션을 무릅쓰고서라도 신용위기와 경기침체를 막기 위해 돈을 마구 뿌리고 있는 셈이다.

2. 추락하는 미국 경제

문제는 이 같은 FRB의 공격적인 금리 인하와 유동성 지원에다 부시 대통령의 경기부양안(1620억 달러 규모)에도 불구하고 경기침체 기미가 뚜렷해지고 있다는 점이다. 일자리 수가 2008년 들어 2개월 연속 감소하고 있을 뿐 아니라 2월 소매판매가 예상보다 큰 폭(전월대비 −0.6%)으로 감소하고 있다. 소비심리 또한 악화일로에 있다. 이에 따라 2008년 상반기 중 미국의 국내총생산(GDP) 성장률이 전기대비 마이너스를 2분기 연속 기록할 것이라는 전망이 나오고 있다. 2분기 연속 마이너스 성장이면 경기침체의 정의에도 맞아떨어지게 된다. 더 큰 문제는 하반기에 경기부양 효과로 잠시 플러스 성장으로 돌아서더라도 2009년에 다시 마이너스 성장으로 떨어질 것이라는 전망이다. 이른바 '더블딥 경기침체(double-dip recession)' 에 빠져들고 있다는 것이다.

미국 경제가 이렇게 되면 세계 경제는 어떤 영향을 받을까? 국제통화기금(IMF)은 2008년 1월 세계 경제 전망을 수정(World Economic Outlook Update)하면서 미국의 2008년 성장률을 2007년 10월 전망치보다 0.4%포인트 내려잡은 1.5%로 내다봤다. 이에 따라 전 세계 성장률 또한 4.4%에서 4.1%로 0.3%포인트 낮췄다. 하지만 당시 IMF는 서브프라임 사태로 인한 금융시장 불안이 지속될 경우 이 같은 전망을 하향조정해야 할 위험도 있다고 덧붙였다. 2개월이 지난 지금 그 같은 IMF의 우려가 현실화되고 있는 셈이다. 미국의 2008년 성장률이 1%를 밑돌면서 세계 성장률도 4%를 하회할 것이 거의 확실시되고 있기 때문이다.

3. 최악의 시나리오를 짜야 할 때

이런 가운데 새로 들어선 이명박 정부는 2008년 경제운용 목표로 '성장률 6% 안팎, 소비자물가 상승률 3.5%'를 제시했다. 과연 달성 가능한 목표일까? 2008년 들어 국내 경기는 소비와 투자의 부진에도 불구하고 수출호조에 힘입어 아직까지는 괜찮은 편이다. 당초 이 같은 추세가 지속되는 가운데 새 정부의 경제 살리기 정책이 더해질 경우 6% 성장도 가능하다고 보았다.

하지만 최근 들어서는 이곳저곳에서 국내 경기가 흔들리고 있다는 신호가 감지되고 있다. 원자재 가격의 급등으로 무역수지가 3개월 연속 적자를 기록하고 있을 뿐 아니라 소비자물가 상승률이 2007년 10월 이후 전년동월대비 3%를 넘으면서 4%를 위협하고 있다. 또 월간 취업자 증가 수가 2008년 2월 21만 명에 그치면서 가계와 기업의 심리지표 또한 하락세로 돌아서고 있다. 이에 따라 국내외 연구기관들은 2008년 우리 경제의 성장률을 당초 5% 안팎에서 4% 초중반 또는 심지어 3% 중반대로 낮춰 잡고 있다. 원유 등 원자재 가격의 급등과 서브프라임 모기지 사태의 악화로 인한 미국 경기의 부진과 그에 따른 세계 경제의 성장둔화가 수출뿐만 아니라 국내 소비와 설비투자 등에도 부정적 영향을 미칠 것으로 내다보기 때문이다.

물가 또한 최근과 같은 원자재 가격 급등세에다 원화 환율의 고공비행까지 겹칠 경우 4%를 넘을 수도 있다는 계산이 나오고 있다. 최근 3년여 동안 국제유가가 급등세를 보였음에도 불구하고 국내 소비자물가가 의외로 안정세를 지속해왔던 것은 환율 하락의 영향이 컸기 때문이다. 하지만 최근의 환율 급등세로 인해 앞으로는 이 같은 환율 효과도 사라질 것으로 보여 물가상승세가 가속화될 우려마저 제기되고 있다.

경제 살리기와 일자리 창출을 내걸고 출범한 새 정부로서 국민들에게 희망을 줘야 하겠지만 기대가 크면 실망도 큰 법이다. 눈높이를 적절히 낮추는 동시에 낮아진 눈높이를 맞추기 위한 선제적이면서도 전방위적인 경기부양 노력이 무엇보다 시급한 시점이다. 아울러 금리와 환율과 같은 핵심 경제변수를 어떻게 가져가는 것이 최선 또는 차선인가를 놓고 머리를 맞대야 한다. 이명박 대통령은 2008년 3월 17일 지식경제부의 업무보고 시 "지금의 경제 위기는 시작에 불과하다" 면서 "어쩌면 세계 (경제) 위기가 시작된다는 생각도 든다" 고 언급했다. 성장률은 떨어지고 물가는 오르는 스테그플레이션이 본격화되고 있는 가운데 원화 가치, 주가, 채권 값이 동시에 급락하는 이른바 '트리플 약세' 현상이 1998년 외환위기 이후 가장 뚜렷하게 나타나고 있다. 정부와 중앙은행(한국은행)은 물론 각 기업과 국민들도 최악의 시나리오에 대비해야 할 때이다. 〈KRX〉 (2008. 4)

5. 적극적인 경기부양에 나서야 할 때

2000년대 들어 세계 경제의 엔진 역할을 해온 미국 경제가 서브프라임 모기지(비우량 주택담보대출) 부실이라는 걸림돌에 걸려 넘어지고 있다. 2008년 11월 대통령선거를 앞두고 후보들의 쟁점도 '경제 살리기'에 맞춰지고 있다. 상황은 이미 심각한 수준이어서 부시 행정부와 중앙은행인 연방준비제도이사회(FRB)가 적극적으로 경기부양에 나서고 있다. FRB는 2007년 9월부터 공격적으로 금리를 인하하기 시작해 1월 30일까지 모두 다섯 번에 걸쳐 정책금리를 연 5.25%에서 3.0%까지 낮췄다. 1월 22일에는 예정에도 없던 긴급회의를 열어 정책금리를 0.75%포인트나 전격적으로 인하했다. 한번에 0.75%포인트의 금리를 인하하기는 20여 년 만에 처음 있는 일이었다.

부시 행정부 또한 발 빠르게 움직이고 있다. 2008년 1월 초, 부시 대통령이 직접 나와서 경기부양책을 내놓겠다고 밝힌 다음 며칠 만에 1460억 달러에 달하는 경기부양책을 내놓았다. 1460억 달러면 미국 국내총생산(GDP)의 1%에 해당하는 상당히 큰 규모이다. 더욱이 경기부양 효과를 단시일 내에 최대화하기 위해 개인에 대한 세금 환급과 기업투자를 장려하기 위한 감세에 초점이 맞춰져 있다. 구체적인 감세안은 상원과 하원에서 최종적으로 조율이 되겠지만 현재로서는 각 가구(4인 가족 기준)에 대해 최대 1800달러의 세금을 돌려주고, 노인과 실업자에게도 자금을 직접 지원하는 것을 고려하고 있다. 부시 대통령이 연두 국정연설에서 경기부양책을 최대한 빨리 통과시켜 달라고 의회에 요구했고, 의회 또한 이에 최대한 부응할 것으로 보인다. 결국 미국에서는 대통령과 의회, 중앙은행이 모두 나서서 경제 살리기에 전력을 기울이고 있다고 할 수 있다.

1. 서브프라임 모기지 악재로 넘어지는 미국

도대체 미국 경제가 어느 정도길래 이처럼 공격적으로 경기부양에 나서는 것일까? 2007년 미국의 국내총생산(GDP) 성장률은 2.2%로 5년 만에 가장 낮은 수준을 기록했다. 2005년 3.1%, 2006년 2.9%에서 내리막길로 들어서는 모습이다. 특히 2007년 4분기 성장률은 0.6%(전기대비연율)로 전문가들의 예측치 1.2%에 크게 못 미쳤을 뿐 아니라 3분기 성장률 4.9%에서 급전직하하고 있다. 이 같은 흐름이 올해까지 이어지면서 성장률이 1% 중반 또는 그 아래로 더 낮아질 것으로 전망되고 있다. 특히 공격적인 경기부양에도 불구하고 그 효과는 하반기에 가야 나타나면서 2008년 상반기의 경우 전기대비 마이너스 또는 1% 미만의 성장률에 그칠 것으로 보고 있다. 이에 따라 일부 비관론자들은 미국의

2008년 전체 성장률이 1%에도 못 미칠 것이라고 주장하고 있다.

국제통화기금(IMF)은 2008년 1월 말, 세계경제전망을 수정하면서 2008년 전 세계 성장률은 2007년 10월 전망치 4.4%에서 4.1%로 낮춰 잡았다. 2007년 4.9%에 비해 0.8%포인트나 낮아진 것이다. 미국의 2008년 성장률이 서브프라임 모기지 사태에 따른 신용불안으로 당초 예상했던 1.9%에서 1.5%로 떨어지고, 유럽과 일본 등 주요 선진국들도 영향을 받을 것으로 내다봤기 때문이다. 더욱이 신용불안이 계속될 경우 선진국들의 내수가 더 위축되고 그에 따른 악영향이 중국과 인도 등 신흥시장국으로도 전염될 수 있다면서 이 경우 전 세계 성장률이 더 낮아질 위험을 경고했다.

결국 서브프라임 모기지 사태로 인한 미국 발 경기침체 우려가 전 세계로 퍼져나가고 있는 셈이다. 이 같은 와중에 우리 경제의 2008년 모습은 어떻게 될까. 대다수 예측기관들은 2008년 우리 경제의 성장률을 5% 안팎으로 보고 있고, 대통령직 인수위 측은 6%로 올려 잡고 있다. 2007년 성장률이 4.9%였으니까 그보다는 높은 성장률을 기대하고 있는 셈이다. 지난 수년간 우리 경제의 단발 엔진 역할을 해온 수출이 호조세를 지속하고, 소비와 투자도 회복세를 이어갈 것으로 예상하고 있기 때문이다. 예상대로만 된다면 그다지 나쁜 성적은 아니라고 할 수 있다. 또 대내외 충격이 크지 않다면 새 정부의 친기업 정책에 기업들이 투자로 호응하고 소비심리도 회복되면서 6% 성장이 불가능한 것도 아니다.

2. 우리나라도 태풍을 피해가지는 못해

하지만 만약 미국 경제의 급락으로 전 세계 성장률이 더 낮아지는 최악의 시나리오를 가정해 보자. 예를 들어, 미국의 성장률이 2008년 1%에도 못 미치게 된다면 전 세계 성장률은 4%를 넘기지 못할 것이다. 이 경우 우리나라는 수출이 차질을 빚으면서 성장률 또한 떨어질 수밖에 없을 것이다. 수출 증가율이 한 자릿수로 낮아지게 되면 2008년 우리나라의 성장률은 4% 초반대까지 떨어질 것이라는 계산이 나온다.

수출에 차질이 생기게 되면 소비와 투자 또한 악영향을 받을 수밖에 없다. 수출과 내수(소비와 투자)의 연결고리가 많이 약해졌다고는 하지만 특히 수출 증가에 비해 수출 둔화가 가져오는 실질적·심리적 악영향은 훨씬 더 크게 다가올 것이다. 게다가 소비의 경우 요즘 계속되고 있는 주가 하락이 진정된다고 하더라도 상승 탄력을 받지 못하는 상황이 이어진다면 '마이너스' 자산효과(wealth effect)가 발생할 수도 있다. 2007년 5월 이후 주식형 펀드에 유입된 자금은 총 65조원으로 이들 자금의 평균 매입지수대는 1850선으로 추정되고 있다. 만약 앞으로도 코스피 지수가 1600~1700대에서 움직일 경우 이들 자금은 원금에서 10~15% 정도의 손실을 보고 있다는 계산이 나온다. 실제로 2008년 들어 1월 한 달 동안 주식형펀드에 투자한 투자자들은 총투자 설정액 130조원 안팎에서 20조원의 손실을 본 것으로 보도되고 있다. 설사 1800대로 올라간다고 하더라도 상당수 투자자들이 손실을 피하지 못할 것이다. 이 경우 소비는 위축될 수밖에 없을 것이고, 여기다 집값까지 하락세를 보인다면 마이너스 자산효과는 더욱 더 크게 나타날 것이다.

기업들의 투자 또한 수출 증가율이 둔화되고 소비가 위축된다면 투자를 하고 싶어도 투자를 할 수 없는 경우에 처할 수도 있다. 특히 우리나라 기업들의 설비투자가 수출과 밀접한 관계에 있다는 점에서 보면 수출의 둔화는 투자의 둔화를 가져올 수밖에 없을 것이다. 새 정부의 친기업적 정책과 과감한 규제완화가 이어지더라도 투자환경 자체가 악화된다면 기업으로서도 어찌할 도리가 없는 것이다.

3. 이미 삐걱거리는 국내 경제

실제로 최근 발표되는 지표들을 보면 이미 우리 경제도 상당 부문에서 불협화음을 내고 있다. 침체로 빠져드는 조짐을 보이고 있다는 해석이 가능하다는 말이다. 2007년 4분기 국내총생산(GDP) 성장률이 전년동기대비 5.5%로 2006년 1분기(6.3%) 이후 가장 높은 수준을 기록했지만 문제는 2008년 들어 급격하게 환경이 악화되고 있다는 점이다.

수출이 여전히 두 자릿수의 증가율을 보이고 있지만 고유가 등 원자재 가격의 급등에 따라 2007년 12월부터 2008년 1월까지 2개월 연속 무역적자를 보이고 있다. 특히 1월의 무역적자폭 33억 8000만 달러는 11년만에 가장 최악으로 당분간 적자기조가 이어질 것으로 예상된다. 이와 함께 2007년 12월 광공업 생산이 1년 전에 비해서는 12.4% 증가했지만 전월대비로는 0.4% 줄어들었다. 자동차(-5.4%), 반도체 및 부품(-0.9%), 기계장비(-2.9%) 등 수출 주력 품목을 중심으로 감소세를 이어갔거나 감소세로 돌아섰기 때문이었다. 또 향후 경기국면을 예고해주는 경기선행지수도 전년동월대비 0.1%포인트 떨어져 2007년 3월 이후 처음으로 하락세를 보였고, 한국은행이 발표하는 2월 제조업 경기실사지수(BSI) 전망치도 84로 전달보다 3포인트 떨어졌다. 특히 BSI 전망치는 2007년 9월 95로 고점을 기록한 뒤 5개월 연속 하락세를 이어가고 있다.

소비 또한 부진한 모습이다. 통계청이 발표하는 소비재 판매의 경우 2007년 12월 전월대비 1.7% 감소, 전년동월대비 2.6% 증가에 그친 것으로 나타났다. 전월대비로는 3개월 연속 감소한 것이고, 전년동월대비로는 2006년 7월(-1.3%) 이후 가장 낮은 증가율을 보였다. 산업자원부가 발표하는 주요 유통업체 매출 동향에서도 대형마트와 백화점의 2007년 12월 매출이 모두 전년동월대비 마이너스를 보였다. 대형마트는 3개월 연속 감소세를 이어갔고, 백화점은 명품과 잡화 등 그간 높은 증가율을 보이던 품목들이 주춤하면서 7개월 만에 처음으로 마이너스로 돌아섰다. 대형마트와 백화점의 12월 매출이 동시에 감소세를 보인 것은 조사가 시작된 2003년 이후 처음 있는 일이다.

최근 들어 장단기 금리 역전현상이 2개월째 계속되고 있는 것도 좋지 않은 조짐이다. 장단기 금리 역전은 장기금리인 국채(3년 만기) 수익률과 단기금리인 CD(양도성예금증서·3개월 만기)금리가 역전되는 현상을 말한다. 통상적으로는 장기금리가 단기금리보다 높은 수준을 유지하지만 경기가 불안하거나 금융시장 여건에 따라 역전되기도 한다. 예를 들어, 2008년 1월 31일 현재 국채수익률은 연 5.04%인 반면 CD금리는 연 5.50%로 단기금리인 CD금리가 장기금리인 국채수익률에 비해 0.46% 포인트 높은 상황이다.

과거 4차례 장단기 금리 역전의 경우 장단기 금리 역전이 계속되는 동안 경기가 저점을 기록했다. 현재의 장단기 금리 역전 현상은 빨라도 2~3월경까지는 지속될 전망이어서 상반기 중 경기가 하락할 가능성이 높다고 할 수 있다. 다만 이번 장단기 금리 역전은 과거 국내외 경기 불안에 따라 장기 금리가 빠르게 하락하면서 발생했던 것과는 달리 주식시장으로 돈이 몰리면서 단기금리가 급등한데 따른 것이어서 경기둔화폭은 제한적일 것으로 보고 있다. 그러나 서브프라임 모기지 사태의 지속에 따라 국내외 경기 불확실성이 장기화될 경우 장단기 금리 역전 또한 장기화되면서 2001년 초반처럼 경기둔화가 예상보다 빠르게 진행될 수도 있다. 결론적으로, 상당히 비관적인 시나리오이기는 하지만 수출이 주춤거리거나 무역적자가 계속되는 가운데 소비와 투자가 위축되거나 둔화된다면 2008년 성장률이 4%에도 못 미칠 가능성도 배제할 수 없다고 할 수 있다.

4. 경기부양책 과감하게 시행해야 할 때

그렇다면 지금 정부와 중앙은행인 한국은행이 해야 할 일이 무엇인가? 보다 신속하면서도 과감하게 경기부양책을 세우고 필요할 경우 즉각적으로 시행에 나서는 것이다. 일부에서는 인플레이션 압력이 높아지고 있어서 적극적인 경기부양에 나서기가 어렵다는 우려를 제기하면서 경기부양에 난색을 표명하고 있다. 또 5%, 6%와 같은 숫자에 연연해 단기부양에 나서지는 않겠다는 인수위 측의 말도 있었다. 물론 단기적인 경기부양의 경우 물가상승과 같은 부작용이 없는 것은 아니다. 또 물가상승이 오래 지속되면 소비와 투자에도 악영향을 미치는 악순환을 겪게 될 것이다. 하지만 지금의 상황이 과연 부작용을 따지고 있을 만큼 한가한 때인가를 잘 짚어봐야 할 것이다.

미국이 행정부와 중앙은행이 함께 나서서 과감한 경기부양책을 내놓는 동시에 공격적으로 금리를 인하하는 것이 물가상승 위험을 몰라서 이겠는가. 사실 소비자물가 상승률만 놓고 보면 우리나라는 아직 3%대(1월 소비자물가 상승률 전년동월대비 3.9%)에 머물고 있는 반면 미국은 이미 4%대(2007년 11~12월 소비자물가 상승률 각각 4.3%, 4.1%)로 올라선 상황이다. 물가가 더 오를 위험에도 불구하고 경기가 침체로 빠져드는 것을 막기 위해 늦었다는 비판을 들으면서도 안간힘을 다하고 있는 것이다. 특히 FRB의 경우 사태가 악화될 경우 오는 3월 18일 정기회의 이전에라도 긴급회의를 통해 정책금리를 인하할 수도 있다는 전망도 나오고 있다. 전문가들은 미국의 정책금리가 현재의 연 3.0%에서 2.5% 또는 그 아래로 낮춰질 수도 있을 것으로 내다보고 있다. 앞으로도 2~3차례 더 금리를 인하할 것으로 예상하는 것이다. 일단 금리 인하에 나선 만큼 추락하는 경기부터 살려놓고 보자는 FRB라고 할 수 있다. 경기라는 엔진은 한번 식고 나면 다시 데우기 위해서는 훨씬 더 많은 힘과 시간이 필요하기 때문일 것이다.

수출입과 투자 등에서 해외의존도가 높은 우리나라의 경우 대내외 충격에 보다 발 빠르게 움직여야 한다. 경기침체로 빠져들고 있는 미국은 물론 후퇴조짐을 보이고 있는 유럽과 일본, 또 반세기만의 폭설로 어려움을 겪고 있는 중국 등의 상황을 고려해볼 때 경기부양책 또한 빠르면 빠를수록 좋을 것으로 보인다. 재정정책 쪽에서는 지출을 앞당기는 것은 물론 추가적인 지출도 고려하고, 미국처럼 보다 신속한 효과를 위해 법인세와 소득세 인하를 앞당기는 개인별 세금을 환급해주는 방안 등도 강구해야 할 것이다. 또 한국은행도 하반기에는 물가가 상대적으로 안정될 것으로 예상되므로 선제적으로 콜금리를 인하하는 등 경기부양에 적극 동참하는 방안을 찾아야 할 것이다.

〈월간조선〉 (2008. 3)

6. 금리를 선제적으로 인하해야 하는 이유

요즘 세계 경제의 화두는 글로벌 인플레이션이다. 원유와 금속·비금속 광물은 물론 밀, 콩, 쌀, 옥수수 등과 같은 곡물가격이 천정부지로 오르면서 전 세계적으로 물가가 오르고 있기 때문이다. 물가가 내려서 문제였던 일본도 최근에는 사재기가 극성일 정도로 물가가 오르고 있다. 우리나라의 경우 원유는 100%, 곡물은 70% 이상을 수입하고 있어서 이 같은 글로벌 인플레이션의 직격탄을 맞을 수밖에 없는 상황이다. 곡물의 경우에도 자급도가 98.9%인 쌀을 제외하면 곡물자급도(사료 포함)가 4.6%에 불과해 원유와 곡물 모두 해외에 의존하고 있다고 할 수 있다.

이 바람에 국내 소비자물가 상승률은 지난 2월에 전년동월대비 3.6%로 2007년 10월 이후 5개월 연속 3%를 넘고 있다. 1월의 3.9%에 비해 소폭 낮아지기는 했지만 소비자물가의 선행지표라고 할 수 있는 생산자물가는 5%대, 수입물가는 21%대까지 급등하고 있어서 상반기 중 소비자물가 상승률이 4%를 넘어설 가능성도 배제할 수 없는 상황이다.

1. 진퇴양난의 한국은행

이쯤 되면 중앙은행인 한국은행이 물가안정을 위해 금리를 인상하겠다고 나서야 한다. 그런데 물가만 보면 금리 인상을 고려할 수도 있겠지만 성장세가 시원찮은 것을 생각한다면 반대로 금리를 내려야 하는 국면이다. 국내외 주요 연구기관들은 2007년 말까지만 해도 우리나라의 2008년 성장률을 5% 안팎으로 내다보았다. 하지만 최근 들어 이들 연구기관들이 2008년 성장률 전망치를 4% 중후반대로 낮추고 있을 뿐 아니라 일부 해외은행들은 3% 후반대로 내려잡고 있다. 메릴린치와 BNP파리바·골드만삭스처럼 5.0%를 넘는 경우도 있지만 도이체방크와 UBS는 각각 3.9%와 3.6%로 내다보고 있다.

결국 한국은행은 물가와 성장이라는 두 마리 토끼를 놓고 어느 하나를 선택해야 하는 기로에 서 있는 셈이다. 물가는 오르기 시작하고 성장세는 둔화되기 시작하는 초기 단계의 스태그플레이션(stagflation)하에서의 고민이라고 할 수 있다. 일부에서는 물가안정을 책임지고 있는 중앙은행으로서 금리를 올리지는 못할망정 내려서는 안 된다는 주장도 나오고 있다. 틀린 말은 아니지만 정책의 우선순위가 상황에 따라 바뀌어야 한다는 점에서 보면 현재가 물가안정 타령만 하고 있을 때인가를 잘 짚어봐야 할 것이다.

우리나라 경제는 이제 덩치가 웬만큼 커져서 한번 성장세가 꺾이고 나면 쉽사리 돌아서지 못할 수도 있다. 세계 12~13위권의 덩치가 예전처럼 가볍게 움직이길 바랄 수는 없기 때문이다. 따라서 엔진이 식지 않도록 응급조치는 물론 꾸준한 경기부양에 나서야 할 것이다. 미국이 2007년 하반기부터 신속하게 금리를 내리고 감세안을 통과시키는 등 신속한 경기부양에 나서는 이유도 바로 이 때문이다. 중앙은행인 연방준비제도이사회(FRB)의 경우 2007년 9월부터 정책금리를 내리기 시작했고, 부시 행정부의 경기부양책은 한 달여 만에 의회를 통과했다. 하지만 금리 인하 효과를 보려면 어느 정도 시간이 필요할 뿐 아니라 감세안에 따른 세금환급은 5월부터 시작될 예정이어서 미국 경제는 2008년 상반기 중 전기 대비 마이너스 성장을 면치 못할 것이라는 전망이 나오고 있다. 경기라는 엔진이 식을 때는 빨리 식지만 데우기는 어려울 뿐 아니라 시간 또한 만만찮게 걸린다는 것을 잘 보여주는 예이다.

2. 미국이 금리를 내린 이유

미국이 신속하게 경기부양에 나서는 이유는 서브프라임 모기지 사태가 당초 생각했던 것보다 심각할 뿐 아니라 그로 인한 경기둔화 속도가 예상보다 빠르게 진행되고 있기 때문이다. 그렇다면 미국은 물가 문제가 없느냐 하면 우리나라 못지않게 물가가 가파르게 오르고 있다. 미국의 소비자물가 상승률은 이미 2007년 11월부터 전년동월대비 4%를 넘어섰고, 생산자물가 상승률은 2007년 10월부터 6~7%대를 오르내리고 있다. 이런 가운데 FRB는 물가보다는 경기안정에 우선순위를 두고 금리를 과감하게 인하하고 있는 것이다. 벤 버냉키 FRB 의장은 2008년 2월 말 의회 증언에서 "인플레이션 우려가 없는 것은 아니지만 중앙은행으로서 경제성장을 지원하고 경기하강 위험에 맞설 수 있는 적절한 방안을 제공하기 위해 필요한 조치들을 적기에 취할 것"이라고 언급했다. 경기부양을 위해 필요하다면 금리를 인하하겠다는 점을 여러 차례 공개적으로 밝히고 있는 것이다.

이에 따라 뉴욕 월스트리트의 전문가들은 FRB가 3월 18일로 예정돼 있는 정기회의에서 금리를 적어도 0.5%포인트, 많게는 0.75%포인트 인하할 것이라는 전망을 내놓고 있다. 이 경우 미국의 정책금리는 2007년 9월 5.25%에서 불과 6개월 사이에 2.5% 또는 2.25%로 급전직하하게 된다. 말 그대로 공격적인 금리 인하라고 할 수 있을 정도이다.

FRB가 이처럼 과감하게 금리를 인하하는 이유는 물가가 오르고 있기는 하지만 급등의 주된 이유가 앞에서 언급한 국제 원자재 가격의 급등이기 때문이다. 인플레이션은 원인이 무엇인가에 따라 크게 두 가지 유형으로 나누어 설명할 수 있다. 하나는 '수요 견인 인플레이션(demand-pull inflation)'으로 수요가 공급을 초과함으로써 발생하는 인플레이션으로 주로 경기가 호황을 지속할 때 일어나는 현상이다. 다른 하나는 임금이 오르거나 요즘처럼 원자재 가격이 올라 비용의 상승으로 인해 발생하는 '비용 상승 인플레이션(cost-push inflation)'이다.

만약 현재의 물가상승이 수요 견인에 의한 것이라면 금리를 인하하게 될 경우 수요를 더 부추길 것이므로 타는 불에 기름을 끼얹는 격이 될 것이다. 반면 요즘처럼 수요 요인보다는 원자재 가격의 상승이라는 비용 요인에 의한 것이라면 금리 인하가 수요 진작을 통해 물가에 미치는 영향은 그다지 크지 않을 것이다. 만약 금리 인하가 물가에 미치는 영향은 거의 없는 가운데 둔화되는 수요를 부추기는 역할을 할 수 있다는 판단이 서면 중앙은행은 미국처럼 공격적으로 금리 인하에 나서게 될 것이다. 어찌할 도리가 없는 물가는 어느 정도 포기하고 적극적으로 경기를 부양함으로써 경제가 스태그플레이션으로 빠져드는 것을 막기 위해서이다.

3. 우리나라가 금리를 내려야 하는 이유

우리나라의 상황은 어떤가? 미국과 크게 다를 게 없는 상황이다. 특히 앞서 언급한 것처럼 2008년 우리나라의 성장률이 4% 안팎까지 낮아질 위험을 안고 있다면 지금이라도 빨리 금리를 인하하기 시작해야할 것이다. 게다가 물가가 상반기에 비해 하반기에 상대적으로 안정될 것으로 예상되고 있으므로 선제적으로 금리 인하에 나설 적기가 바로 지금이라고 할 수 있다.

금리를 인하해야 하는 또 하나의 이유로는 미국과의 금리 격차 해소를 들 수 있다. 현재 우리나라와 미국의 정책금리 격차는 2.0%포인트이다. 만약 미국이 3월 18일에 금리를 추가로 0.5~0.75%포인트 인하한다면 격차는 2.5~2.75%포인트로 더 확대되게 된다. 이렇게 되면 원화 가치가 강세로 돌아서면서 환율이 현재의 달러당 940원 안팎에서 하락세로 돌아설 가능성이 높아지게 된다. 더욱이 국내적으로 경상수지 적자 등 원화가치 약세 요인이 있기는 해도 달러의 글로벌 약세를 우리나라만 피해가기는 어려울 것이라는 점에서 보면 미국과의 금리 격차를 최대한 줄여가기 위해서라도 금리를 인하하는 것이 바람직하다고 할 수 있다.

끝으로 주요 선진국 중에서 우리나라의 정책금리가 상대적으로 높다는 점도 부담스럽다고 할 수 있다. 일본은 물론 미국 등으로부터 캐리트레이드(carry-trade) 자금이 유입되면서 원화가치 상승요인으로 작용할 수 있기 때문이다. 캐리트레이드는 높은 수익을 찾아 금리가 낮은 나라에서 금리(수익률)가 높은 나라로 돈이 옮겨 다니는 현상을 말한다.

우리나라의 현재 정책금리 수준(5.0%)은 10여 년째 제로금리 수준을 벗어나지 못하고 있는 일본, 전통적으로 금리가 1~2%대에서 움직이는 스위스, 인구와 경제 규모가 작은 스웨덴·노르웨이·뉴질랜드를 제외하면 호주(7.25%)와 영국(5.25%)에 이어 세 번째로 높은 수준이다. 영국은 미국의 금리 인하에 뒤따라 이미 2차례에 걸쳐 금리를 0.5%포인트 인하했고, 앞으로도 인하 추세가 이어질 것이라는 전망이다. 만약 우리나라가 금리를 인하하지 않는다면 호주에 이어 정책금리가 두 번째로 높은 수준을 유지하게 된다. 게다가 호주의 경우 우리나라와는 상황이 크게 다르다. 호주는 성장률이 3%를 웃돌고 있는 가운데 일부 지역의 부동산 가격이 급등하고 있을 뿐 아니라 소비자물가 상승률이 3%를 넘어 과열기미를 보이고 있어 2007년에 이어 올 들어서만 2번이나 금리를 올렸기 때문이다.

2008년 3월 7일, 한국은행은 정책금리를 2007년 8월 이후 7개월째 동결했다. 국제 금융시장의 불안과 미국의 경기 부진 등으로 향후 경기 흐름이 불확실하지만 고유가 등으로 소비자물가 상승세가 확대되고 있어서 부득이 금리를 동결했다고 밝혔다. 물가상승 압력만 아니라면 금리를 내리고 싶다는 행간을 읽을 수 있다. 정책금리는 말 그대로 중앙은행의 정책적인 판단에 따라 올리고 내릴 수 있다는 의미를 가지고 있다. 상황이 변하면 그에 따라 정책적인 판단도 변해야 하고, 또 그에 따라 정책금리도 변해야 한다. 더욱이 당장 금리를 내리더라도 그 파급효과를 보기 위해서는 어느 정도의 시간이 필요하다는 점에서 선제적인 금리 인하가 필요한 시점이다. 〈월간조선〉 (2008. 4)

7. 코끼리의 10년 전 악몽

태국에서는 가끔 코끼리가 사람을 밟아 죽이는 사고가 발생한다. 우발적인 사고가 대부분이겠지만 일부 동물학자들은 코끼리가 자신에게 해코지한 사람을 기억하고 있다가 앙갚음을 한 경우일 수도 있다고 주장한다. 코끼리는 수년 전에 당한 일도 잊어버리지 않을 정도로 기억력이 비상한 것으로 잘 알려져 있기 때문이다.

프린스턴대의 앨런 블라인더 교수는 미국의 중앙은행인 연방준비제도이사회(FRB) 부의장으로 근무할 때인 1990년대 중반 금융시장의 행태를 다음과 같이 동물들에 비유했다.

"금융시장은 가젤의 민감함과 치타의 재빠름과 코끼리의 기억력을 가지고 있다(Financial markets have the sensitivity of a gazelle, the speed of a cheetah, and the memory of an elephant)."

금융시장이 위험에 대해 매우 민감할 뿐 아니라 위험이 감지될 경우 재빨리 달아나고, 또 위험의 원인을 오랫동안 잊지 않는다는 뜻이다.

코끼리의 비상한 기억력이 우리나라 외환시장을 위기국면으로 몰아 가고 있다. 2008년 초만 하더라도 달러당 930원대였던 환율이 3월 들어 1000원을 넘어설 때까지만 해도 10년 만에 처음으로 경상수지가 적자로 돌아선 데 따른 것이라는데 이의를 다는 사람이 거의 없었다. 하지만 2008년 8월 중순 '9월 위기설'이 흘러나오면서부터 환율이 오름세를 타기 시작하더니 9월 초에는 달러당 1100원대를 넘어섰다. 게다가 9월 말 미국 발 금융위기가 가세하자 환율이 수직상승하기 시작해 10월 초에는 장중 한때 달러당 1500원대를 넘보기도 했다. 10월 10일에는 하루 변동 폭이 무려 235원에 달하는 등 극심한 변동성으로만 봐도 비정상적인 상황이다. 이후 외환당국의 강력한 개입으로 환율이 급락세로 반전한데 이어 미국과 유럽 등 주요국의 구제금융 공조로 인해 하락세를 이어가고 있다. 그러나 대내외 환경이 급변할 경우 언제 다시 급등세로 돌아설지 모르는 휴화산이라고 할 수 있다.

2400억 달러에 달하는, 세계 6위의 외환보유액을 가지고 있는 나라에서 달러 부족사태로 환율이 치솟고 있는 것이다. 경상수지와 자본수지의 동반적자로 기본적으로 달러가 부족하기는 해도 최근의 환율 급등은 달러 부족 그 자체로 설명하기가 어려운 부분이 더 많다. 무엇보다 외환보유액에 대한 의심과 외환당국의 미덥지 않은 대응 때문이다. 그러다보니 정부가 나서서 이런저런 대책을 내놓으면서 이러이러하다고 상황을 거듭 설명하고 강조하는데도 백약이 무효라고 할 정도로 먹혀들지 않고 있다. 실제로 정부와 국회가 쏟아내는 말마다 반대로 해석하고 있다. 예를 들어, 은행들이 외화자산을 팔아야 한다고 정부가 주문하면 그만큼 은행들이 달러가 없는 것으로 해석하고, 달러 모으기에 나서자고 하면 외환위기 때의 금 모으기만큼이나 사태가 심각한 것으로 받아들이는 식이다. 말이 앞선다는 비판도 바로 불신 때문일 것이다.

특히 외환당국이 외환보유액을 끌어안고 요즘과 같은 비상시에도 찔끔찔끔 사용하거나 말로만 때우려는 것을 보고는 외환보유액이 허수(虛數)가 아닌가 하는 의심의 눈초리를 보내고 있다. 이처럼 불신이 도를 넘고 있는 가장 큰 이유는 국내외 투자자들은 물론 일반국민들도 10년 전 외환위기 당시 외환보유액에 대한 기억이 아직도 생생하게 남아있기 때문이다. 300억 달러라던 외환보유액이 막상 보따리를 풀어보니 당장에 쓸 수 있는 달러는 100억 달러에도 못 미치는 것으로 드러났었다. 당시 FRB 의장이었던 앨런 그린스펀은 2007년에 내놓은 회고록에서 외환위기시 한국 정부가 외환보유액을 속여 왔다는 점에 대해 분노에 가까운 감정을 표현하고 있다. 필자 또한 외환위기 당시 한국은행 워싱턴사무소에서 근무하면서 미국 재무부와 FRB 간부들의 당혹함을 넘어 괘씸죄를 온 몸으로 받은 경험을 가지고 있다.

신뢰가 없는 정책은 캄캄한 밤에 혼자서 손짓과 발짓을 보내는 것과 같다. 신뢰는 말이 아니라 행동으로, 그것도 보다 투명하고 명확한 통계와 행동으로 보여줘야 비로소 생겨나는 것이다. 지금 국민들은 'NATO(No Actions, Talks Only)' 정부가 아니라 'MALT(More Actions, Less Talks)' 정부를 원하고 있다. 〈파이낸셜뉴스〉 (2008. 10. 16)

8. 공격적인 투약이 필요하다

　　우리 경제가 추락하고 있다. 10월 광공업 생산이 감소세로 돌아서고, 서비스업 생산이 멈춰서는 가운데 11월 수출마저 전년동월대비 18.3% 급감했다. 경기 동행지수와 경기 선행지수는 9개월 연속 동반 하락하고 있다. 기업들의 체감경기를 보여주는 기업경기 실사지수(BSI)와 소비자들의 심리를 가늠하는 소비심리지수 역시 하락세를 이어가고 있다. 대다수 경기 관련지표들이 급전직하(急轉直下)하는 모습이다.

　　이런 와중에 우리 경제가 얼마나 많이 생산했나를 보여주는 실질국내총생산(GDP)은 3분기에 전년동기대비 3.8%로 3년 만에 가장 낮은 수준으로 나타났다. 더 실망스러운 것은 일반국민들의 체감경기를 보여주는 실질국민총소득(GNI)이 3분기에 전년동기대비 −3.5%로 외환위기 직후인 1998년 4분기(−6.1%) 이후 최악을 기록했다는 점이다. 실질GDP 증가율이 3%대인데도 실질GNI 증가율이 마이너스로 돌아섰다는 것은 우리 경제가 많이 만들어서 내다팔았지만 원유 등 원자재 가격의 급등으로 우리 국민들의 호주머니에 들어오는 소득은 오히려 줄어들었다는 뜻이다. 원자재 가격은 급등한 반면 우리가 만들어서 수출하는 상품들은 대부분 경쟁이 심한 최종재여서 값을 쉽사리 올릴 수가 없기 때문이다.

더 큰 문제는 2009년이다. 적어도 2009년 상반기까지는 미국 등 주요 선진국들의 성장률이 마이너스를 기록하면서 중국 등 신흥시장국 경제도 휘청거릴 것이라는 전망이 나오고 있다. 이 경우 우리 경제를 이끌어오면서 단발 엔진 역할을 하던 수출 증가율 또한 마이너스를 면치 못할 것이다. 여기다 소비와 투자마저 앞서 언급한 것처럼 별로 기대할 것이 없는 상황이어서 우리 경제를 수렁에서 건져낼 동력을 찾을 수가 없다. 게다가 미국 발 글로벌 금융위기의 여파로 국내 금융시장에서도 돈이 잘 돌지 않는 신용경색 현상이 두어 달째 계속되고 있다.

이에 따라 2009년 우리 경제 전망의 스펙트럼이 어느 때보다 넓게 펼쳐지고 있다. 정부가 예상하는 4% 안팎에서부터 UBS증권의 −3.0%까지 무려 7%포인트에 달하고 있다. 그만큼 불확실성이 커지면서 2009년 전망이 어두워지고 있기 때문일 것이다.

이런 가운데 정부와 한국은행은 지금까지 총 133조 원에 달하는 유동성 및 재정을 공급하겠다고 발표했고, 이 중 절반 정도를 시중에 풀었다. 한국은행은 10월 이후 세 차례에 걸쳐 기준금리를 1.25%포인트 낮췄다. 그런데도 시중에는 돈이 없다고 아우성이고, 이미 몇몇 건설업체를 비롯한 상당수 기업들이 부도에 몰리고 있다. 또 은행의 연체율이 가파르게 올라가면서 은행의 건전성이 도마에 올라있을 정도로 사태가 악화되고 있다. 일부에서는 백약이 무효라는 견해도 있지만 투약이 약한 탓은 아닐까.

미국은 이번 사태를 수습하기 위해 2007년 하반기부터 공격적으로 대응하고 있다. 미국 정부와 연방준비제도이사회(FRB), 예금보험공사 등이 모두 합쳐서 7조 4000억 달러에 달하는 유동성 및 재정을 공급키로 했다. 미국 국내총생산(GDP)의 절반에 해당하는 엄청난 규모의 돈이다. 이 중 3조 달러 정도를 이미 집행했을 뿐 아니라 집행의 속도를 높이고 있다. 특히 FRB는 기준금리를 9차례나 인하했을 뿐 아니라 기업이 발행하는 단기어음을 직접 매입하는 등 다양하면서도 천문학적인 규모의 유동성 지원에 나서고 있다. 이 같은 조치들이 그나마 추락하는 미국 경제를 진정시키고 있다는 평가가 나오고 있다.

반면 우리나라는 유동성 공급(133조원)이 GDP의 15%에 불과할 뿐 아니라 금리 인하도 상대적으로 소극적인 가운데 금리 수준은 4.0%로 미국의 1.0%에 비해 크게 높은 수준이다. 2008년 노벨경제학상 수상자인 폴 크루그먼의 주장을 빌리지 않더라도 불을 끄기 위해서는 홍수를 겁내서는 안 된다. 마른 논에 세숫대야로 물을 퍼부어야 별무효과이다. 보다 과감하면서도 신속한 경기부양과 유동성 공급은 물론 추가적이면서도 공격적인 금리 인하가 필요한 시점이다. 아울러 풀린 돈이 시중금리를 낮추고 기업들에게 흘러갈 수 있도록 FRB처럼 지금까지의 틀에 얽매이지 말고 보다 전향적이면서 다양한 방법과 제도적 장치를 구사해야 할 것이다. 〈파이낸셜뉴스〉 (2008. 12. 4)

9. 위기 대응전략을 바꿔라

2008년 10월 26일, 정부가 전방위적인 금융안정 및 경기부양책을 내놓겠다고 발표했다. 한국은행은 10월 27일 임시 금융통화위원회를 개최, 기준금리를 전격적으로 0.75%포인트나 인하하는 동시에 시중에 돈을 대거 풀기로 했다. 늦었지만 그나마 다행이라는 평가를 받고 있다.

하지만 세계 12~13위권의 경제 규모를 자랑하던 대한민국이 위기발생 가능국가라는 말을 들을 정도로 궁지에 몰린 후에야 내놓은 조치라는 점에서 아쉬운 점도 없지 않다. 게다가 이번 조치로 과연 금융시장이 안정되고 경기를 끌어올릴 수 있을까 하는 의구심이 가시지 않고 있는 것도 사실이다.

아직 위기가 진행 중이고 끝이 보이는 것도 아니지만 최근과 같은 사태를 막기 위해서는 어떤 조치들이 필요할까? 무엇보다 먼저 상황 파악 및 대처에서 정부가 '선제적으로' 대응할 필요가 있다. 미국의 투자은행 리먼브러더스의 파산 이후 서로가 서로를 못 믿게 되면서 국내에서도 달러 및 원화의 유동성 부족 또는 신용경색 현상이 빚어지고, 그로 인해 환율과 금리가 급등했다. 그러나 정부는 달러 조달 또는 공급에 보다 적극 나서지 않았을 뿐 아니라 시장이 아우성을 치는 데도 2400억 달러의 외환보유액만 강조했다. 충분한 외환보유액이 있으므로 걱정할 필요가 없다는 것이었다. 국내 금융시장의 신용경색에도 미온적으로 대응했다. 반면 유럽 국가들은 정책 공조를 통해 금리 인하, 대규모 유동성 공급과 구제금융 지원은 물론 은행부채 보증과 국유화에 나서는 등 특단의 대책들을 패키지로 내놓았다. 이와 비슷한 대책을 내놓기까지 우리나라는 1주일 이상이 더 걸렸다.

두 번째는 위기에 대한 정부의 대책을 발표할 때는 이를 대변할 입을 통일해야 한다. 특히 각 부처가 정책을 산발적으로 내놓기보다는 관련부처와의 사전 조율 후 전격적으로 동시에 발표해야 할 것이다. 정부는 9월 위기설과 제2의 외환위기설 등이 터져 나올 때마다 "위기는 없다"는 식의 발언만 쏟아냈다. 장관급으로 구성된 위기관리대책회의가 있었지만 뾰족한 대책을 내놓지는 못했다. 결국 사태가 급박해지자 이번에는 서로 "외환위기보다 더 큰 위기가 올 수 있다"는 경고를 다투어 내놓고 있다. 국민들을 안심시키기는커녕 반대로 국민들의 불안을 증폭시키고 있는 셈이다. 시장에 미칠 영향이 큰 문제의 경우 한 부처의 장관 또는 차관이 발표할 것이 아니라 때로는 대통령이 미국처럼 관련 부처 장관들을 대동하고 대국민 발표를 하는 것이 훨씬 더 심리적 안정 효과가 클 것이다.

세 번째는 경제 정책의 우선순위를 확실히 밝히지는 않더라도 모든 국민들이 이해하는 수준까지는 끌고 가야 한다. 우선순위가 성장, 물가, 복지, 환경, 부동산 등으로 옮겨 다니다가 이번과 같은 충격이 닥치자 우선순위는 간 데 없고 경제와 금융 전체가 가라앉고 있는 것이다.

네 번째는 국내외 경제 주체들로부터 신뢰를 얻기 위해서는 보다 단호하면서도 때로는 공격적인 정책을 내놓아야 한다. 위기가 시시각각으로 다가오는 상황에서 산발적으로 찔끔찔끔 내놓은 정책은 약발이 먹히지 않는다. 불을 끄려면 불을 끄는 데만 집중해야 한다. 불을 끈 다음의 후유증(예를 들면, 물가상승 또는 부동산 가격 상승 등)은 다음 문제이고, 지금은 물 빠진 펌프에 마중물을 양껏 부어야 하는 것처럼 적절한 시기를 골라 시장에 달러와 원화를 넘치도록 부어야 할 것이다.

이외에도 주요 보도자료 및 통계자료를 영어로 동시 발간하고 해외언론을 상대로 한 설명회 또는 IR을 정기 및 수시로 개최해 우리 경제 및 경제지표에 대한 이해도를 높여나가야 할 것이다. 또한 종합적이면서도 중장기적인 위기 대응능력을 키우기 위해 '상시위기감시 TF(또는 기구)'를 설치하고, 이를 통해 시장과의 소통과 대화 채널을 항상 가동해야 할 것이다. 아울러 각 경제 주체들 사이에 위기인식을 공유하고 한목소리를 내기 위해 여야와 노사정, NGO 등이 참여하는 사회적 합의체 구성도 고려해봄직하다. 〈위클리조선〉 (2008. 11. 3)

10. 주요국 중앙은행의 정책금리를 읽어라

미국의 중앙은행인 연방준비제도이사회(FRB)가 공격적으로 금리를 인하한다 했더니 어느새 정책금리가 연 5.25%에서 3.0%로 내려왔다. 주요 선진국 중에서는 일본(0.5%)과 스위스(2.75%) 다음으로 낮고, 가장 높은 뉴질랜드(8.25%)와 호주(7.0%)에 비해서는 절반에도 채 못 미치는 수준이다. 특히 주요국의 정책금리 사이에도 편차가 크게 나타나 일본과 뉴질랜드의 경우 금리 격차가 무려 7.75%포인트에 달하고 있다. 돈이 자유롭게 움직이는 글로벌화 시대라지만 각국의 금리 스펙트럼이 매우 다양하게 펼쳐지고 있다고 할 수 있다.

정책금리는 주요국 중앙은행들이 쥐고 있는 금융정책 수단 중 가장 강력한 수단 중의 하나이다. 중앙은행은 정책금리의 조절을 통해 시중금리와 시중에 흘러 다니는 돈의 양을 조절함으로써 주식이나 채권과 같은 금융시장은 물론 외환시장과 실물시장에도 영향을 미치고자 한다. 예를 들어, 정책금리를 낮추면 시중금리가 낮아지고 그에 따라 은행의 예금금리와 대출금리도 낮아지게 된다. 또 정책금리를 낮추면 주식의 매력이 높아지면서 주가가 올라가고, 실물 쪽에서는 소비와 투자를 활성화시키는 역할을 한다. 외환시장에서는 낮은 금리의 통화에 비해 높은 금리의 통화에 대한 수요가 더 많아지면서 높은 금리의 통화의 가치가 높아지게 될 것이다. 미국이 정책금리를 인하할 때마다 글로벌 달러 약세현상을 우려하는 것도 바로 이 같은 이유 때문이다.

1. 미국의 금리 인하가 먼 산의 불이 아니다

따라서 요즘처럼 금융시장이 불안하게 움직일 때는 주요국의 금리 동향을 읽고 따라가는 것이 무엇보다 중요하다고 할 수 있다. 미국이 금리를 내리느냐, 유럽중앙은행(ECB)이 금리를 내리느냐, 아니면 중국이나 호주가 금리를 올리느냐 하는 것이 이들 나라의 주식시장은 물론 환율과 실물에도 영향을 직접적으로 미치게 된다. 또 더 크게 보면 한 나라의 정책금리 변경이 전 세계 경제에도 영향을 미치게 될 것이다.

그렇다면 지난 몇 년간 주요국의 정책금리는 어떻게 움직여 왔을까? 최근 정책금리 흐름의 특징으로는 '저금리 시대에서 고금리 시대로' 넘어오면서 금리 격차가 더 크게 벌어지고 있다는 점을 들 수 있다. 2003년 말 정책금리 중 최고수준은 호주(5.25%)와 뉴질랜드(5.0%)였고, 일본(0.1%)과 스위스(0.75%), 미국(1.0%)의 순으로 낮은 수준을 유지했다. 대만(1.375%)과 유로 지역(2.0%), 캐나다(2.75%) 등도 상대적으로 낮은 수준을 유지해 저금리 시대였다고 부를 수 있다. 당시 우리나라는 3.75%로 비교적 높은 편에 속했다.

하지만 2004년부터 주요국 중앙은행들이 금리를 올리기 시작해 2007년 중반까지는 금리 인상추세가 계속됐다. 뉴질랜드가 8.0%로 가장 높았고, 호주(6.25%)와 영국(5.75%), 미국(5.25%)이 그 뒤를 이었다. 일본이 0.5%로 가장 낮은 수준을 보였고, 스위스(2.5%)와 대만(3.13%)이 낮은 편에 속했다. 우리나라의 정책금리인 콜금리도 4.5%로 높아졌지만 전체적으로 보면 중간 정도의 위치에 있었다. 당시만 하더라도 12개 주요국(미국, 일본, 유로 지역, 영국, 스웨덴, 노르웨이, 스위스, 캐나다, 한국, 대만, 호주, 뉴질랜드)이 모두 금리를 인상하는 추세에 있었기 때문이다.

이 같은 금리 인상추세에서 처음으로 이탈한 나라가 미국이다. 서브프라임 모기지 부실사태가 예상보다 규모가 크고 복잡한 것으로 나타나면서 금융시장이 불안해지자 FRB가 2007년 9월부터 공격적인 금리 인하로 돌아선 것이다. 이후 지금까지 5번에 걸쳐 정책금리를 총 2.25%포인트 인하했을 뿐 아니라 앞으로 추가 인하도 불사할 것이라는 전망이 나오고 있다. 영국과 캐나다는 2007년 말부터 미국의 금리 인하에 동참했다. 이에 따라 현재 금리를 인하하는 추세에 있는 나라는 미국과 영국, 캐나다의 세 나라이다.

2. 주요국 중앙은행들은 각개전투 중

반면 스웨덴, 노르웨이, 대만, 호주는 미국의 금리 인하에도 불구하고 계속 금리를 인상하고 있는 나라들이다. 고성장세가 지속되고 있는 가운데 물가상승 압력이 계속되면서 긴축에 나서고 있기 때문이다. 나머지 4개국(유로 지역, 스위스, 한국, 뉴질랜드)의 경우 2007년 중반 이후 금리를 올리지도 내리지도 못하는 진퇴양난에 빠져 있다고 할 수 있다. 경기둔화 조짐이 보이는 동시에 물가도 오르는 이른바 스태그플레이션(stagflation) 현상에 진입했거나 초기 단계에 있기 때문이다. 다만 일본의 경우 디플레이션이 완화될 경우 금리를 인상할 예정이었으나 최근 들어 경제가 둔화되고 있을 뿐 아니라 주식시장도 불안한 모습이어서 당분간 금리를 인상하기가 어려울 것으로 예상되고 있다.

결국 2003년 이후 2007년 중반까지는 전 세계 주요국의 중앙은행들이 금리를 동반 인상하는 일종의 글로벌 패션에서 최근에는 각개 전투의 양상을 보이고 있는 셈이다. 이 중 스태그플레이션 현상에 처한 유로 지역, 스위스, 한국, 뉴질랜드의 4개국은 물가가 안정되는 기미가 보이면 곧바로 금리 인하에 나설 것으로 보인다. 특히 이들 4개국은 미국의 추가 금리 인하가 이어지면서 자국 통화 가치의 절상(대미달러 환율의 하락)이 계속될 경우 물가상승 압력에도 불구하고 금리 인하에 나설 가능성도 배제할 수 없다. 경기가 둔화될 조짐을 보이고 있는 가운데 환율 하락으로 수출마저 주춤거리게 되면 성장률이 큰 폭으로 떨어질 것이기 때문이다.

주요국 금리가 각개전투 양상을 보일 때 관심을 가져야 할 대표적인 현상으로는 '캐리트레이드(carry-trade)' 를 들 수 있다. 캐리트레이드는 높은 수익을 찾아 금리가 낮은 나라에서 금리가 높은 나라로 돈이 옮겨 다니는 현상을 말한다. 캐리트레이드가 갑작스럽게 크게 일어나거나 반대로 돌아가게(청산) 되면 환율은 물론 주식과 채권시장, 원자재와 같은 상품시장도 요동을 치게 된다. 따라서 캐리트레이드는 국제 금융시장이나 정책 당국자로서는 바람직하지 못한 불청객이라고 할 수 있다. 그간에는 금리가 낮은 일본과 스위스에서 엔 캐리트레이드와 스위스프랑 캐리트레이드가 많이 발생했었지만 최근 들어서는 미국의 금리가 낮아지면서 달러 캐리트레이드가 점점 더 많아질 것으로 예상된다. 이 과정에서 특정 통화의 캐리트레이드가 발생하거나 청산되거나 하면서 주요국 주식은 물론 환율에도 상당한 영향을 미치게 될 것이다. 예를 들어, 요즘 미국의 금리 인하에도 불구하고 우리나라 원화 환율이 달러당 940원대로 오른 상황을 유지하고 있는 것은 국제 금융시장에서 엔 캐리트레이드의 청산으로 일본 엔화 가치가 올라가고 있기 때문이다. 만약 엔 캐리트레이드 청산이 줄어들 경우 원화 환율은 다시 900원대까지 떨어질 가능성이 더 높다고 봐야 할 것이다.

3. 한국은행은 금리를 내려야

이쯤에서 우리나라의 정책금리인 콜금리를 전망해보자. 2008년 2월 13일 한국은행은 콜금리를 2007년 8월 이후 6개월째 동결했다. 국제 금융시장의 불안과 미국의 경기 부진 등으로 향후 경기 흐름이 불확실하지만 고유가 등으로 소비자물가 상승세가 확대되고 있어서 부득이 콜금리를 동결했다고 밝혔다. 물가상승 압력만 아니라면 금리를 내리고 싶다는 행간을 읽을 수 있다.

사실 우리나라의 현재 정책금리 수준은 주요국 중에서도 높은 편에 속하고 있다. 10여 년째 제로금리 수준을 벗어나지 못하고 있는 일본, 전통적으로 금리가 1~2%대에서 움직이는 스위스, 인구와 경제규모가 작은 스웨덴·노르웨이·뉴질랜드를 제외하면 우리나라의 금리 수준

(5.0%)은 호주(7.0%)와 영국(5.25%)에 이어 세 번째로 높은 수준이다. 영국은 미국의 금리 인하에 뒤따라 이미 2차례에 걸쳐 금리를 0.5%포인트 인하했고, 앞으로도 인하추세가 이어질 것이라는 전망이다. 만약 우리나라가 금리를 인하하지 않는다면 호주에 이어 정책금리가 두 번째로 높은 수준을 유지하게 된다. 중앙은행인 한국은행으로서도 물가안정을 우선적으로 챙겨야 하겠지만 어느새 전 세계 주요국 중에서 가장 높은 금리 수준이라는 점은 부담으로 작용할 수밖에 없을 것이다. 아울러 미국 경제가 예상보다 더 악화되면서 FRB는 금리를 더 내릴 것이고, 그 때 가서 부랴부랴 한국은행이 뒤따라 금리를 내린다면 그야말로 뒷북친다는 이야기를 듣지 않을까? 공격적으로 금리를 인하하고 있는 FRB마저 좀 더 일찍 선제적으로 금리를 인하했어야 한다는 비판을 받고 있다는 것을 귀담아 들어야 하지 않을까? 〈KRX〉(2008. 3)

11. 미국의 금리 인하와 후폭풍

최근 들어 주요국 환율이 요동을 치고 있다. 미국의 중앙은행인 연방준비제도이사회(FRB)가 2007년 9월 18일 정책금리를 예상보다 큰 폭인 0.5%포인트 인하하면서 달러화의 글로벌 약세가 시작됐다. 돈의 값인 금리가 낮아지면 그 돈의 가치가 떨어질 수밖에 없기 때문이다. 달러화는 유로화에 대해 사상최저치를 기록했을 뿐 아니라 일본 엔화와 캐나다 달러화 등 주요 통화에 대해 약세를 지속하고 있다. 우리나라 원화 환율도 달러당 910원대까지 떨어지는 등 달러화 약세의 영향을 벗어나지 못하는 모습을 보였다.

미국이 서브프라임 모기지 부실사태에 따른 신용경색 현상을 수습하겠다고 내놓은 금리 인하 카드가 주요국의 환율 불안이라는 불똥으로 번지고 있는 것이다. 미국의 입장에서 달러화 약세는 수입물가의 상승을 통해 국내 물가상승 압력으로 나타나는 부작용이 있다. 반면 수출을 늘리고 수입을 줄여 무역수지 적자를 조금이라도 줄일 수 있는 기회이다. 따라서 미국으로서는 달러화 약세를 굳이 마다할 이유가 없다고 할 수 있다. 금리 인하가 서브프라임 모기지 부실사태의 수습에 더해 무역수지 적자를 줄이고 성장률도 부추기는 일석삼조(一石三鳥)를 가져다줄 수도 있기 때문이다.

문제는 달러화의 약세로 자국통화가 강세를 보이고 있는 나라들이다. 예를 들어, 유로 지역의 경우 유로화의 강세는 수출증가율 둔화를 가져오게 될 것이다. 요즘처럼 성장률이 주춤할 때는 수출이라도 버텨 줘야 하는데 거꾸로 수출이 부진하게 되면 기업들의 수익이 떨어지고 그에 따라 투자와 고용도 줄어들면서 성장률은 더 떨어지게 될 것이다.

이렇게 되면 유럽중앙은행(ECB)의 고민은 커질 수밖에 없다. 유로화의 강세를 막는 동시에 주춤거리는 성장을 부양하기 위해서는 금리를 내려야 하지만 금리를 올려야 하는 요인은 여전하기 때문이다. 서브프라임 모기지 부실의 후폭풍이 유럽에 더 거세게 몰아치면서 ECB는 지금까지 2580억 유로(330조원)의 유동성을 시중에 풀었다. 그러나 아직도 부실의 여파가 다 가시지 않고 있는 가운데 9월 소비자물가 상승률은 전년동월대비 2.1%로 1년 만에 처음으로 목표 상한치인 2.0%를 넘어 섰다. 따라서 금리를 인상하면서 시중유동성을 흡수하고 싶은 마음이 굴뚝같을 것이다.

ECB는 지난 4일 정기회의에서 정책금리를 동결했다. 전문가들은 서브프라임 모기지 부실사태로 인한 신용경색 위기가 지속되고 있을 뿐 아니라 금리를 올릴 경우 유로화 강세로 인해 수출이 타격받을 것을 우려했기 때문이라는 분석을 내놓았다. 블룸버그 통신은 ECB가 2008년 4월 이후에야 금리를 인상할 것으로 내다봤다.

그러나 미국이 추가 금리 인하에 나서면서 유로화가 한 단계 더 강세를 보이거나 또는 서브프라임 모기지 부실 여파가 다시 불거질 경우 ECB가 금리 인하라는 칼을 빼들 가능성도 배제할 수 없다. 이 경우 상황이 엇비슷한 영국은 물론 자국통화의 강세를 견디지 못하는 캐나다와 호주, 우리나라 등도 금리 인하 대열에 들어서게 될 것이다. 이렇게 되면 세계 경제는 경쟁적으로 금리를 인하하는 이른바 금리 전쟁 또는 환율 전쟁을 맞이할 수도 있다. 와중에 엔 캐리트레이드자금 등 높은 수익을 찾아 전 세계를 떠돌던 돈들이 움직이면서 주요국 환율의 변동성은 더 커지게 될 것이다. 동시에 달러화는 더욱 약세를 보이면서 원유와 곡물 등 각종 원자재 가격의 급등을 부추기게 될 것이다.

물론 미국의 FRB가 1998년 LTCM(Long Term Capital Management)사태 때처럼 재빨리 사태를 수습하고 금리를 인상하는 모드로 돌아설 경우 이 같은 시나리오는 없었던 것이 될 수도 있다. 실제로 미국의 8월 비농업 부문 고용자 수가 9월 초에 발표됐던 4000명 감소에서 8만 9000명 증가로 수정되면서 미국의 추가 인하 금리 가능성이 크게 낮아지고 있다. 하지만 서브프라임 모기지 부실 사태가 예상보다 훨씬 더 광범위하고 복잡하게 얽혀 있다면 향후 예상되는 다양한 시나리오를 작성하고 그에 따른 대비책을 마련해나가야 할 것이다. 위기는 모르는 사이에 찾아오거나 방심하는 사이에 쳐들어오기 때문이다. 〈파이낸셜뉴스〉(2007. 10. 18)

12. 숭례문 화재와 금리정책

　국제통화기금(IMF)이 2008년 4월 9일 또 다시 미국과 전 세계의 2008
년 경제성장률을 큰 폭으로 하향조정했다. 서브프라임 모기지 사태가
아직 수면 아래에 있던 2007년 7월 전망치와 비교하면 미국의 성장률
은 2.8%에서 0.5%로 무려 2.3%포인트나 낮아졌다. 0.5%면 IMF의 표현
대로 사실상 성장이 멈춰선 셈이다. 미국 경제의 둔화에 영향을 받을
수밖에 없는 전 세계 성장률도 2007년 7월 전망치 4.8%에서 1.1%포인
트나 낮은 3.7%로 전망했고, 우리나라의 올해 성장률 역시 4.6%(2007년
10월 전망치)에서 4.2%로 낮춰 잡았다.

　이처럼 비관적인 경제 전망이 전해진 4월 10일 한국은행은 기준금리
를 연 5.0%에서 동결시키기로 결정했다. 2007년 8월 이후 국내외 경제
여건이 갈수록 악화되고 있는 와중에서 8개월째 계속된 동결이었다.
경기둔화에 대한 우려가 없는 것은 아니지만 치솟는 물가에 더 무게를
두었기 때문이었다. 3월 소비자물가 상승률은 전년동월대비 3.9%로

올라 2007년 12월부터 4개월 연속 한국은행의 장기적인 물가안정 목표인 3.5%를 넘고 있다. 여기다 최근에는 환율 오름세까지 가세하고 있어서 소비자물가 상승률이 4%대에 진입할 것이라는 전망이 설득력을 얻고 있다.

물가안정을 최우선 목표로 하고 있는 중앙은행이지만 국내 경기둔화가 예상보다 심각해지고 있어서 한국은행의 고민도 갈수록 커지고 있는 상황이다. 한국은행도 경기둔화에 대한 우려를 감추지 않고 있다. 실제로 물가 걱정만 아니라면 금리를 인하하고 싶은 마음이 굴뚝같을 것이다. IMF의 2008년 우리나라 성장률 전망치 4.2%는 정부의 경제운용 목표인 6%에 크게 못 미칠 뿐 아니라 한국은행의 2007년 12월 전망치인 4.7%와도 상당한 격차가 나고 있다. 게다가 일부 예측기관에서는 3%대까지 낮춰 잡고 있다. 이명박 대통령이 4월 13일 기자회견에서 "우리 경제에서 가장 시급한 것은 내수가 더 위축되어서는 안 된다는 점"이라고 강조한 것도 이 같은 국내 경제의 지나친 위축을 우려하기 때문일 것이다.

얼마 전 숭례문에 화재가 났을 때를 떠올려보자. TV를 통해서 긴급속보를 본 일반국민들은 "곧 꺼지겠구나" 하면서 안심했다. 소방관들이 열심히 물을 끼얹고 있었을 뿐 아니라 불길은 거의 보이지 않고 하얀 연기만 피어오르고 있었기 때문이었다. 실제로 현장 소방관들도 화재 발생 40여분 후 화재가 진압된 것으로 생각하고 잔불 정리에 들어갔다. 하지만 곧바로 불씨가 살아남아 있을 뿐 아니라 더 크게 번지는 것이 확인되었다. 우왕좌왕하던 소방당국은 뒤늦게 도착한 문화재청의 도움을 받아 화재가 발생한 지 3시간이 지나서야 지붕해체작업에 들어갔다.

하지만 이미 때는 늦어 숭례문은 5시간 만에 전소되고 말았다.

국보 제1호 숭례문이 형체를 알아볼 수 없을 정도로 무너져 내려앉은 후 고건축 전문가들이 "불이 나자마자 지붕을 해체했어야 했다"고 목소리를 높였다. 맞는 말이기는 하지만 하나마나한 사후약방문(死後藥方文)일 뿐이었다. 숭례문을 구하는 데는 아무런 도움도 되지 않았기 때문이다. 하지만 여기서 우리가 배운 뼈아픈 교훈은 숭례문을 살리기 위해서는 지붕해체를 보다 빨리, 보다 선제적으로 했어야 한다는 점이다.

미국의 중앙은행인 연방준비제도이사회(FRB)는 2007년 9월부터 금리를 공격적으로 인하하기 시작했고, 부시 행정부도 1600억 달러가 넘는 경기부양책을 내놓았다. 하지만 미국 경제는 2008년 상반기에 전분기 대비 마이너스 성장을 면치 못하다가 하반기에 가야 소폭의 플러스 성장으로 돌아설 것이라는 전망이다. 금리를 인하하고 감세를 하는 등 적극적으로 경기부양에 나서더라도 실제적인 부양효과를 보기까지는 상당한 시간이 필요하다는 것을 잘 보여주는 예라고 할 수 있다. 마치 가뭄이 들어 댐의 수문을 열어도 물이 골고루 논밭을 적시기까지는 시간이 걸리는 것과 같다. 한국은행이 선제적으로(preemptive) 금리를 인하해야 하는 이유도 바로 여기에 있다. 특히 물가상승이 주로 원유 등 국제 원자재 가격의 급등이라는 해외로부터의 비용 상승 요인에 의한 것이고 하반기에 상대적으로 안정될 것으로 예상된다면 하루라도 빨리 금리를 내려야 할 것이다. 〈파이낸셜뉴스〉 (2008. 4. 15)

13. 흔들리는 소비심리 잡아라

　새해가 되면 모두들 마음을 다잡는다. 그래서 그런지 소비자들의 기대심리를 보면 연말연시 두어 달 동안은 상승세를 타는 경우가 많다. 그러다 실망이 커지면 소비심리가 급격하게 위축되면서 전체 경제를 끌어내리는 역할을 한다. 2003~04년이 바로 그 같은 경우였다. 걱정스러운 것은 2007년 들어 당시와 비슷한 상황이 재연되고 있다는 점이다.

　2002년 7.0%로 높았던 국내총생산(GDP) 성장률이 2003년에는 3.1%로 떨어졌다. 성장률이 절반 아래로 떨어지면 모두들 살림살이에 주름이 갈 수밖에 없다. 이에 따라 2002년 초중반까지만 해도 110을 넘던 소비자 기대지수(통계청이 매월 발표)가 2002년 11월에는 94.1까지 떨어졌다. 소비자 기대지수 100이 6개월 후의 경기와 생활형편 등에 대해 현재보다 긍정적으로 보는 가구와 부정적으로 보는 가구의 비중이 같은 수준임을 의미한다. 따라서 몇 개월 사이에 지수가 110에서 94까지 떨어졌다는 것은 말 그대로 소비심리의 급전직하(急轉直下)라고 할 수 있다.

이후 소비자 기대지수는 연초에 두어 달 반짝 올랐다가 곧바로 하락세로 돌아서는 일종의 법칙을 보였다. 특히 2004년 하반기에는 소비자 기대지수가 86선까지 급락했다. 소비자 기대지수가 80대를 기록하기는 2000년 11~12월 이후 4년 만에 처음 있는 일이었다.

이 바람에 국민소득 통계상 민간소비 증가율(물가를 감안한 실질 기준)이 2003년(-1.2%), 2004년(-0.3%) 연속 마이너스를 기록했다. 1953년에 국민소득 통계가 작성되기 시작한 이후 실질 성장률이 플러스인데도 민간소비 증가율이 마이너스를 보인 적은 이 때뿐이었다. 민간소비 증가율이 2년 연속 마이너스를 보인 것도 이 때가 처음이었다.

1. 소비심리 호조는 연초 반짝 효과

소비심리의 이 같은 '반짝 연초(年初)' 추세는 통계청이 1998년 11월 소비심리지표를 작성·발표하기 시작한 이후 지금까지 한 해도 빠짐없이 계속되고 있다. 2006년 하반기에 93~95를 오르내리던 소비자 기대지수가 2007년 들어 1월과 2월에 연속 상승하면서 98.1까지 올라 100을 목전에 두고 있었다. 하지만 3월에는 아쉽게도 상승세를 이어가지 못하고 소폭이기는 하지만 97.8로 떨어졌다. 11개월째 100 아래를 맴돌고 있는데 2002년 말 이후 15개월 연속 100 아래를 기록한 이후 최장기간이다.

더 큰 문제는 소비심리가 상승세를 이어가지 못하면서 더 떨어질 수도 있다는 점이다. 이 경우 2007년 실제 소비가 경제 예측기관들의 예상치에 미치지 못하면서 성장률을 끌어내릴 수도 있다. 왜 이런 우려가 나오는 것인가? 무엇보다 가계의 부채 부담이 사상 최고수준을 보이고 있기 때문이다.

경제가 발전하고 소득이 늘어나면 부채 규모도 늘어나는 게 당연하다. 문제는 소득과 비교한 상대 속도에 있다. 빚이 늘어나더라도 소득이 늘어나는 속도보다 느리거나 비슷하면 큰 문제가 없지만 빚이 소득보다 더 빨리 늘어날 때 문제가 생기는 것이다. 1999년에 명목국내총생산(GDP) 대비 가계의 빚이 차지하는 비중이 40.4%에서 2002년 64.2%까지 올랐다가 2004년에는 61.0%까지 떨어졌었다. 하지만 이후 2년 연속 상승하면서 2006년에는 68.6%로 사상최고치를 기록했다. 가계부채 규모가 1999년 214조원에서 2006년에는 582조원으로 2.7배나 늘어났다. 하지만 같은 기간 중 소득(명목GDP)은 530조원에서 848조원으로 1.6배 늘어나는데 그쳤다.

이에 따라 이자 등 금융 부담이 크게 늘어났을 것이다. 게다가 금리까지 올라가면 그 충격은 배가(倍加)될 수밖에 없다. 은행 가계대출의 평균금리(신규 취급액 기준)는 2004년 12월 5.48%에서 2007년 2월에는 6.25%로 올랐다. 90% 이상의 대출이 변동금리를 적용받으므로 금리가 평균 0.5%포인트 정도 올랐다고 보더라도 추가적인 이자부담만 연간 2조원이 넘는다는 계산이 나온다.

2003~04년 소비는 물론 우리 경제의 발목을 잡았던 가계부채의 거품 붕괴 우려가 또 다시 되살아나는 셈이다. 여기다 소비에 악영향을 미칠 수 있는 다른 몇 가지 요인들도 잠재력을 무시할 수 없다. 우선 소득증가보다 더 빠르게 늘어나고 있는 세금과 보험료 등이다. 2006년 한 해 전국 가구의 월평균 소득은 5.1% 증가했다. 반면 세금은 14.1%,

국민연금과 같은 공적연금은 7.6%, 의료보험과 실업보험을 포함하는 사회보험은 8.2%나 올랐다. 특히 세금의 경우 종합부동산세의 급증으로 재산세가 18.2%나 오른 것이 주된 원인이었다. 그나마 소비여력을 가진 고자산층 또는 고소득층들도 상당한 부담을 받았을 것이다.

2. 자산효과와 해외 소비

다음으로 들 수 있는 것이 '자산효과(wealth effect)' 이다. 주식이나 부동산과 같은 자산의 가격이 오를 때 소비가 늘어나는 효과를 말하는데 '부(富)의 효과' 라고도 한다. 최근 2~3년 동안 가계대출의 급증과 금리 인상에도 불구하고 그나마 소비를 지탱해온 것이 자산효과라고 할 수 있다. 그런데 올 들어 강력한 부동산 안정대책의 영향으로 부동산시장이 하향 안정세를 보이고 있는 가운데 거래가 거의 실종되다시피 하고 있다. 가계대출의 60% 이상이 주택관련 대출인 점을 감안하면 '마이너스 자산효과' 로 나타날 가능성이 높아지고 있다. 부동산 가격이 하향 안정되면서 소비가 위축되는 결과를 초래할 수도 있다는 말이다. 주식시장이 강세를 보이고 있기는 하지만 주식 가격의 변화가 소비에 미치는 영향은 부동산에 비해 상대적으로 미미하다는 것이 그간의 경험이다.

또 한 가지는 해외 소비가 급증하고 있다는 점이다. 한국은행에 따르면 2006년 한 해 국내 소비 지출액은 432조 8000억 원으로 전년대비 3.4% 증가에 그쳤다. 반면 해외 소비지출액은 15조 4000억 원으로 전년대비 17.5% 급증했다. 아직 국내 소비 지출액의 3.6% 수준으로 비중은 낮지만 증가율이 최근 20% 안팎으로 매우 높다. 게다가 한국은행은 해외 소비가 1% 증가하면 국내 소비와 소득은 각각 0.06%, 0.03%씩 감소한다는 분석 결과를 내놓았다. 단순계산이기는 하지만 해외 소비가 20% 증가한다면 국내 소비가 1.2%, 소득이 0.6% 줄어들게 된다. 소득증가와 원화 강세(원·달러 환율의 하락), 열악한 국내 소비 환경으로 인해 해외 소비가 늘어나고 있는 것으로 본다면 당분간 이 같은 해외 소비 증가추세는 계속될 수밖에 없다.

결국 올해 경제 환경을 보면 소비에 긍정적인 요인보다는 부정적인 요인들이 더 많다고 할 수 있다. 그러나 대내외 환경을 보면 최근 몇 년 사이 올해처럼 소비의 안정이 필요한 때가 없다. 한국은행은 최근 소비가 완만한 증가세를 보이고 있지만, 고용사정이 미흡한 가운데 높은 가계 채무부담과 조세성 지출증가 등이 소비증가를 제약하는 요인이 될 것이라고 밝혔다. 세계은행은 미국 경제의 둔화로 한국을 포함한 동아시아 국가들의 수출 증가세가 둔화되면서 동아시아 지역 경제가 4년 만에 가장 낮은 성장률인 7.3%에 그칠 것이라는 전망을 내놓았다. 2006년 동아시아의 성장률은 8.1%에 달했었다.

따라서 정부와 한국은행은 투자와 함께 내수의 두 축을 이루고 있는 소비의 부양 또는 안정에 정책의 최우선 순위를 둬야 한다. 그간 우리 경제를 이끌어오던 수출이 흔들릴 경우에 대비해 투자와 소비가 완충 역할을 할 수 있는 환경을 미리 만들어놓아야 하기 때문이다. 예를 들어, 한미 FTA의 타결과 발효에 대비해 투자 또는 소비와 관련된 각종 규제를 획기적으로 폐지 또는 완화하는 것은 물론 적절한 시기에 금리를 인하하는 것도 고려해봄직한 방안이 될 것이다. 부동산시장 역시 지나치게 얼어붙지 않도록 적절한 채찍과 당근 정책으로 조심스럽게 접근해야 할 것이다. 〈월간조선〉 (2007. 5)

14. 진로와 삼성전자

"우리 경제가 어렵고 국내자본이 투자를 꺼릴 때 외국자본이 위험을 부담하면서 투자한 것을 사후적으로 '국부(國富) 유출'이라고 비판하는 것은 바람직하지 않다."

한덕수(韓惪洙) 부총리 겸 재정경제부 장관이 최근 다시 일고 있는 외국자본의 과도한 수익에 대한 국내 비판 여론을 겨냥해서 한 말이다. 맞는 말이지만 선뜻 수긍하는 사람은 많지 않은 것 같다.

미국계 투자은행 골드만삭스를 비롯한 외국계 채권단은 최근 소주업체 진로의 매각을 통해 1조원 이상의 수익을 올리면서 수익률이 500%가 넘는 것으로 알려졌다. 이외에도 뉴브리지캐피털(제일은행 매각)이 1조 1500억원, 칼라일펀드(한미은행 매각)가 7000억원, 론스타(스타타워 빌딩 매각)가 2600억원의 수익을 올렸다. 게다가 이 같은 천문학적 규모의 수익을 내고서도 국내에는 한 푼의 세금도 내지 않은 것으로 알려지면서 이른바 '괘씸죄'가 가중되고 있다.

외환위기가 한창이던 1997년 12월 삼성전자 주식은 주당 3만 5100원 (종가 기준)까지 떨어졌다. 이후 곧 5만 원 이상으로 회복했지만 1998년 8~9월에는 다시 3만 원대로 떨어지기도 했다. 따라서 당시 외국인 투자자뿐 아니라 국내 투자자들도 삼성전자 주식을 4~5만 원대에서 살 수 있는 기회는 얼마든지 있었다. 2005년 현재 삼성전자 주식은 50만 원 안팎에서 움직이고 있다. 6년여 전에 4~5만원에 산 삼성전자 주식을 지금까지 가지고 있다면 앉아서 1000%가 넘는 수익을 올린 것이다. 현행 세법에 따르면 상장주식의 투자 수익에 대한 세금은 없고 증권거래세와 농어촌특별세만 각각 0.15%씩 내면 된다. 이 정도면 탁월한 투자일 뿐 아니라 세금을 안 낸다고 비판할 사람도 없을 것이다. 지극히 정상적이고 합법적인 투자이기 때문이다.

불법적인 투자 행위에 대해서는 국내외 자본을 가릴 것 없이 법과 규정에 따라 엄정하게 처리되고 처벌받아야 한다. 그러나 법과 규정에 따라 정당하게 수익을 올렸다면 투자자가 누구든 비판받아야 할 이유는 없다. 또 투자대상이 삼성전자가 아닌 진로라고 해서, 주식이 아닌 부실기업이라 해서 비판을 받을 이유도 없지 않은가.

문제는 국내자본과 외국자본의 대등한 경쟁 여부 및 투명성이다. 정부는 외환위기 이후 외국자본을 끌어들이는 과정에서 알게 모르게 국내자본에 대한 역(逆)차별적 제도와 법을 상당수 양산해냈을 뿐 아니라 투명성에서도 관대한 입장을 취했다. 당시로서는 어쩔 수 없었다지만 그로 인한 후유증과 문제점이 2~3년 전부터 나타나고 있다. 이에 따라 최근 정부는 5% 룰(주식 대량 보유상황 보고제도)의 강화, 불공정행위 또는 세무조사 등에 나서고 있다. 또 국회에는 금융기관 외국인 이사의 수를 제한하는 법안 등이 제출돼 있다.

　이 같은 조치들에 대해 영국의 〈파이낸셜타임스〉를 비롯한 외국 언론들이 매우 강한 어조로 비판하고 있다. 정부, 기업과 언론은 이들의 비판에 대해 받아들일 것과 대응할 것을 냉정하게 가려야 한다. 아울러 정부와 국회는 앞으로 관련제도와 법을 고쳐 나가는 과정에서 철저하게 글로벌 스탠더드를 지켜나가야 한다. 또 합리적 절차와 충분한 예고, 꾸준한 홍보를 통해 당사자들의 이해와 협조를 구하는 노력도 기울여야 한다. 글로벌 스탠더드에 맞는 논리와 제도일 경우 외국투자자나 외국 언론도 결국 받아들일 수밖에 없기 때문이다.

〈조선일보〉 (2005. 4. 20)

15. 볼보가 볼보를 판 이유

1999년 볼보그룹이 승용차 부문을 미국의 포드사에 팔기로 했다는 소식이 전해지자 온 스웨덴이 들끓었다. 볼보 승용차는 볼보그룹의 모태이자 상징일 뿐 아니라 스웨덴 국민들이 사랑하고 아끼는 이른바 '국민 브랜드'였기 때문이었다. 그러나 볼보그룹은 빗발치는 비판에도 불구하고 스웨덴 내에 본사와 생산 공장을 그대로 유지한다는 조건으로 60억 달러를 받고 승용차 부문을 포드에 넘겼다.

"그때나 지금이나 아쉬운 점이 없는 것은 아니지만 시의적절하면서도 매우 탁월한 결정이었다."

6년이 지난 2005년 대다수 스웨덴 국민과 볼보그룹의 임직원들이 가지고 있는 생각이다. 최근 스웨덴을 방문했을 때 승용차 부문의 매각을 지휘했던 볼보그룹의 레이프 요한슨 사장 겸 최고경영자(CEO)에게 당시 상황에 대해 물었다. "(가슴을 가리키며) 정서적으로는 불가능한 일이었지만 (머리를 가리키며) 이성적인 판단과 접근이었기 때문에 가능했다"

면서 "당시 판단과 결정에 후회는 없다"고 잘라 말했다.

최근 전 세계 승용차 업계는 미국의 GM과 포드의 신용등급이 '투기등급'으로 추락할 정도로 경쟁이 치열해지고 있다. 볼보그룹은 이 같은 시장 판도를 미리 내다보고 일찌감치 구조조정에 착수했다. 당시 승용차 부문은 볼보그룹 전체 매출의 30~40%를 차지하면서 수익률도 높은 편이었다. 하지만 시장 점유율은 0.8%로 전 세계 23개 승용차 메이커 중 꼴찌였다. 그룹의 모태이자 그룹을 대표하는 브랜드라고 하더라도 급변하는 시장 환경 하에서 그룹의 미래를 위해 눈물을 머금고 매각키로 한 것이었다. 이후 볼보그룹은 승용차 부문을 매각한 자금으로 트럭과 버스·건설기계 등에 특화하는 '선택과 집중' 전략에 성공, 이들 분야에서 시장 점유율 세계 1~2위를 달리고 있다.

볼보그룹과 비슷한 사례로 한국의 두산과 미국의 듀폰(DuPont)을 들 수 있다. 외환위기 이전부터 구조조정을 시작한 두산그룹은 1998년 그룹의 대표격인 OB맥주를 파는 대신 한국중공업과 대우종합기계 등을 사들이면서 업종 전환에 성공했다. 한편 듀폰은 새로운 섬유소재 나일론을 발명하고 수익도 엄청나게 올렸지만 2003년 나일론 부문을 과감하게 접었다. 갈수록 수익성이 낮아지는 직물 분야에 재투자하기보다는 생명공학과 같은 고성장 분야에 특화하겠다는 전략 때문이었다.

이들 성공한 기업의 공통점은 한 마디로 '사벌등안(捨筏登岸)'이라고 할 수 있다. 강을 건넌 다음에는 언덕을 오르기 위해 뗏목을 과감하게 버린 것이다. 뗏목의 고마움을 잊을 수는 없지만, 그렇다고 뗏목을 머리에 이고 다음 목표를 향해 갈 수는 없기 때문이다.

노무현 대통령은 이제 임기의 반환점을 돌고 있다. 그동안 노 대통령이 제시한 비전과 정책 방향을 보면 가신(家臣)그룹과 일부 지지계층의 성향을 벗어나지 못하는 모습이다. 어느 계층의 지지로 당선됐든 당선되고 나면 온 국민을 대표해야 할 대통령이 여기저기 얼굴을 내밀면서 편 가르기, 표 가르기에만 전념하고 있다. 이 바람에 경제와 정치는 물론 부동산과 교육 등 대부분의 분야가 아수라장을 방불케 하고 있다. 국민들은 노 대통령이 지금이라도 멩목을 내려놓고 온 국민과 지역, 계층을 포용하는 새로운 비전과 정책을 내놓기를 바라고 있다.

〈조선일보〉 (2005. 7. 20)

16. 명품과 생태계, 부(富)의 트라이앵글

얼마 전, 어느 회사의 부장급 연수를 갔을 때의 일이다. 필자에게 주어진 임무는 경제 전망이었다. 중간에 잠시 부동산으로 이야기가 돌아갔다. 강의안(講義案)에는 없는 주제였지만 모두들 솔깃해하는 표정이었다. 하지만 바로 다른 쪽으로 방향을 돌리자 실망하는 눈치가 역력했다.

강의가 끝나자 부동산에 대한 질문이 쏟아졌다. 성장률과 주가, 환율도 좋지만 가장 듣고 싶은 주제가 부동산이었다. 경제 강의에서 부동산이 빠지면 마치 탕수육 등 비싼 중국요리를 먹고 나서 자장면을 안 주는 경우처럼 뭔가 허전한 격이었다. 40대 중후반의 월급쟁이들이었으니 무엇보다 큰 현안이 부동산이었기 때문이리라. 게다가 경제학자 치고 재테크에 성공한 사람이 별로 없다지만 당신의 견해나 좀 들어보자는 심산이었을 것이다. 이후 필자는 가능한 대로 '부동산 시장'이라는 주제를 강의안 한 곳에 밀어 넣어 다니고 있다. 믿거나 말거나,

맞거나 틀리거나 하는 그런 심정으로 말이다.

그렇다면 필자가 보는 2010년 부동산 시장 전망은 어떤가? 십중팔구 이런 식의 대답을 듣고 싶을 것이다. 첫 번째는 과연 내년에 아파트 값이 오를 것인가? 두 번째는 어디가 많이 오를 것인가? 앞으로의 장기 전망은 어떤가? 결국 어느 지역에다 아파트를 사야 남들보다 많이 오르고, 남들이 내릴 때 적게 내릴 것인가?

결론을 말하기 전에 먼저 필자의 전매특허라고 할 수 있는 '명품과 생태계' 이론을 들여다보자. 먼저 명품은 더 이상의 설명이 필요 없지만 그 중에서도 잘 나가는 브랜드 인지도가 높은 아파트를 뜻한다. 한 가지 짚고 넘어갈 것은 아무리 명품이라도 거지가 입거나 메고 다니면 제 가치를 발할 수 없다는 점이다. 명품 옆에 명품이 있어야 빛을 더 발하기 때문이다. 앞으로 명품 아파트들이 즐비한 곳은 일종의 '멤버십 카운티(Membership County)'가 되면서 다른 지역과의 격차를 더 벌려갈 것이다.

부동산 시장에서 생태계는 해당 지역의 갖가지 인프라를 의미한다. 지하철과 도로, 공원과 같은 공공 인프라는 물론 교육과 문화, 병원, 쇼핑센터, 레저시설과 같은 지역적 인프라도 짚어봐야 한다는 뜻이다. 아울러 함께 사는 사람들의 '동질성(homogeneity)'도 매우 중요하다. 교류가 거의 없는 아파트 시대라지만 예를 들어, 아이들 교육을 위해 서로 의논하고 도울 비슷한 또래의 학부모들이 필요하기 때문이다.

이 같은 명품과 생태계 이론에 잘 들어맞는 대표적인 지역이 서울의 강남이라는데 큰 이의가 없을 것이다. 명품 아파트들이 가장 먼저 들어섰을 뿐 아니라 생태계도 이보다 더 좋을 수는 없다. 생태계는 여건이 허락하는 대로 자기복제 및 영역을 확대하려는 습성을 가지고 있다. 강남 아줌마들이 분당의 카페 골목을 다니는 이유는 그들끼리 서로 통하면서 이질감이 없기 때문이다. 앞으로 강남의 생태계는 분당과 판교까지 확대되면서 '부(富)의 트라이앵글'을 만들어 가지 않을까? 물론 트라이앵글에 속하지 않는 신도시나 지역 중에도 생태계가 좋은 곳도 많다. 그러나 문제는 다른 생태계와의 접속성이 떨어진다는 점이다. 섬이 아무리 생태계가 좋아도 섬일 뿐인 것과 같다.

결론은 현재 생태계가 좋거나 앞으로 좋아질 것이 확실시되는 곳의 명품을 사야 한다는 것이다. 그러나 좋은 생태계의 명품 아파트라고 하더라도 1990년대 초반 이후의 일본이나 2006년 이후의 미국처럼 시장이 한꺼번에 무너져 내리면 손쓸 방법이 없다. 인구의 고령화와 구조변화, 베이비부머들의 은퇴, 보금자리 주택 등이 가져올 파장과 영향에 대해서도 신경을 써야 할 때이다. 〈Life Leader〉 (2009. 12)

| 제3부 |

경제상식 키우기

캐리트레이드를 주목하라

서브프라임 모기지가 뭐길래?

유럽연합(EU)이 동쪽으로 간 까닭은?

선거와 주가, 경제

체감경기가 나쁜 5가지 이유

저금리·고령화시대의 재테크 전략

마키아벨리와 세금

세금에 둔감한 한국인

레몬과 세수(稅收) 부족

버블 시터 VS 버블 라이더

위험한 3분

레몬과 복숭아

앵무새와 선무당

피로스와 강남 부동산

잃어버린 10년, 준비한 10년

돌지 않는 돈의 운명

돌 돈(Stone money)과 신뢰, 그리고 금융

베어마켓 랠리와 황소

미국·중국·한국 증시의 3가지 공통점

카산드라와 폴리아나

영국의 회생과 아르헨티나의 몰락

앨빈 토플러의 〈부(富)의 미래〉로 본 한국의 미래

1. 캐리트레이드를 주목하라

사공이 많으면 배가 산으로 간다지만 돈이 많으면 경제가 어디로 갈까? 요즘 전 세계적으로 돈(유동성)이 넘쳐나면서 이곳저곳에서 파열음이 터져 나오고 있다. 특히 서브프라임 모기지 부실에 따른 신용경색을 수습하기 위해 미국의 중앙은행인 연방준비제도이사회(FRB)가 금리 인하로 돌아선 이후 주요국의 주가와 환율이 급등락을 계속하고 있다. 여기다 미국 등 일부 선진국의 부동산시장이 하락 또는 안정세로 돌아서면서 넘치는 돈들이 새로운 투자처를 찾아 헤매는 과정에서 금과 원유 등 주요 원자재 가격이 급등세를 이어가고 있다. 한 마디로 돈은 많고 갈 곳은 없는 상황이 만들어낸 결과라고 할 수 있다.

1. 캐리트레이드란?

자유화·개방화가 핵심이라고 할 수 있는 글로벌화는 국가 간 상품과 서비스의 자유로운 이동에 이어 돈의 자유로운 이동을 가져왔다. 이 때문에 기승을 부리고 있는 용어가 '캐리트레이드(carry trade)' 이다. 캐리트레이드는 통상 '통화 캐리트레이드(currency carry trade) '를 뜻하는데 금리가 낮은 통화로 돈을 빌려 금리가 높은 통화에 투자해 금리 차익을 얻는 것을 말한다. 좀 더 넓은 의미로 해석한다면 금리가 낮은 통화로 돈을 빌려 금리가 높은 통화는 물론 채권이나 주식, 상품에 투자해서 수익을 올리는 행위라고 정의할 수 있다.

이 때 빌리는 통화가 일본 엔이면 엔 캐리트레이드가 되는 것이고, 미국 달러 또는 스위스 프랑이면 달러 캐리트레이드 또는 스위스프랑 캐리트레이드가 되는 것이다. 요즘 국내에서 일부 개인들이 금융기관으로부터 대출을 받아 중국 펀드에 가입하는 경우를 볼 수 있는데 일종의 원 캐리트레이드라고 할 수 있다. 그럼 왜 엔, 달러, 스위스프랑이 캐리트레이드의 대상이 되는 것인가? 이미 언급한 대로 이들 통화의 금리가 상대적으로 낮기 때문이다. 주요국 중앙은행의 정책금리를 기준으로 보면 일본의 엔이 연 0.5%로 가장 낮고, 스위스프랑이 2.75%로 그 다음이다. 미국의 경우 정책금리가 4.5%로 유로의 4.0%보다 높은데도 달러 캐리트레이드가 도마에 오르고 있는 것은 미국은 금리를 인하할 가능성이 높은 반면 유로를 비롯한 다른 나라의 경우 금리를 인상하거나 동결할 가능성이 높다는 기대감이 작용하고 있기 때문이다.

사실 달러 캐리트레이드는 어제오늘 일이 아니다. 미국은 2003년을 전후해 수년 동안 정책금리를 1~2%대로 유지했다. 50여년 만에 가장 낮은 수준이었다. 당시 미국계 은행들은 금리가 낮은 달러를 대거 가지고 나와 전 세계를 상대로 쉽게 차익을 올릴 수 있었다. 미국의 제1 수출상품이 달러라는 말이 나올 정도였다.

2. 캐리트레이드의 방향은 금리수준에 달려 있다

하지만 FRB가 2004년 6월 이후 2006년 6월까지 정책금리를 17차례에 걸쳐 공격적으로 인상하면서 달러 캐리트레이드가 급속히 줄어들기 시작했다. 2006년 6월 말에는 미국의 정책금리(5.25%)가 호주(5.75%)를 제외하고는 주요 선진국 중 가장 높은 수준으로 올라섰다. 대신 부각하기 시작한 것이 엔 캐리트레이드와 스위스프랑 캐리트레이드였다. 일본의 금리가 0%를 유지하고 있는 가운데 미국의 금리가 5%대로 올라가면서 금리가 싼 엔을 빌려 금리가 높은 미국이나 유럽 또는 호주 등으로 투자에 나서기 시작했다. 현재 엔 캐리트레이드 자금은 2000억~1조 달러 정도이며, 스위스프랑 캐리트레이드는 1000억 달러 안팎인 것으로 추정되고 있다.

최근까지 캐리트레이드의 흐름은 금리를 올리는 속도가 느린 나라의 통화를 빌려 금리를 올리는 속도가 빠른 나라의 통화에 투자하는 패턴이었다. 미국과 유럽·영국 등에 이어 일본도 금리 인상 대열에 참여하기 시작했지만 금리 수준과 인상 속도에서 상당히 차이가 났을 뿐 아니라 예상 가능한 수순을 밟고 있었기 때문이었다.

그런데 서브프라임 모기지 부실이라는 변수가 불거지면서 미국이 이 같은 흐름에서 갑작스럽게 이탈하기 시작했다. FRB는 2007년 9월에 이어 10월 말에도 정책금리를 인하했다. 이 바람에 미국의 정책금리는 4.5%로 떨어지면서 일본(0.5%)과의 금리 격차가 줄어든 것은 물론 호주

(6.5%)와 영국(5.75%) 등과는 금리 격차가 더 벌어지게 되었다. 게다가 씨티그룹, 메릴린치, 모건스탠리 등과 같은 대형 은행의 서브프라임 모기지 관련 손실이 예상보다 더 큰 것으로 나타나면서 추가 금리 인하의 가능성도 제기되고 있다. 만약 미국이 추가로 금리를 내린다면 달러 캐리트레이드는 더 늘어나게 될 것이다.

결국 전 세계적으로 보다 높은 수익을 찾아 떠돌아다니는 돈이 달러·엔·스위스프랑 등을 다 합쳐서 최소 수천억 달러에서 최고 1조 달러를 훌쩍 넘어선다는 계산이 나온다. 이들 떠도는 돈은 위험에 매우 민감해서 여차하면 안전자산 또는 안전한 곳을 찾아갈 것이다. 예를 들어, 서브프라임 모기지 사태가 확산되는 조짐이 보이거나 어느 나라가 금리를 인하 또는 인상하는 경우의 수에 따라 발 빠르게 움직일 것이다.

3. 수시로 바뀌는 캐리트레이드의 방향

그렇다면 향후 주요 선진국들의 금리 행보는 어떻게 봐야 할 것인가? 현재로서는 대부분의 선진국들은 인플레이션 우려로 금리를 인상해야 하는 입장이다. 유럽중앙은행(ECB)의 경우 서브프라임 모기지 사태의 후폭풍으로 지금까지 2580억 유로(330조원)의 유동성을 시중에 공급한 가운데 소비자물가 상승률은 2개월 연속 목표 상한치인 전년동월대비 2.0%를 넘고 있다. 하지만 유로화가 달러 대비 사상최고치를 경신하는 등 초강세를 유지하고 있어 금리 인상에 선뜻 나서지 못하고 있다.

이 같은 상황에서 만약 미국이 추가 금리 인하에 나서면서 유로화가

한 단계 더 강세를 보일 경우 ECB가 반대로 금리 인하라는 칼을 빼들 가능성도 배제할 수 없다. 이 경우 여건이 엇비슷한 영국은 물론 자국 통화의 강세를 견디지 못하는 캐나다와 호주, 우리나라 등도 금리 인하 대열에 들어서게 될 것이다. 이렇게 되면 세계 경제는 경쟁적으로 금리를 인하하는 이른바 금리 전쟁 또는 환율 전쟁을 맞이할 수도 있다.

이 와중에 수천억 달러가 넘는 캐리트레이드 자금들이 생겼다가 청산되는 과정에서 얽히고설키면서 가져올 영향력은 엄청날 수밖에 없다. 특히 주요 선진국뿐 아니라 신흥시장국들의 주가와 환율은 물론 상품 가격도 급등락하게 될 것이다. 실제로 지난 2007년 11월 초순 씨티그룹과 모건스탠리의 서브프라임 모기지 관련 채권 손실이 예상보다 큰 것으로 발표되면서 미국 주가가 급락하자 엔 캐리트레이드가 일부 청산되기 시작했다. 이 바람에 엔화 환율은 며칠 사이에 달러당 114~115엔대에서 109~110엔대로 급락했다. 2007년 2월 중국 증시의 급락과 8월 서브프라임 모기지 사태가 부각됐을 때도 비슷한 양상을 보였다.

마지막으로 언급할 점은 경쟁적으로 금리를 인하하는 가운데 달러의 글로벌 약세가 지속될 경우 글로벌 인플레이션의 가능성이 높아진다는 것이다. 전 세계적으로 넘쳐나는 과잉 유동성에다 달러 약세까지 겹칠 경우 원유와 곡물 등 주요 원자재 가격이 급등세를 이어갈 것이기 때문이다. 이 경우 세계 경제는 물가는 오르고 경기는 침체하는 이른바 스태그플레이션(stagflation)을 맞이하게 될 수도 있다.

〈KRX〉 (2007. 12)

2. 서브프라임 모기지가 뭐길래?

미국의 베어스턴스·골드만삭스와 씨티그룹, 독일의 도이체방크와 산업은행(IKB), 프랑스의 BNP파리바… 서브프라임 모기지 부실로 적게는 수억 달러, 많게는 수십억 달러의 손해를 봤다고 발표한 주요 금융기관들의 명단이다. 대부분 국제 금융시장에서 내로라하는 금융기관들이다. 이외에도 일본, 호주, 캐나다, 네덜란드, 대만 등 전 세계 주요국의 금융기관들이 서브프라임 모기지 부실로 손해를 본 것으로 드러나고 있다. 이곳저곳에서 동시다발로 터져 나오는 것이 마치 두더쥐잡기 게임을 보는 느낌이 들 정도다.

1. 서브프라임 모기지란?

2007년 초 미국에서 서브프라임 모기지 부실이 표면화됐을 때만 해도 전 세계로 확산되리라고는 생각지 않았다. 하지만 전 세계 주요 금융기관들이 서브프라임 모기지 관련 채권에 투자한 것으로 나타났을 뿐 아니라 그로 인한 파급효과 또한 전 세계적으로 확산되고 있다. 이 바람에 주가가 급락하는 것은 물론 환율과 금리도 출렁이는 등 국제 금융시장이 한바탕 소동을 겪고 있다.

서브프라임 모기지(Sub-prime mortgage)는 영어 'sub' 가 'under' 를 뜻하는 그대로 신용도와 소득수준이 낮은 고객을 대상으로 하는 장기 주택담보대출을 의미한다. 신용도가 가장 높은 프라임 모기지(Prime mortgage)와 그 아래 등급인 알트A(Alt-A: Alternative-A)도 받지 못하는 고객들에게 돈을 빌려주면서 금리도 프라임 모기지에 비해 2~4%포인트 높게 받는다. 대출을 받은 처음 2년 동안은 고정금리이지만 나머지 28년 동안은 매 6개월마다 금리가 바뀌는 변동금리로 이자를 내야 하는 경우가 대부분이다. 게다가 모기지 대출시장의 경쟁격화로 무서류 대출은 물론 초기자금부담(down payment)이 없으면서 주택가격의 100%는 물론 대출관련 수수료까지 빌려주는 상품까지 나오는 등 방만한 대출이 상당기간 계속된 것으로 알려지고 있다. 따라서 금리가 오를 경우 이자부담이 직접적으로 높아지게 될 뿐 아니라 경기부진까지 겹쳐 소득 증가율이 낮아지면 원리금 상환부담으로 집을 팔아야 하는 지경에 이르기가 십상이다.

2. 급등하는 모기지 금리에 멍드는 주택보유자들

서브프라임 모기지로 돈을 빌린 사람의 입장에서는 최근 미국이 바로 이 같은 최악의 상황이 겹치고 있다. 중앙은행인 연방준비제도이사회(FRB)가 2006년 6월까지 2년에 걸쳐 정책금리를 4.25%포인트 인상하면서 모기지 금리도 최고 1%포인트 이상 올랐다. 이런 가운데 미국의 성장률이 2006년 3.3%에서 2007년 2.0%로 떨어지고 있을 뿐 아니라 2006년 중반부터 대부분의 지역에서 집값이 하락세로 돌아섰다. 원리금 상환 등 금융 부담이 늘어나더라도 집값이 오르고 있다면 팔기도 쉽고 팔아서 갚을 수도 있다. 하지만 반대로 집값이 떨어지고 있다면 집이 팔리지도 않으면서 연체가 늘어날 수밖에 없다. 서브프라임 모기지 대출의 연체율은 2005년 중반(10%대)을 저점으로 높아지기 시작해 2006년 4분기에는 13.3%로 올라선데 이어 최근 들어서는 15%대 이상으로 급격하게 높아진 것으로 추정되고 있다. 주택 압류율도 2006년 4분기에 4.5%로 2년여 만에 최고수준으로 올라섰다.

이렇게 되면 돈을 빌려준 모기지 대출회사들이 어려워지게 된다. 미국 내 서브프라임 모기지를 취급하는 총 8000여개 대출회사 중 업계 2위인 뉴센츄리 파이낸셜을 비롯한 80여개 회사가 이미 파산했다. 8월 중순에는 업계 1위인 컨트리와이드 파이낸셜의 투자의견이 '매수'에서 '매도'로 강등당하면서 파산 가능성이 언급되기도 했다. 뿐만 아니라 8월 초에는 Alt-A를 취급하는 아메리칸홈모기지 인베스트먼트가 파산보호신청을 하는 등 서브프라임 모기지 부실 문제가 신용등급이 높은 모기지로 확산되는 조짐을 보이고 있다.

3. 금융회사들도 흔들릴 수밖에

상황이 이쯤 되면 서브프라임 모기지를 기초자산으로 발행되는 모기지담보부증권(MBS·Mortgage Backed Securities) 또는 부채담보부증권(CDO·Collateralized Debt Obligation)과 같은 채권이 수면 위로 떠오를 수밖에 없다. 미국은 1970년대 이후 모기지와 같은 대출채권(자산)을 증권화 또는 유동화(流動化·securitization)하는 시스템이 잘 발달돼 왔다. 개인들에게 주택을 담보로 돈을 빌려준 모기지 회사들은 패니매(Fannie Mae)나 프레디매(Freddie Mae)와 같은 정부유관기관 또는 대형투자은행에 모기지 대출채권을 팔아 추가적인 자금융통을 해왔다. 패니매 또는 대형투자은행들은 사들인 대출채권을 기초자산으로 MBS와 같은 다양한 파생금융상품을 발행해 이를 전 세계 금융기관들을 상대로 내다팔았다.

서브프라임 모기지를 기초자산으로 하는 MBS는 상대적으로 위험이 높은 반면 수익도 높다. 이에 따라 고위험·고수익을 노리는 헤지펀드들이 서브프라임 모기지를 기초자산으로 하는 MBS에 주로 투자해 왔다. 그런데 기초자산인 서브프라임 모기지에서 부실이 발생하면서 MBS의 가격이 크게 떨어지는 것은 물론 매매도 거의 실종되면서 손실을 입게 된 것이다.

4. 펀드런(fund-run) 사태가 오고 있다

헤지펀드가 손해를 입었거나 입을 것으로 알려지면 해당 펀드에 투자한 고객들은 자신들의 돈을 하루라도 빨리 인출(환매)하고자 할 것이다. 이 때 만약 MBS에 대한 투자비중이 높은 펀드의 경우 MBS를 처분하기도 불가능해지면서 결국에는 현금 부족으로 인출요구에 응하지 못하는 유동성위기를 겪게 될 것이다. 은행의 부실징후가 보일 경우 예금을 서로 인출하려는 '뱅크런(bank-run)'이 일어나듯이 부실펀드로부터 서로 예탁금을 인출하려는 '펀드런(fund-run)'이 일어나기 때문이다. 프랑스의 최대은행 BNP파리바가 산하 3개 펀드의 환매를 중지한 것도 바로 이 같은 이유 때문이었을 것이다.

펀드런이 일어나는 것을 은행이나 증권사들이 강 건너 불구경을 하듯 할 수 있을까? 가장 큰 문제는 대다수 은행과 증권사들이 베어스턴스·골드만삭스와 BNP파리바처럼 헤지펀드를 직접 운용하고 있거나 제3의 펀드에 투자를 하고 있다는 점에서 발생하고 있다고 볼 수 있다. 게다가 서브프라임 모기지를 기초자산으로 발행된 MBS 등의 파생금융상품의 구조가 복잡하기 때문에 도대체 얼마의 손실을 입을 것인지를 계산하기도 쉽지가 않다.

이 경우 불안을 느낀 은행과 증권사들은 만약의 경우에 대비해 현금 확보에 나서게 될 것이다. 이는 곧 금융기관간 단기자금시장에서 서로 돈을 빌리려고 나서는 것을 의미하고, 이에 따라 단기금리가 급등하게 될 것이다. BNP파리바가 환매중지를 선언한 2007년 8월 9일 유럽중앙은행(ECB)이 하루 동안 1300억 달러가 넘는 유동성(=돈)을 긴급수혈한 것도 바로 이 때문이다. 만약 중앙은행이 유동성을 공급하지 않을 경우 단기금리가 치솟으면서 금융시장이 일대 혼란을 겪게 되는 것은 물론 그 후유증으로 시중에 돈이 돌지 않는 신용경색현상이 확산되게 될 것이다. 예를 들어, 펀드런이 일어나기 시작할 경우 금융시장의 특성 중의 하나인 전염효과가 급속히 퍼지면서 우량펀드도 영향을 받게 되고, 그에 따라 채권과 주식시장이 마비되면서 금융기관은 물론 기업들도 현금확보전쟁에 나서게 될 것이다. 자칫 펀드런이 뱅크런으로 이어질 가능성도 있는 것이다. 이 같은 연쇄반응을 사전에 막기 위해 중앙은행의 기본적 기능 중의 하나인 '최종 대부자(lender of last resort)'의 역할을 수행하고 있는 것이다.

5. 소방수로 나선 FRB

이번의 경우 다급해진 유럽의 금융기관들이 미국으로 발길을 돌리자 이에 놀란 미국의 연방준비제도이사회(FRB)도 같은 날 240억 달러의 유동성을 공급했다. 이후에도 긴급수혈은 계속돼 8월 13일 현재까지 미국과 유럽, 일본 등 주요국 중앙은행들이 총 4000억 달러에 가까운 엄청난 규모의 돈을 금융기관들에게 공급했다. 8월 9일부터 15일까지 5일간의 영업일 동안 ECB가 2700억 달러, FRB가 710억 달러에 달했다.

여기서 주제를 좀 넘어서는 이야기지만 짚고 넘어갈 점은 왜 사태의 진원지인 미국보다 유럽이 더 많은 유동성을 공급했을까하는 것이다. BNP파리바의 환매중지 선언으로 단기금리가 유럽에서 먼저 급등하기도 했지만 미국의 돈이 많이 풀릴 경우 안 그래도 약세를 보이고 있는 달러가 더 약세를 보일 것이라는 우려에 따라 유럽에서 돈을 많이 푼 것으로 알려지고 있다. 중앙은행들이 유동성 공급을 사전에 공조했다고 보도되고 있는 것도 이 같은 소식이 흘러나왔기 때문일 것이다.

도대체 서브프라임 모기지가 어느 정도의 규모이길래 전 세계 금융시장이 이처럼 충격을 받고 있을까? 실제로 이번 사태의 진원지인 서브프라임 모기지의 규모는 그다지 크지 않다. 2006년 말 잔액은 1조 3000억 달러 정도로 전체 모기지 시장의 12~13% 정도일 뿐 아니라 전 세계 금융자산 150조 달러(맥킨지글로벌인스티튜트의 추정에 따르면 2005년에 140조 달러)의 1%에도 채 못 미친다. 그러나 문제는 앞서 언급한 것처럼 저금리시대에 높은 금리의 파생금융상품이 대거 쏟아져 나오자 너나 할 것 없이 투자에 나서면서 대다수 금융기관들의 이해관계가 걸려 있다는 점에 있다. 또 파생금융상품의 특성상 손실규모의 파악이 어려울 뿐 아니라 매매가 이뤄지지 않으면서 가치산정도 어렵다는 점도 문제의 불확실성을 더 키우고 있다고 볼 수 있다.

미국과 유럽, 일본 등 주요국 중앙은행들의 유동성 공급으로 일단 급한 불은 끈 셈이라고 할 수 있다. 하지만 앞으로도 계속 주요 금융기관의 손실 규모가 터져 나오는 것은 물론 문제가 Alt-A와 프라임 모기지 등 우량채권으로까지 확산될 가능성도 배제할 수 없다. 문제가 더 커질 경우 FRB가 1998년 LTCM 사태 때처럼 금리 인하에 나서는 등 보다 적극적인 사태수습에 나설 수도 있다.

6. 그래도 안전한 곳은 미국

이 때 '안전자산 선호 경향(flight to quality)' 이 부각될 경우 전 세계 자금은 미국으로 몰리게 될 것이다. 그래도 가장 안전한 피난처(safe haven)는 미국이라는 것이 최근 수십 년 동안의 경험이기 때문이다. 아울러 높은 수익을 찾아 전 세계를 상대로 투자에 나섰던 엔 캐리트레이드 자금도 일본으로 되돌아갈 가능성이 높아질 것이다. 불확실성이 높아질수록 모국(母國)만큼 안전한 곳이 없기 때문이다. 자금이 미국과 일본으로 몰리는 과정에서 주요국 주가는 물론 환율과 금리 등 주요 금융

지수들이 급등락하는 일대 홍역을 치르게 될 것이다. 홍역의 강도와 파장에 따라 전 세계 실물경제 또한 악영향을 피할 수 없을 것이다.

금융감독 당국에 따르면 우리나라 은행과 보험업계가 보유하고 있는 미국 모기지 관련 채권은 총 8억 4000만 달러에 달하는 것으로 집계되고 있다. 이 중 서브프라임 모기지 관련 채권은 2억 5000만 달러 정도로 추정되고 있다. 8억 4000만 달러 규모의 채권도 우리은행·농협·외환은행·신한은행·산업은행 등 상당수 은행으로 분산돼 있어서 각 은행별 투자 및 손실 규모도 그다지 크지 않은 것으로 파악되고 있다. 따라서 서브프라임 모기지로 인한 직접적인 영향은 제한적인 것으로 볼 수 있다. 한국은행도 필요할 경우 유동성을 충분히 공급하겠다고 밝히고 있다. 하지만 서브프라임 모기지로 인해 전 세계 증시가 동반하락할 경우 우리 증시도 동반하락할 가능성이 높다고 봐야 한다. 아울러 안전자산 선호에 따라 달러화와 엔화의 가치가 올라가면서 원화 가치가 내려가는 가운데 환율이 급등락하는 등 금융시장이 전반적인 불안을 겪게 될 것이다. 〈KRX〉 (2007, 9)

3. 유럽연합(EU)이 동쪽으로 간 까닭은?

2007년 1월 1일 동유럽의 루마니아와 불가리아가 유럽연합(EU)에 가입했다. 3년 전 폴란드와 헝가리 등 동유럽 10개국을 받아들인데 이어 이번에는 1인당 국민소득이 3000달러대인 두 나라를 받아들인 것이다. EU는 이로써 회원국이 27개국으로 늘어났다. 여기다 터키, 크로아티아, 마케도니아(구 유고연방)가 현재 가입후보국으로 협상 중이다. 또 알바니아와 보스니아와 같은 나머지 동유럽 국가는 물론 러시아와 벨로루시, 우크라이나 등 동유럽과 접해있는 구 소련연방 국가들도 잠재적 후보군으로 잡고 있다.

1. 부자가 가난한 형제를 끌어들인 이유

EU의 기존 15개 회원국들은 1인당 평균 국민소득이 3만 2700달러(2005년)로 전 세계적으로도 가장 잘 사는 나라들이다. 인구도 3억 9000

만 명에 달하는 거대 경제권이다. 반면 이번에 가입한 두 나라를 합친 나머지 12개 신규 회원국은 인구 1억 명에다 1인당 평균 국민소득이 7900달러에 불과하다. 전 세계 1인당 평균소득 7000달러를 간신히 넘는 가난한 나라들인데다 수십 년 동안 구 소련의 영향력 아래에서 공산주의 또는 사회주의가 지배했던 나라들이다.

홍부전이나 TV 드라마가 아니더라도 부자 형제가 가난한 형제를 꺼려하는 것을 주변에서 심심찮게 목격할 수 있다. 또 요즘 일부 남한 사람들이 북한을 꺼려하는 것도 소득 격차가 20배 이상 나고 있어서 남한 경제가 통일 독일처럼 어려움을 겪게 되는 것은 아닌가 하는 우려 때문일 것이다. 그런데도 불구하고 EU의 경우 잘 사는 서유럽 국가들이 못 사는 동유럽 국가들을 회원국으로 받아들여 형제대우를 하겠다는 것이다. 뿐만 아니라 회원국이 될 경우 타격을 받을 산업에 대해서는 상당한 규모의 지원금까지 보조해주고 있다.

도대체 그 이유가 무엇인가? 하나는 가까운 이웃에 공장을 두자는 것이고, 다른 하나는 국내 산업과 노동 부문의 구조조정을 강력하게 추진하는 수단으로 이들 나라들을 이용하자는 것이다. 세 번째는 이미 거대경제권을 형성하고 있는 북미자유무역지대(NAFTA)에 대항하기 위해서라도 몸집을 불리겠다는 의도이다.

2. NAFTA의 교훈과 구조조정

세 가지 이유를 하나씩 짚어보자. 먼저 가까운 이웃에 공장을 두자는 것은 NAFTA로부터 얻은 교훈이다. NAFTA는 세계 최초의 선진국과 개발도상국 사이의 자유무역협정(FTA)이었다. '미국의 기술과 자본, 캐나다의 자원, 멕시코의 노동력'을 조합해 세계 최강·최대의 자유무역지대를 형성했다. 이후 미국과 캐나다, 멕시코의 경제적 성과에 대해 논란이 없는 것은 아니다. 하지만 NAFTA가 발효되기 시작한 1994년 1월을 기준으로 이전 10년과 이후 10년의 평균 성장률을 비교해보면 세 나라 모두 성장률이 높아지고 있다. 미국은 3.2%에서 3.4%, 캐나다는 2.6%에서 3.4%, 멕시코는 2.4%에서 2.8%로 높아졌다. 특히 멕시코의 미국 수입시장 점유율은 1990년대 초반 5%대에서 최근에는 15%대로 3배 정도 상승했다. 반면 선진국들의 평균 성장률은 비교기간 중 3.2%에서 2.8%로 떨어지고 있다.

두 번째로 서유럽 국가들이 구조조정의 추진수단으로 동유럽을 이용하겠다는 전략은 이미 여러 곳에서 나타나고 있다. 2004년 독일의 지멘스는 노사협상에서 추가적 임금 인상 없이 주 35시간 근무를 40시간으로 늘렸다. 노조가 적극 반대했지만 지멘스 경영진은 요구가 받아들여지지 않을 경우 헝가리로 공장을 옮기겠다고 위협했기 때문이었다. "아니면 나 (동유럽으로) 간다"라는 한 마디가 먹혀들 정도로 위기감을 느끼고 있는 서유럽의 노조들이다. 이후 폴크스바겐, 보슈, 도이체텔레콤 등 많은 기업들이 고용을 보장하는 대신 임금 인상 없이 근로시간을 연장하고 있다. 앞으로 동유럽으로 공장이나 회사를 통째로 옮기는 기업들이 더 늘어나면서 서유럽 경제는 대대적인 구조조정이 예상되고 있다. 그간 발목을 잡아왔던 노조와 고임금, 고복지 문제를 한 번에 해결할 수 있는 대체재로서의 동유럽이 있기 때문에 가능한 일이다.

3. 몸집은 크고 봐야

세 번째 이유인 몸집 불리기 또한 무시할 수 없다. 미국은 혼자서도 전 세계 경제의 4분의 1을 넘는 초강대국인데다 캐나다·멕시코와 함께 형성하고 있는 NAFTA는 전 세계 경제의 3분의 1을 웃돈다. 특히 구소련의 붕괴, 일본 경제의 장기침체, 유럽 경제의 부진 등이 겹치는 가운데 미국의 독주가 정치·외교·군사는 물론 경제·금융 등 모든 분야에서 계속되고 있다. 뿐만 아니라 IT와 같은 첨단기술 분야에서 미국의 스탠더드(American standard)는 곧 '글로벌 스탠더드(global standard)'를 의미할 정도이다. 따라서 글로벌화가 급속히 진전되고 있는 가운데 첨단기술은 물론 회계기준 등에서 목소리를 높이기 위해서라도 경제 규모와 회원국 수를 늘려야 한다는 것이다. 2006년 현재 EU는 인구 4억 9000만 명·GDP 13조 4000억 달러로 NAFTA의 인구 4억 3000만 명·GDP 14조 3000억 달러와 거의 대등한 규모로 올라섰다.

4. 아시아와 한국은 FTA 후진국

EU와 NAFTA가 이처럼 서로 세계 경제의 주도권을 잡으려는 와중에 각개약진을 하는 지역이 우리나라를 포함한 아시아 지역이다. 동남아국가연합(ASEAN)이 아시아의 대표적인 FTA이지만 한·중·일 3국이 빠져 있을 뿐 아니라 싱가포르를 제외하면 인도네시아·말레이시아·태국과 같은 개도국들이다. 이 바람에 총인구는 5억 4000만 명이나 되지만 GDP는 1조 달러에도 못 미친다. 물론 ASEAN은 최근 중국과 FTA를 체결한데 이어 우리나라와도 상품 분야에서 FTA를 체결하면서 영향력을 넓혀가고 있기는 하다. 하지만 역내 무역비중이나 산업간 의존도 면에서 EU와 NAFTA를 따라가려면 아직도 상당기간이 필요한 상황이다.

우리나라의 경우 현재 2004년 4월에 발효된 한·칠레 FTA를 시작으로 한·싱가포르 FTA, 한·유럽자유무역연합(EFTA·아이슬란드, 리히텐슈타인, 노르웨이, 스위스) FTA가 발효됐고, 앞서 언급한 대로 아세안과의 FTA가 상품 부문에서만 타결됐다. 하지만 FTA 대상국과의 무역이 우리나라 전체 무역에서 차지하는 비중은 채 5%에도 못 미치는 상황이다. EU의 역내 무역비중 67%는 물론 NAFTA의 44%에 비해서도 크게 낮은 수준이다.

이런 가운데 한·미 FTA 협상이 2006년 2월 초에 전격적으로 시작돼 2007년 상반기 타결을 목표로 하고 있다. 한·미 FTA는 기존의 다른 FTA와는 크게 다르다. 미국은 중국·일본과 함께 우리나라의 3대 무역 대상국이자 세계 최대의 단일시장이고 세계 최고의 기술 및 생산성 수준을 가지고 있기 때문이다. 따라서 그 파급효과도 엄청나게 클 수밖에 없다. 특히 농축산업이나 일부 서비스업의 경우 우리의 안마당을 내놓아야 하는 어려움도 예상해야 한다. 하지만 글로벌화 시대에 살아남기 위해서는 '개방과 경쟁'이라는 두 축이 필요하다는 점에서 반드시 넘어야 할 고개라는 데에 대다수 전문가들이 동의하고 있다. 한·미 FTA가 졸속으로 처리돼서도 안 되겠지만 그렇다고 해서 차일피일 미룰 일만도 아닌 이유다. 아울러 무역과 투자는 물론 국내 산업의 구조조정 및 자원확보 차원에서도 베트남과 중앙아시아, 아프리카 등과의 FTA도 보다 전향적으로 추진해 나가야 할 것이다. 〈월간조선〉 (2007. 2)

4. 선거와 주가, 경제

미국에서는 대통령 임기 3년차의 주가가 가장 좋다는 말이 있다. 2차 세계대전 이후 다우지수의 연간 상승률(연말 기준)에서 3년차가 다른 해에 비해 2배 이상 높기 때문이라고 한다. 최근에는 어땠을까 하고 살펴봤더니 2002년까지 내리 3년 떨어지던 다우지수가 3년차인 2003년에는 무려 25.3%나 급등했다. 1995년과 1999년에도 각각 25.2%, 33.5% 올라 상황은 비슷한 것으로 나타났다.

부시 대통령의 임기 3년차인 2007년 역시 이 같은 주장이 맞아떨어질지는 연말에 가봐야 알겠지만 적어도 지금까지는 맞아떨어지고 있다. 최근 들어 서브프라임 모기지(비우량 주택장기대출) 부실문제가 수면 위로 떠오르면서 급등락을 하고 있지만 다우지수는 2006년에 16.2% 오른데 이어 2007년 들어서도 6~7%대의 상승률을 보이고 있다. 특히 지난 2007년 7월 중순에는 역사상 최고치인 1만 4000포인트를 넘어서는 등 강세를 이어가고 있다.

1. 대통령의 임기와 경기 동향

이 같은 현상에 대해 대통령 선거를 앞두고 정부가 미리부터 경기부양에 적극적으로 나서기 때문이라고 주장하기도 한다. 경기부양으로 주가는 물론 성장률이 올라가면서 고용이 늘어나고 실업률이 줄어드는 상황을 만들어 집권당이 선거에 유리하게 만든다는 것이다. 집권당이 정치적 이익을 위해 인위적인 경제정책을 구사하고 그에 따라 경기가 변동한다는 일종의 '정치적 경기순환 가설(political business cycle hypothesis)' 이라고 할 수 있다. 실제로 선거와 주가 사이의 관계가 통계적으로 의미가 있다는 연구결과를 내놓은 보고서도 있다. 반대로 미국처럼 큰 나라에서 정부의 경제정책이 경제는 물론 증시에 미치는 영향이 크지 않다거나 우연히 나타난 현상일 뿐 선거와 주가가 통계적으로 의미있는 관계를 보여주지 못한다는 연구 결과도 있다. 하지만 일단 겉으로 나타난 결과만 보면 그럴 듯한 해석이 가능한 부분이 있다고 할 수 있다.

2. 뚜렷한 관계를 찾아낼 수 없는 한국

그럼 우리나라는 대통령의 임기와 주가(또는 경제)가 어떤 관계에 있을까? 직선제가 실시된 1987년 이후 최근까지 4명의 대통령, 20년이 분석 대상이 될 수 있다. 먼저 주가만 놓고 보면 '뚜렷한 관계를 찾아낼 수 없다' 가 결론이다. 굳이 한 가지 공통점을 찾는다면 취임 첫 해에 주가가 크게 올랐다는 점이다. 선거라는 불확실성이 해소되면서 새로 취임하는 대통령에 대한 기대감이 반영된 일종의 취임 축하 주가라고 할 수 있다.

그러나 임기 4년차 또는 5년차에서는 뚜렷한 차이점이나 공통점을 발견할 수 없다. 중간에 1997년의 외환위기라는 외부적인 교란효과가 있기도 했지만 임기 4년차 또는 5년차의 주가에서 뚜렷한 상승세를 찾을 수가 없다는 뜻이다. 노태우 정부 시절에는 임기 4년차인 1991년에 코스피지수는 오히려 −12.2%의 하락을 기록했고, 김영삼 정부 시절에도 임기 4년차인 1996년에 −26.2%를 기록했다. 임기 5년차를 보면 1992년에는 11.1%로 호조를 보였지만 1997년에는 외환위기로 인해 무려 −42.2%의 급락세를 보였다. 김대중 정부 시절에는 임기 4년차인 2001년에 37.5%의 높은 증가율을 기록했지만 5년차에는 −9.5%의 하락세로 돌아선 상황에서 대선을 치렀다.

노무현 정부 들어서는 주가가 이전과 매우 다른 모습을 보이고 있다. 노태우·김영삼·김대중 정부의 경우 임기 5년 동안 주가가 오른 해가 2~3년, 주가가 내린 해가 3~2년으로 임기 중 등락이 엇갈렸다. 하지만 노무현 정부 들어서는 주가가 한 해도 빠지지 않고 올라 연평균 상승률에서 4개 정부 중 최고수준을 기록할 게 확실시되고 있다.

뿐만 아니라 취임 전년과 퇴임하는 해의 주가 수준 비교에서는 타의 추종을 불허하고 있다. 노태우 정부는 주가가 3분의 2 토막이 났고, 김영삼 정부는 주가가 반 토막에도 채 못 미쳤다. 그나마 김대중 대통령이 주가가 상승한 상황(+11.6%)에서 물러났다. 반면 2002년 말 627.55에서 시작한 코스피지수가 현재 1800~1900대에서 움직이고 있다. 지난 2007년 7월 하순에는 역사상 최고치인 2000을 넘어서기도 했다. 연말까지 1800대를 유지하기만 해도 노무현 대통령은 주가가 무려 3배나 높은 수준에서 임기를 마치게 된다. 주가가 우리나라뿐 아니라 전 세계적으로 상승세를 타기도 했지만 대단히 좋은 성적이라고 할 수 있다.

그래서 그런지 노무현 대통령은 공식석상에서 "그간 경제가 나쁘다고 했지만 주가를 보면 그런 말이 나오겠느냐?" 는 말을 여러 차례 언급했다. 전혀 틀린 말은 아니다. 주가가 한 나라 경제의 대표적인 성적표 중의 하나라는 점에서 우리 경제가 완전히 망가지고 희망이 없다면 주가가 오를 리가 없기 때문이다. 외환위기 직후 주가가 폭락했을 때를 생각해보면 이해가 갈 것이다.

3. 주가가 크게 오른 노무현 정부

하지만 주가가 오른 것만 가지고 노무현 대통령의 말대로 '멀쩡한 경제' 라고 할 수 있을까. 물론 노무현 정부 들어 북핵문제의 해결 조짐과 한미 FTA 타결, 또 그로 인한 국가신용등급의 상향조정과 같은 주가가 오를 만한 호재가 없는 것은 아니다. 하지만 부동산시장의 침체로 갈 곳을 잃은 넘치는 돈들이 대거 몰려들면서 주가를 끌어올리고 있다고 보면 오히려 주식시장의 과열을 우려해야 할 것이다. 주식형 펀드 설정액이 70조원을 넘어선 가운데 하루 평균 신규 유입액이 2000억원을 넘고 있다. 뿐만 아니라 올 들어 주식 신용융자와 주식담보대출이 각각 7조원, 1조원 이상씩 증가한 가운데 마이너스통장 대출 등 돈을 빌려서 주식에 투자하는 경우도 늘어나고 있다. 이에 따라 주가가 하락세로 돌아설 경우 그 후유증도 만만치 않을 것이다.

게다가 최근의 주가 상승이 과잉 유동성에 의한 전 세계적인 현상이라는 점에서 글로벌 유동성에 충격이 올 경우 우리 주식시장도 악영향을 피하지 못할 것이다. 미국의 서브프라임 모기지(비우량고객에 대한 장기 주택담보대출) 부실 문제의 확대로 인한 글로벌 유동성의 축소 우려를 예로 들 수 있다. 서브프라임 모기지 부실로 파산위기에 몰리고 있는 모기지 회사들이 늘어나고 있는 가운데 그에 따른 손실이 미국뿐 아니라 호주와 독일, 대만 등 전 세계로 확산되고 있다. 최근에는 서브프라임 모기지 부실로 인해 은행들이 대출 또는 채권 구입을 꺼려하면서 촉발된 신용경색(信用梗塞·credit crunch) 현상으로 기업간 인수·합병(M&A)이 무산되는 경우도 발생하고 있다. 이에 따라 미국을 시작으로 우리나라를 포함한 전 세계 증시가 출렁이고 있는 점은 서브프라임 모기지로 인한 불확실성이 당분간 계속될 것임을 이야기해주고 있다고 할 수 있다. 그만큼 앞으로는 국내외 악재의 돌출에 대비해야 할 때라고 할 수 있다.

4. 성장에서는 호기를 놓친 노무현 정부

이번에는 다른 경제지표들의 성적을 짚어보자. 성장률과 실업률 등 주요 지표에서도 대통령의 임기 또는 선거와 관련해 뚜렷한 공통점이나 차이점을 발견할 수는 없었다. 따라서 주요지표의 흐름을 각 정부별로 비교해보면 다음과 같다. 먼저 국내총생산(GDP) 성장률은 노태우 정부 시절이 연평균 8.4%로 가장 높았고, 이후 계속 떨어지면서 노무현 정부(2003~07년, 이하 2007년은 한국은행 전망치)는 연평균 4.3%로 내려앉았다. 김대중 정부 시절(4.4%)과 비슷하지만 노태우 정부의 절반에 불과하다. 특히 노무현 정부의 경우 같은 기간 중(2003~07년) 전 세계 성장률이 연평균 5.0%로 1970년대 초반(1970~73년)의 5.5% 이후 가장 높은 수준을 유지했다는 점에서 보면 유례없는 세계적 호황의 호기를 놓쳤다고 할 수 있다. 수출이 연평균 20%에 가까운 증가율을 보였음에도 불구하고 성장률이 4%대에 그쳤다는 것은 소비와 투자와 같은 내수는 매우 부진했다는 점을 반증하는 것이기도 하다. 역사에는 가정이 없다지만 만약 소비와 투자가 조금만 받쳐줬더라도 성장률이 6~7%대는 충분히 가능했을 것이다.

체감경기를 말해주는 국민총소득(GNI) 증가율은 더 나쁘다. 노태우 정부 기간 중 연평균 9.0%에 달했던 GNI 증가율이 김영삼 정부(6.7%), 김대중 정부(3.3%)에 이어 노무현 정부 들어서는 연평균 2.2%로 급락했다. 만들기는 많이 만들어서(GDP) 내다팔았지만(수출) 국민들의 호주머니에 들어오는 돈(GNI)은 거의 늘어나지 않았다고 할 수 있다. 국내총생산(GDP·Gross Domestic Product)은 말 그대로 기업들이 국내에서 얼마나 만들었는가를 재는 생산지표인 반면, 국민총소득(GNI·Gross National Income)은 우리 국민들이 얼마나 소득을 올렸는가를 집계하는 소득지표로 체감경기를 보다 더 잘 나타낸다고 보고 있다.

이처럼 성장률이 낮아지고 있는 가운데 투자마저 부진을 계속할 경우 기업들이 고용을 늘리기가 어려워지는 것은 당연하다. 물론 실업률로만 보면 현 정부의 실업률은 연평균 3.6%로 김대중 정부 때의 5.0%에 비해 크게 낮아졌다. 그러나 노태우·김영삼 정부 때의 각각 2.5%와 2.4%에는 못 미치고 있다. 더욱이 고용창출 면에서 보면 매우 실망스럽다고 말할 수 있다. 노태우 정부는 5년 동안 늘어난 일자리가 265.5만개로 연평균 50만개를 넘었고, 김영삼 정부는 220.5만개가 늘어나 연평균 44.1만개의 일자리를 만들어냈다. 김대중 정부는 외환위기 직후인 1998년에 127.6만개의 일자리가 줄어드는 가운데서도 5년 동안 95.5만개, 연평균 19.1만개의 일자리를 창출했다.

5. 고용없는 성장

하지만 노무현 정부 들어서는 '고용없는 성장(jobless growth)'이라는 말이 나올 정도로 일자리 창출에 어려움을 겪고 있다. 2008년까지 5년 동안 일자리 창출이 127.1만개에 그쳐 연평균 25.4만개에 그칠 것으로 예상되고 있다. 정부 목표인 한 해 30만 개 창출에도 채 못 미치고 있다. 게다가 통계상 실업률은 3%대지만 구직 단념자와 단시간 근무를 포함한 체감실업률은 4%를 넘고, 취업준비 등으로 인해 유휴인구가 많은 청년층의 실업률(통계상 7%대)은 20%에 가깝다는 추정이 나오고 있다. 또 1년에 취업기간이 6개월 미만인 단기 취업자의 비중(11.6%), 임시 및 일용근로자의 비중(47.2%), 자영업자의 비중(26.5%)이 높은 3고(高) 현상이 지속되고 있는 것은 고용이 불안한 상태에 처해 있는 인구가 많다는 것을 보여주고 있다. 산업구조의 첨단·고도화라는 세계적 흐름도 있겠지만 왜 기업들이 고용을 꺼리는지를 잘 살펴봐야 할 부분이다.

그나마 다행인 것은 물가가 안정돼 있다는 정도라고 할 수 있다. 노무현 정부 들어 소비자물가 상승률은 연평균 2.9%로 김대중 정부 시절의 3.5%보다 낮아졌을 뿐 아니라 노태우 정부(7.4%), 김영삼 정부(5.0%)에 비해서는 절반 또는 그 이하로 떨어졌다. 소득증가와 고용이 시원찮은 가운데서도 2%대의 낮은 소비자물가 상승률을 유지하고 있어서 사는데 큰 도움이 되고 있는 셈이다.

하지만 이 같은 물가안정도 노무현 정부가 경제정책을 잘 수행한 결과라기보다는 환율 하락에다 전 세계적인 물가안정 현상이 겹치고 있기 때문이다. 지난 3년간 국제유가 상승에 의한 소비자물가 상승 압력은 연평균 1.17%에 달한 반면 환율 하락(원화가치 절상)에 의한 소비자물가 하락 압력이 연평균 1.24%로 환율 하락 효과가 더 큰 것으로 나타나고 있다. 국제유가가 많이 올랐지만 그로 인한 물가상승 압력을 환율 하락이 대부분 흡수했다는 뜻이다. 게다가 소비 부진이 계속되면서 수요 측면에서의 물가상승 압력도 상대적으로 높지 않았다고 볼 수 있다. 국제통화기금(IMF)에 따르면 주요 선진국의 소비자물가 상승률은 1990년대(1989~98년) 3.5%에서 최근(1999~2008년·2007~08년은 IMF 추정치) 2.0%로 안정되고 있다. 따라서 우리나라의 소비자물가 상승률 2.9%(2003~07년)는 같은 기간 주요 선진국의 2.1%에 비해 상대적으로 높은 수준이라고 할 수 있다.

결국 주가를 제외한 다른 경제지표들은 전반적으로 부진을 면치 못하거나 평년작 정도라고 할 수 있다. 주가가 경기를 선행한다는 점에서 앞으로 경기가 호전될 것이라는 전망에 무게를 둘 수도 있다. 그러나 주가 하나만을 보고 주가가 좋으니까 우리 경제가 다 좋다는 말은 건강진단시 혈압이 정상이니 다른 모든 것들도 멀쩡한 건강체라고 주장하거나 다른 게 좀 나빠도 그냥 넘어가자는 것과 다를 게 없지 않을까? 〈월간조선〉 (2007. 9)

5. 체감경기가 나쁜 5가지 이유

최근 들어 국내외 연구기관들이 2007년 우리나라의 성장률을 기존의 4.1~4.3%에서 4.3~4.6%로 소폭 올려 잡고 있다. 소비와 투자가 회복세를 보이는 가운데 수출 또한 예상외로 호조세를 지속하고 있기 때문이다. 성장률 4%대 중반이면 2006년 5.0%에 비해서는 좀 낮지만 최근 몇 년간 4%대 성장을 벗어나지 못하는 상황에서 그다지 나쁜 성적은 아닌 셈이다. 하지만 이 같은 지표경기와는 달리 현장에서는 경기회복세를 느끼기 어렵다는 말, 다시 말해 체감경기는 4%대가 아니라 그보다 한참 아래라는 불만이 더 많이 나오고 있다.

왜 이 같은 차이가 나는 것일까? 업종과 지역 또는 심지어 개개인에 따라 느끼는 체감경기는 다를 수밖에 없다. 예를 들어, 창원이나 울산처럼 요즘 잘 나가는 조선, 자동차, 정유, 기계업과 같은 수출업종이 몰려있는 곳이라면 국내의 체감경기가 나쁘다는 푸념이 전혀 와 닿지 않을 것이다. 반면 서울의 택시업종이라면 이야기는 달라진다. 경기가 안 좋은 면도 있지만 서울의 대중교통이 획기적으로 바뀌면서 사람들이 택시를 탈 일이 줄어들었다. 지하철과 버스가 연계 운영되는데다 중앙차로 등 버스 전용차선이 늘어나 버스는 빨라진 반면 택시는 자주 길이 막히는 바람에 얼마 안 되는 거리에도 몇 천 원을 내야 하기 때문이다.

이처럼 체감경기가 좋다 또는 나쁘다를 판단하기는 매우 어려울 수밖에 없다. 뿐만 아니라 체감경기의 판단 결과 또는 그 배경에 대해서도 반론의 여지가 있을 수 있다. 하지만 최근 우리 경제의 흐름에 비춰볼 때 지표경기에 비해 체감경기가 나쁜 이유로 다음과 같은 몇 가지를 짚어볼 수 있다.

1. 생산(GDP)은 늘어도 소득(GNI)은 시원찮다

만들기는 많이 만들었는데 호주머니에 들어오는 소득이 시원찮은 경우가 요즘의 우리나라 경제라고 할 수 있다. 이유는 크게 두 가지에서 찾을 수 있다. 하나는 우리나라의 생산 및 산업구조에 있다. 원유와 구리 등과 같은 원자재를 거의 수입에 의존해야 하는 우리나라의 경우 원자재 가격이 올라가는 반면 우리가 수입 원자재로 생산해서 내다파는 상품(대부분 최종재)의 가격은 경쟁의 심화로 올라가기는커녕 내려가는 경우도 있다. 이 경우 많이 만들어서 내다 팔기는 하지만 우리 손에 남는 소득은 얼마 되지 않게 된다. 다른 하나는 우리나라에 들어와 있는 외국기업이 생산 활동을 통해 벌어들인 이윤과 배당, 외국자금이 주식이나 채권투자에서 벌어들인 자본이득이나 배당이 우리 기업과 우리 자금이 해외에서 벌어들인 이윤이나 배당, 자본이득보다 작다는 점이다.

그런데 이 현상을 수치로 설명하기 위해서는 좀 까다로운 절차를 거쳐야 한다. 한 나라 경제의 성장여부를 재는 잣대로 가장 많이 쓰이는 통계가 '국내총생산(GDP·Gross Domestic Product)' 이다. 통상 성장률이라고 하면 물가상승분을 제외한 실질GDP가 전년 또는 이전 분기에 비해 얼마나 증가했나를 퍼센트(%)로 나타낸다. GDP는 국내총생산이라는 말 그대로 기업들이 국내(domestic; 영토 기준)에서 얼마나 생산(product)했는가를 재는 생산지표이다. 소니코리아는 우리나라 GDP에 포함되는 반면 삼성차이나는 중국 GDP에 포함되는 식이다.

GDP와 함께 많이 쓰이는 또 하나의 잣대가 국민총소득(GNI·Gross National Income)이다. 이 또한 말 그대로 대한민국 국민(nationality; 국적 기준)들이 전 세계적으로 얼마나 소득을 올렸는가를 집계하는 통계이다. 생산 활동을 통해 실제로 벌어들인 소득의 실질구매력을 보여주는 소득지표이다. 실질GDP와 마찬가지로 물가상승분을 제외하면 실질GNI를 구할 수 있다.

생산지표인 실질GDP를 소득지표인 GNI로 바꾸기 위해서는 두 가지를 더하는 과정을 거쳐야 한다. 실질 순수취 국외요소소득과 교역조건의 변화에 따른 실질 무역손익(貿易損益)이다. 순수취 국외요소소득은 이윤, 배당, 자본소득 등과 요소소득의 유출입 차이를 말하는 것이고 실질 무역손익은 수출입 가격(교역조건)의 변화에 따른 실질소득의 국외 유출 또는 국외로부터의 유입을 나타내는 것이다. 결국 이윤이나 배당과 같은 요소소득이 많이 빠져나가고 수출가격보다 수입가격이 더 빠르게 오를 경우 우리 국민들의 호주머니에 남는 돈이 적게 된다는 뜻이다.

최근 몇 년간 우리나라의 실질GDP 성장률과 실질GNI 증가율을 비교해보면 왜 체감경기가 나쁜가를 어느 정도 가늠할 수 있다. 2003년 이후 실질GDP 성장률은 2006년까지 연평균 4.3%인 반면 실질GNI 증가율은 2.2%로 절반에 불과하다. 따라서 성장률이 4%대라고는 하지만 국민들의 호주머니에 들어가는 실질소득의 증가율은 2% 초반이어서 그만큼 국민들의 체감경기가 나쁠 수밖에 없다고 할 수 있다.

2. 국내 소비는 부진한 반면 해외 소비가 급증하고 있다

2007년 들어 에어컨이나 냉장고, 자동차와 같은 내구재 판매가 2006년 같은 기간에 비해 두 자릿수 증가율을 보이고 있다. 4월 소비심리가 12개월 만에 처음으로 기준치 100을 넘어선데 이어 5월에는 2개월 연속 상승세를 보였다. 이와 함께 실질GDP 통계상 민간소비 증가율도 2003~04년의 2년 연속 마이너스에서 2005년부터 회복세를 보이기 시작했다. 민간소비 증가율은 2005년 3.6%에서 2006년에는 4.2%로 높아졌고, 2007년 1분기에도 전년동기대비 4.1%로 상승세를 이어갔다.

하지만 재래시장과 할인마트 등 현장에서의 매출은 그다지 좋다는 소식을 듣지 못하고 있다. 재래시장의 경우 인용할 만한 통계가 없어서 근거를 댈 수는 없지만 4월 중 할인마트 매출은 전년동월대비 5.5% 감소했고, 백화점 매출은 2.3% 감소했다. 2006년 4월의 쌍춘년 특수에 따른 반락(反落)이라고만 보기에는 감소폭이 너무 큰 편이다. 더욱이 백화점의 경우 구매 고객 수가 2006년 1월 이후 단 한 달도 빼놓지 않고 전년동월대비 마이너스를 기록하고 있다. 5월 들어 백화점 매출은 늘어나고 있다지만 할인마트 매출은 여전히 부진하다는 소식이다.

게다가 국민소득 통계상 잡히는 소비에 포함되고 있는 해외 소비가 급증하고 있다는 점도 국내 소비가 크게 늘어나지 않고 있는 한 원인을 제공하고 있다. 다시 말해 해외 소비는 국내 소비의 대체재로서 국내 경기 활성화에 도움이 되지 않는 부분이라는 뜻이다. 한국은행에 따르면 2006년 한 해 국내 소비 지출액은 432조 8000억 원으로 전년대비 3.4% 증가에 그쳤다. 반면 해외 소비 지출액은 15조 4000억 원으로 전년대비 17.5% 급증했다. 아직 국내 소비 지출액의 3.6% 수준으로 비중은 작지만 높은 증가율이 문제이다. 2007년 들어 1분기에도 해외 소비는 전년동기대비 15.5%의 높은 증가율을 기록했다. 게다가 한국은행은 해외 소비가 1% 증가하면 국내 소비와 소득은 각각 0.06%, 0.03%씩 감소한다는 분석 결과를 내놓았다. 해외 소비가 20% 증가한다면 국내 소비가 1.2%, 소득이 0.6% 줄어든다는 단순계산이 나온다. 해외 소비가 늘어나면서 국내 소비와 소득은 줄어들고 있다면 체감경기는 자연히 나빠질 수밖에 없다.

3. 과도한 부채와 금리상승으로 금융 부담이 급증하고 있다

가계의 부채 비중이 사상최고수준을 보이고 있는 가운데 대출금리가 올라가고 있는 점도 체감경기를 나쁘게 하는 큰 요인이다. 갚아야 할 원리금이 갈수록 늘어나고 있기 때문이다. 경제가 발전하고 소득이 늘어나면 부채 규모도 늘어나는 게 당연하다. 문제는 소득과 비교한 상대 속도에 있다. 빚이 늘어나더라도 소득이 늘어나는 속도보다 느리거나 비슷하면 큰 문제가 없지만 빚이 소득보다 더 빨리 늘어날 때 문제가 생기는 것이다. 1999년에 명목국내총생산(GDP) 대비 가계의 빚이 차지하는 비중이 40.4%에서 2002년 64.2%까지 올랐다가 2004년에는 61.0%까지 떨어졌었다. 하지만 이후 2년 연속 상승하면서 2006년에는 68.6%로 사상최고치를 기록했다. 가계부채 규모가 1999년 214조 원에서 2006년에는 582조 원으로 2.7배나 늘어났다. 하지만 같은 기간 중 소득(명목GDP)은 530조 원에서 848조 원으로 1.6배 늘어나는데 그쳤다.

이에 따라 이자 등 금융 부담이 크게 늘어났을 것이다. 실제로 도시근로자의 부채상환비율(부채상환액/처분가능소득)을 보면 외환위기 직전 13~16%에서 최근에는 25% 안팎까지 높아졌다. 세금과 연금·의료보험 등을 제외한 처분가능소득이 100만원이라면 그 중 25만원을 빚을 갚거나 이자를 내는데 써야 한다면 그 부담이 엄청나다고 해야 할 것이다.

여기다 금리까지 올라가면 그 부담은 더 커질 수밖에 없다. 은행 가계대출의 평균금리(신규 취급액 기준)는 2004년 12월 5.48%에서 2007년 4월에는 6.30%로 올랐다. 90% 이상의 대출이 변동금리를 적용받으므로 금리가 평균 0.5%포인트 정도 올랐다고 보더라도 추가적인 이자부담만 연간 2조 원이 넘는다는 계산이 나온다.

4. 체감실업률이 4%대로 고용여건이 악화되고 있다

최근 실업률은 3%대 중반에서 안정되어 있을 뿐 아니라 청년(15~29세) 실업률도 경제협력개발기구(OECD) 회원국 평균의 절반 정도에 불과한 7%대 중반을 유지하고 있다. 또 적어도 수치상으로는 2006년에 비해서는 고용상황이 개선되고 있는 모습이다.

하지만 주위를 둘러보면 취직을 못해 애태우고 있는 청년들과 그들의 부모를 쉽게 찾아볼 수 있다. 또 40~50대에 회사를 그만 두고 직장을 얻지 못하고 있거나 식당과 같은 자영업을 하면서 간신히 버티고 있는 경우를 많이 볼 수 있다.

이 같은 현상에 대해 현대경제연구원은 최근 내놓은 보고서에서 2007년 4월 현재 실업률은 3.4%이지만 구직단념자와 단시간 근무자를 포함한 체감실업률은 4.3%로 추정했다. 또 취업준비 등의 사유로 실업자로 분류되지 않는 유휴인구가 많은 청년층의 체감실업률은 최대 19.5%(2006년)에 달하는 것으로 추정했다.

게다가 이른바 '괜찮은 일자리' 라고 할 수 있는 30대 대기업·공기업·금융회사의 일자리는 1997년 154만 2000개에서 2004년에는 131만개로 23만 2000개가 감소했다. 또 1년에 취업기간이 6개월 미만인 단기취업자가 전체 취업자의 11.6%에 달하고, 임시 및 일용근로자가 전체 임금근로자에서 차지하는 비중은 47.2%에 달하고 있다. 경제 전체로는 일자리가 늘어나고 있지만 괜찮은 일자리는 더 줄어드는 반면 영세 서비스업 위주로 낮은 임금의 임시 및 일용근로자 중심의 일자리가 늘어나고 있는 것이다. 이와 함께 자영업자의 비중이 전체 취업자 중 26.5%에 달하고 있는 것도 체감고용률을 떨어뜨리는 요인으로 작용하고 있다.

5. 양극화로 회복속도와 체감온도가 다르다

자본주의 사회가 발전할수록 피할 수 없는 대표적인 현상 중의 하나가 양극화라고 할 수 있다. 정부 차원에서 양극화를 해소하기 위한 복지와 분배정책을 내놓고 있기는 하지만 좀처럼 풀기 어려운 과제 중의 하나이다. 우리나라의 경우 외환위기를 겪으면서 양극화가 극적으로 진행된 것으로 보고 있다.

도시근로자 가계를 소득별로 5구간(분위)으로 나누어 가장 낮은 20%의 구간에 속하는 가계를 1분위, 가장 높은 20%의 구간에 속하는 가계를 5분위로 구분해보자. 이 경우 각 구간에 속하는 가계의 소득을 더해 평균한 것이 각분위별 평균소득으로 나타난다. 통상 양극화의 지표로 사용하는 것이 최상위인 5분위의 평균소득과 최하위인 1분위의 평균소득이 얼마나 차이가 나는가를 보는 소득 5분위 배율이다. 이 배율이 1995년 4.42에서 외환위기를 겪은 다음 해인 1998년에는 5.41로 거의 1포인트나 급등했다. 외환위기를 거치면서 중산층이 대거 와해됐다는 말도 이 수치가 뒷받침해주고 있다. 게다가 이후에도 외환위기 이전 수준을 회복치 못하고 2004~06년의 3년 연속 5.4 안팎에 머물고 있다.

특히 최근 들어서는 고소득층의 흑자율(=처분가능소득대비 흑자의 비율)은 높아지고 있는 반면 저소득층으로 갈수록 흑자율은 낮아지거나 적자율이 높아지고 있다. 성장률이 4%대를 유지하고 있고, 소득증가율도 4~5%대로 낮은 편은 아니지만 양극화로 인해 저소득층이 느끼는 체감경기는 나쁠 수밖에 없는 이유이다. 아울러 앞으로 경기가 크게 좋아진다고 하더라도 저소득층의 체감온도가 올라가기까지는 상당 기간이 더 걸릴 것으로 봐야 할 것이다.

게다가 고소득층이 국내에서 돈을 쓴다고 하더라도 돈이 돌아다니는 서클이 다르다는 점도 양극화로 인한 체감경기를 더 악화시키고 있다. 예를 들어, 고소득층들이 가는 식당이나 여행지와 저소득층들의 소득원과는 크게 다르다는 점을 들 수 있다. 동네의 작은 슈퍼나 김밥집이 잘 안 되는 이유만 헤아려봐도 잘 알 수 있는 부분이다.

이외에도 세금과 연금·사회보험과 같은 비소비지출의 증가율이 크게 높아진 것도 실제로 쓸 돈이 별로 없다는 말이 나오게 만들고 있다. 2006년 한 해 전국 가구의 월평균 소득은 5.1% 증가했다. 반면 세금은 14.1%, 국민연금과 같은 공적연금은 7.6%, 의료보험과 실업보험을 포함하는 사회보험은 8.2%나 올랐다. 특히 세금의 경우 종합부동산세의 급증으로 재산세가 18.2%나 오른 것이 주된 원인이었다. 2007년 들어 1분기에는 소득증가율이 전년동기대비 9.3%로 높아진 반면 비소비지출 증가율은 7.4%로 낮아지면서 이 같은 현상이 다소 완화됐지만 조세(18.3%)와 사회보험(13.1%)의 증가율은 여전히 소득증가율을 크게 웃돌았다.

또 휴대폰과 인터넷의 사용으로 인한 통신비 비중의 상승과 유가 상승으로 교통비가 크게 오른 점, 주택 거래 및 이사 경기의 부진으로 고용 및 소득효과가 큰 이사 관련 업종의 침체, 산업구조의 고도화 등으로 인한 수출 경기와 내수 경기의 디커플링 현상, 집값 급등으로 인한 상대적 박탈감 등도 체감경기 악화 또는 부진에 적잖은 영향을 미치고 있는 것으로 보인다. 다만 최근 주가 급등에 따른 '부(富)의 효과(wealth effect)'를 생각할 수 있지만 주식 인구 및 개인투자자의 낮은 수익률 등을 감안할 때 긍정적인 효과는 제한적일 것이다. 〈이코노미플러스〉 (2007. 7)

6. 저금리·고령화시대의 재테크 전략

"앞으로 투자할 곳은 주식뿐이다."

최근 주가가 쉬지 않고 오르고 있는 가운데 대세상승기에 들었다는 주장이 나온다고 해서 하는 소리가 아니다. 주가든 집값이든 급등세가 계속되다 보면 꺾이기 마련이다. 국내외 상황을 고려해볼 때 어디에 투자를 해야 은퇴 후에도 지금과 엇비슷한 윤택한 생활을 꾸려갈 수 있을까에 대한 중장기적 해답이다.

1. 앞으로는 저금리가 대세

이 같은 결론의 배경으로는 크게 몇 가지 이유를 들 수 있다. 첫 번째는 앞으로 두 자릿수의 금리를 보기가 힘들 것이라는 점이다. 10여 년 전까지만 해도 퇴직금을 은행에 넣어두고 그 이자로 생활하던 패턴이 변하고 있는 것도 낮은 금리 때문이다. 1997년 말 외환위기를 겪은 직후 금리가 20% 가까이 올라갔지만 이후 급속히 안정되면서 최근에는 정기예금 금리가 4~5%대에서 움직이고 있다. 우리나라뿐 아니라 전 세계적으로도 역사적으로 낮은 금리 수준이기는 하지만 당분간 10%를 넘어서기는 어려울 것으로 보인다. 무엇보다 전 세계적으로 글로벌화가 진행되면서 우리나라 돈이나 남의 나라 돈 가릴 것 없이 이곳저곳 돈 되는 곳이면 흘러 다니고 있기 때문이다.

대표적인 예가 엔 캐리트레이드이다. '엔 캐리트레이드(Yen-carry trade)'는 말 그대로 '일본의 엔화(Yen)를 이 나라 저 나라로 들고 다니면서 (carry) 이것저것과 바꿔(trade) 수익을 올리는 투자자금'을 말한다. 일본의 금리가 다른 선진국이나 신흥시장국들보다 크게 낮기 때문에 이같은 일이 일어나고 있는 것이다. 2007년 6월 7일 현재 각국의 정책금리를 보면 일본이 연 0.5%로 가장 낮고, 미국이 5.25%, 유로 지역이 3.75%, 우리나라가 4.5%이다. 신흥시장국의 경우 브라질이 12.75%로 그 중 높고, 중국과 인도가 각각 6.57%, 6.0%이다. 이에 따라 낮은 금리로 엔을 빌려서 금리가 높은 선진국과 신흥시장국으로 가서 주식과 채권, 부동산 등에 투자해 수익을 올리는 것이다. 전 세계적으로 엔 캐리트레이드 자금이 적게는 2000억 달러, 많게는 1조 달러 정도에 이를 것이라는 추산이 나오고 있다.

엔 캐리트레이드뿐 아니라 높은 금리를 노리는 돈들이 국경을 넘나들고 있다는 점도 금리 상승을 억제하는 요인으로 작용하고 있다. 나라마다 경제 및 금융 환경이 다르기는 해도 국가신용등급이나 기업평가가 비슷하다면 이 같은 국제자금의 유출입에 따라 금리 격차가 예전에 비해 크게 줄어들 것이다. 아직 우리나라가 선진국 대열에 완전히 진입했다고 보기 어렵기는 해도 1인당 소득 수준이 2만 달러에 들어서고 있다. 여기다 외환위기 이후 경제 및 금융제도가 한 단계 업그레이드됐을 뿐 아니라 한미 FTA 체결로 국가 리스크가 크게 줄어든 점에서 본다면 앞으로 국제자금의 유입, 특히 증시로의 유입은 계속될 것으로 기대할 수 있다. 이에 따라 금리가 한 자릿수에 머문다면 예금이나 채권과 같은 안전자산에만 투자해서 그 이자만으로는 은퇴 후 생활이 불안할 수밖에 없다.

2. 부동산 가격 상승은 제한적

두 번째 이유는 부동산시장을 안정시키기 위한 강력한 세제(稅制)로 인해 앞으로 부동산 가격이 급등하기도 어려울 뿐 아니라 높은 보유세로 인해 많은 부동산을 보유하기도 어렵다는 점이다. 현재 부동산 관련 세제의 골격을 이루고 있는 2005년 8월 31일에 발표된 8·31 대책의 주요내용은 크게 3가지이다. 종합부동산세 과세대상을 '9억 원(공시가격 기준)' 에서 '6억 원' 으로 낮추고, 종합부동산세 과세기준을 '개인별' 에서 '세대별' 로 확대하고, 1가구 2주택에 대한 양도소득세를 기존의 9~36%에서 50%로 높이는 것이다. 이에 따라 과표가 100%로 현실화되는 2009년이 되면 공시가격 13억 원짜리 아파트 소유세대는 연간 주택 보유세(재산세와 종합부동산세 합계)로 1300만원(1%)을 내야 한다. 2007년의 경우만 해도 공시가격이 주택과 지가(地價)에서 각각 전국 평균 22.8%, 11.6% 올랐을 뿐 아니라 이른바 강남 등 버블세븐 지역의 경우 더 크게 올라 보유세 부담이 크게 늘어났다.

또 대출을 받아 1가구 2주택인 경우 1채를 팔아도 남는 것이 별로 없게 된다. 예를 들어, 2주택인 사람이 10년 전 2억 원을 주고 산 아파트를 현재 가격 12억 원에 팔려고 할 경우를 생각해보자. 이 때 양도소득이 10억 원이므로 세금으로 5억 원(경비 등은 제외)을 내야 한다. 그럼 7억 원을 손에 쥐겠지만 아파트 전세금이 4억 원이라면 3억 원이 남고, 만약 아파트를 담보로 2억 원을 빌려 썼다면 실제로 손에 남는 돈은 1억 원이라는 계산이 나온다. 12억 원짜리 아파트를 팔아 1억 원을 쥐게 되는 셈이다. 물론 전세금과 대출받은 돈 6억 원까지 포함하면 7억 원이기는 하지만 어쩐지 억울한 생각이 들 수밖에 없을 것이다. 따라서 앞으로 부동산은 자산 및 소득 수준에 맞는 1채만 보유하고 나머지 자산은 금융자산으로 보유하는 시대가 오게 될 것이다.

3. 늘어나는 소득은 금융자산으로

세 번째 이유로는 두 번째 이유와 맞물리면서 우리나라 사람들의 과도한 부동산 선호도가 점차 줄어들 것이라는 점을 들 수 있다. 한국은행과 통계청의 조사에 따르면 우리나라 가계의 자산 중 부동산 비중은 80%를 넘고 있다. 부동산 비중이 낮은 미국(38%)은 물론 10여 년 동안의 부동산시장 침체로 부동산 비중이 크게 낮아진 일본(43%)에 비해서도 크게 높다. 유럽의 독일(59%), 프랑스(56%), 영국(53%) 등 주요선진국에 비해서도 크게 높은 편이다. 하지만 앞서 언급한 대로 부동산 관련세제의 변화로 인해 우리나라 사람들의 부동산 보유 패턴도 점차 바뀔 것으로 봐야 할 것이다.

네 번째 이유는 최근 성장률이 4%대에서 부진하기는 하지만 앞으로도 계속 소득이 늘어나게 될 것이라는 점이다. 이 경우 남는 저축이 부동산으로 가지 않는다면 금융자산으로 갈 것이고, 금융자산 중에서도 수익률이 높은 주식 쪽으로 가게 될 것이다. 우리나라 가계의 금융자산 보유 구성을 보면 현금과 예금·채권이 70% 정도를 차지하고, 주식 보유비중은 10%에도 못 미치고 있다. 일본은 우리나라와 비슷하지만 미국의 경우 현금과 예금·채권 비중이 25%에 불과한 반면 주식 비중이 40% 정도를 차지하고 있다. 독일의 경우에도 현금과 예금·채권 비중이 50%인 반면, 주식 비중이 20%로 높은 편이다. 우리나라 가계의 주식보유비중이 낮다는 것은 그만큼 앞으로 주식시장으로 유입될 돈의 양이 많아질 여지가 크다는 것을 의미한다.

결론적으로 부동산 비중은 줄이는 대신 금융자산 비중은 늘려가는 가운데 금리는 낮고 평균수명은 조만간 90세까지 늘어나는 상황에서 예금이나 채권과 같은 낮은 수익률 자산에만 매달릴 수만은 없다는 것이다. 그렇다면 금융자산 비중을 어느 정도까지 늘리고 주식 비중은 또 어느 정도까지 늘릴 것인가? 이에 대한 해답은 우리나라 부자들이 현재 어떻게 하고 있는가에서 엿볼 수 있다. 부자연구포럼(www.bujaforum.com)의 조사에 따르면 금융자산 5억 원(부동산 제외) 이상을 가지고 있는 우리나라 부자들은 부동산 비중이 52.8%로 평균에 비해 이미 크게 낮은 편이다. 또 전체 자산 중 주식이 차지하는 비중은 15.1%로 주식이 금융자산 중에서 차지하는 비중은 이미 30%를 넘고 있다.

필자가 생각하는 저금리·고령화시대의 재테크의 결론은 다음과 같다. 보유자산 중 금융자산의 비중을 중장기적으로 최고 40~50%까지 높여간다. 금융자산 중 포트폴리오는 40 : 30 : 30의 비중이 적절할 것이다. 40%는 현금과 예금·채권과 같은 안전하면서도 환금성이 높은 자산으로 보유하고, 30%는 주식으로 보유하고, 나머지 30%는 연금과 보험으로 보유하는 전략이다. 이 비율 또한 주식시장의 동향을 봐가면서 중장기적으로 조정해 나가야 할 것이다. 특히 주식의 경우 개인이 직접 투자에 나서기는 어렵다는 점에서 주식형 펀드 또는 주식과 채권을 적절한 비율로 투자하는 혼합형 펀드에 투자하는 것이 좋다. 또 국내 펀드뿐 아니라 해외 펀드에도 분산투자하고, 펀드 회사도 여러 곳으로 나눠서 분산하는 전략이 필요하다. 〈월간조선〉 (2007. 7)

7. 마키아벨리와 세금

　박근혜 한나라당 대표와 정동영 전 통일부 장관이 서로 상대방을 "마키아벨리적 인물"이라면서 설전(舌戰)을 벌인 적이 있다. 이들이 생각하는 마키아벨리는 수단과 방법을 가리지 않고 자신이나 파당의 이익을 추구하는 피도 눈물도 없는 사람일 것이다. 하지만 마키아벨리에 대한 이 같은 평가는 그가 쓴 〈군주론〉에 나오는 일부 문구나 부분을 확대 해석 또는 과장한 것이다. 예를 들어, 국익을 위해서라면 어쩔 수 없이 도덕적 선악과 관계없이 효율성과 유용성을 앞세워야 한다거나, 때로는 사회적 이익이라는 명분을 앞세워 남을 희생시킬 줄도 알아야 한다는 것 같은 구절들 말이다.

　하지만 500년이 지난 지금까지도 군주론이 정치인은 물론 일반인 사이에서도 널리 읽히는 고전(古典)이라면 그만한 이유가 있을 것이다. 15~16세기는 이탈리아 피렌체에서 공화정과 왕정이 엇갈리는 난세였다. 당시 공화정의 외교관이었던 마키아벨리는 왕정이 복원되면서 공직을 물러난 것은 물론 투옥당하기도 했다. 시골로 쫓겨가 새 군주에게 "제발 좀 나를 써 달라" 면서 애걸조로 쓴 것이 군주론이다. 하지만 자신의 경험과 역사적 사실로부터 현실정치에서 군주가 가져야 할 자질, 덕목과 리더십을 도출해낸 불후의 명작으로 인정받고 있다. 국가 경영이나 정치는 물론 기업 경영에도 적용될 수 있는 훌륭한 교범이기 때문이다.

그렇다면 마키아벨리가 정치적 관점에서 보는 경제는 어떤 모습일까? 군주론에서 마키아벨리는 단 한 차례 경제에 대해 언급하고 있다. 그것도 작은 제목이 달린 한 문단으로, 우리말 번역본(군주론, 강정인 옮김)에서는 간신히 한 쪽을 채울 분량에 불과하다. 하지만 마키아벨리는 제목은 물론 내용에서도 대단히 '중요하면서도 강한' 메시지를 던지고 있다. 여기서 중요하면서도 강하다는 것은 지금까지도 그대로 적용되는 살아 있는 충고일 뿐 아니라 요즘 우리 상황에도 시사하는 바가 크다는 뜻이다.

우선 '산업과 상업의 장려' 라는 제목부터가 금방 눈에 들어온다. 마키아벨리는 "군주는 시민들이 안심하고 상업, 농업과 기타 분야에서 통상적인 생업에 종사하도록 권장해야 한다" 면서 "사람들이 빼앗길 것을 두려워 자신의 자산을 늘리거나 개량하는 것을 주저하지 않도록 해야 한다" 고 권하고 있다. 나아가 "(사람들이) 부과될 세금이 두려워서 상업을 시작하는 것을 망설이지 않도록 해야 한다" 면서 "오히려 군주는 그러한 일을 하는 사람들과 도시와 국가를 개량하는 자에게 여하한 방법으로든 보상을 내려야 한다" 고 주장한다.

노무현 대통령이 새해 연설에서 '양극화 해소' 를 화두로 내놓은 다음 증세(增稅)와 감세(減稅) 논쟁이 한창이다. 이런 와중에 정부는 양극화 해소를 위한 재원을 마련하기 위해 갖가지 세금을 새로 만들거나, 기존에 세금을 깎아주거나 면제해주던 혜택을 대폭 없애겠다고 나서고 있다. 기업들을 상대로 한 세금 짜내기는 이미 2005년부터 시작했고, 세원이 확실하고 징수가 손쉬운 월급쟁이들에게도 칼질할 태세다.

마키아벨리가 만약 우리나라에 와서 본다면 "완전히 거꾸로 가는 나라"라면서 〈군주론〉을 회수해 가지 않을까 싶다. 정치인들이 자신의 주장을 제멋대로 해석하고 있을 뿐 아니라 정부는 산업과 상업을 장려하기는커녕 되레 가로막고 있기 때문이다. 〈조선일보〉(2006. 2. 10)

8. 세금에 둔감한 한국인

　좀 오래된 이야기지만 1997년 미국 버지니아 주지사 선거에서 목격한 일이다. 필자는 당시 워싱턴 DC에서 근무하면서 북부 버지니아에 살고 있었다. 후보 중 한 사람이 먼저 자동차 관련 세금을 없애겠다면서 'no car tax' 를 들고 나왔다. 세금을 없애 주겠다는데 싫어할 사람이 어디 있겠는가. 선수를 빼앗긴 다른 후보 측에서 궁여지책으로 꺼낸 것이 'no free lunch(세상에 공짜는 없다)' 였다. 자동차 세금을 안 내면 어디선가 다른 세목으로 세금을 거둘 것이니까 절대로 공짜가 아니라는 뜻이었다. 이에 따라 'no car tax' 와 'no free lunch' 라는 팻말이 동네 어귀에 엇갈리는 재미있는 모습을 연출했었다.

1. 감세와 정치
　과연 누가 당선됐을까? 물론 세금정책만으로 당락이 결정되는 것은 아니겠지만 'no car tax'를 주장했던 제임스 길모어라는 후보가 당선됐다. 이처럼 세금 문제는 선거 또는 정치와 밀접한 관계를 가지고 있다. 국민과의 합의 없이 세금을 올리거나 합의했더라도 세금을 올린 후 경제가 나빠지면 국민들은 매몰차게 돌아서면서 정권이 교체되기 마련이다. 10여 년 동안 장기집권할 정도로 잘 나가던 영국의 대처 수상이 1990년에 물러날 수밖에 없었던 것도 인두세(人頭稅·poll tax) 성격의 지역주민부담금을 도입했다가 국민들의 거센 반대에 부딪쳤기 때문이었다.

일본의 하시모토 류타로 전 총리 역시 비슷한 케이스라고 할 수 있다. 하시모토 총리는 1996년 1월 일본에서는 드물게 50대의 젊은 나이에 총리로 취임했다. 통산상으로 재직시 미국과의 자동차시장 개방 협상에서 단호한 입장을 보이면서 미국에 '노(No)!' 할 수 있는 정치인으로 국민적 인기가 높았다. 취임 후 재정적자를 줄이기 위해 1996년 4월 소비세율을 3%에서 5%로 인상하는 동시에 특별감세제도를 폐지했다. 1995년 하반기부터 살아나는 기미를 보이는 경기를 본격적인 회복으로 잘못 판단했기 때문이었다. 이 바람에 1996년에 5.0%(이후 3.5%로 수정)에 달했던 국내총생산(GDP) 성장률이 1997년에는 1.8%로 급락했고, 1998년에는 아시아 외환위기까지 겹치면서 성장률이 −1.2%로 추락했다. 결국 하시모토 총리는 1998년 7월 참의원 선거에서 참패하면서 중도 하차하고 말았다. 일본 국민들은 이때의 불황을 아직도 '하시모토 불황'이라고 부르면서 장기불황으로 빠져든 결정적인 원인제공자의 하나로 하시모토 총리를 들고 있다.

반면 우리나라의 경우 세금 문제가 대통령 선거나 지방 선거의 핫 이슈가 된 적이 거의 없다. 박정희 대통령 시절은 그렇다고 치더라도

1980년대 중반 대통령 직선제가 부활된 이후에도 세금을 내리겠다거나 올리겠다는 공약은 거의 없었거나 있다고 하더라도 일반국민들의 관심을 끌지 못했다. 특히 지방의 경우 자치단체장을 직접 뽑고는 있지만 세금에 대한 권한이 거의 없기 때문이기도 하다.

사실 세금이 문제가 되기 시작한 것은 외환위기 이후 부실 금융기관과 기업의 처리를 위해 공적자금(公的資金)이 투입될 때가 처음이었다. 당시 공적자금은 어차피 국민의 세금으로 메워야 할 돈이라면서 왜 내가 낸 세금으로 부실 금융기관과 기업을 살려야 하느냐는 반대와 불만이 터져 나왔다. 그런 와중에서 공적자금이 무려 160조 원 이상이 투입되었지만 지금은 일부 시민단체를 제외하고는 공적자금의 투입 적정성과 상환 여부에 대해 관심이 별로 없는 것 같다.

2. 정부에 대한 믿음과 신뢰

세금내기를 좋아하는 국민은 어디에도 없을 텐데 우리 국민들이 이처럼 상대적으로 세금에 둔감한 이유가 무엇일까? 크게 서너 가지 이유를 들 수 있다. 첫 번째로 들 수 있는 것은 그간 정부에 대한 믿음과 신뢰가 컸다는 점이다. 안타깝게도 최근 정부가 아니라 이전 정부에 대한 평가이다. 이승만·박정희 대통령을 거치면서 우리나라는 '가난은 나라님도 구제할 수 없다' 는 옛말을 틀린 말로 만들었다. 성장에 지나치게 중점을 두는 바람에 분배구조가 악화됐다거나 복지 수준이 뒤떨어진다는 비판이 없는 것은 아니다. 하지만 1인당 소득 100달러도 안 되던 나라가 경제개발이 본격화되면서 빠르면 3년, 늦어도 6년 만에 소득을 2배로 증가시키면서 1인당 소득 1만 달러를 넘어섰다. 이 과정에서 외국 돈을 빌려서라도 공장을 짓는다는데 내가 돈을 벌어 세금을 좀 더 낸다면 국가 경제에 도움이 될 것이고, 그렇게 되면 결국 나에게도 도움이 될 것이라는 인식이 심어졌다. 물론 필자도 당시 정부의 세뇌공작에 물든 면도 없지 않겠지만 아주 틀린 말이 아닐 것이다. 왜냐하면 세금만 내고 내게 돌아오는 혜택, 예를 들어 일자리와 소득 증가가 예전만 못해지고 있다면 당연히 불만이 늘어나겠지만 그 반대라면 상대적으로 불만이 적을 수밖에 없을 것이기 때문이다.

3. 낮은 세금부담 수준

두 번째는 아직까지는 세금부담 수준이 다른 나라에 비해 낮다는 점이다. 다른 나라에 비해 세금을 조금 낸다는 것이 큰 의미가 없다고 할 수도 있지만 언론 등에서 우리나라의 조세부담율이 상대적으로 낮다는 보도가 나올 경우 일반국민들의 뇌리에 세금이 좀 올라도 괜찮겠구나하는 생각이 알게 모르게 자리잡게 될 것이다. 우리나라의 조세부담률(=총조세/명목국내총생산(GDP))은 24.6%(2004년)로 주요 선진국들에 비해 상당 폭 낮은 편이다. 일본(25.3%, 2003년)과 미국(25.4%, 2004년)이 우리나라와 비슷한 반면 프랑스(43.7%), 영국(36.1%), 독일(34.6%) 등 유럽 국가들은 우리나라에 비해 10%포인트 높다. 경제협력개발기구(OECD) 회원국들의 평균 조세부담률도 36.3%(2003년)로 우리나라보다 크게 높다.

세 번째 이유는 국가채무 규모가 상대적으로 작다는 점을 들 수 있다. 이는 그간 정부가 재정을 건전하게 운용해왔기 때문이다. 1997년 외환위기 이후 투입된 160조 원에 달하는 공적자금의 국가채무 편입으로 인해 국가채무비율(=국가채무/명목GDP)이 2006년에 30%를 넘어섰다. 하지만 아직도 OECD 평균(2005년)인 77.7%에 비해 크게 낮을 뿐 아니라 35%를 고점으로 안정될 것이라는 전망이다. 국가채무비율은 영국(47.2%)과 미국(64.1%)이 그 중 낮은 반면 프랑스(76.5%)와 독일(69.6%) 등은 상대적으로 높은 편이다. 특히 10여 년간 장기침체를 겪은 일본은 계속된 경기부양을 위한 재정지출로 국가채무비율이 170%를 넘고 있다. 결국 일반국민들이 우리 정부가 과도하게 세금을 거둬 흥청망청 쓰지는 않는다고 생각하고 있다고 볼 수 있다.

네 번째 이유는 조세 중에서 직접세가 차지하는 비중이 우리나라가 상대적으로 낮다는 점이다. 직접세는 개인소득세와 법인세처럼 납세의무자와 납세부담자가 같은 세금을 말한다. 부가가치세와 특별소비세처럼 납세부담이 납세의무자로부터 다른 사람에게 전가되는 간접세와는 달리 납세부담이 직접적으로 납세자들의 호주머니 사정에 와 닿기 때문에 때로는 조세저항이 격렬하게 발생하기도 한다. 앞서 언급한 대처 수상의 인두세가 직접세의 대표적인 예라고 할 수 있다. 우리나라의 총조세 중 직접세가 차지하는 비중은 1988년 44.9%에서 2005년에는 55.1%까지 높아졌다. 독일(50.7%, 이하 2003년), 프랑스(55.5%), 영국(59.1%)과 같은 유럽 국가와는 비슷하지만 미국(76.8%), 일본(68.1%)에 비해서는 크게 낮은 편이다. 특히 대표적인 직접세 중의 하나인 개인소득세가 총조세에서 차지하는 비중은 12.8%(2002년)로 미국(37.7%), 영국(29.8%)은 물론 일본(18.4%), 프랑스(17.3%) 등 주요 선진국에 비해 크게 낮은 수준이다. 게다가 비교 통계가 없어서 정확한 비교를 하기는 어렵지만 우리나라의 경우 임금 근로자 중 면세점 이하인 근로자의 비중이 절반(47.5%, 2004년)으로 다른 나라에 비해 크게 높은 것으로 알려져 있다. 세금을 안 내는 근로자가 많은 만큼 조세저항도 그만큼 적을 수밖에 없다는 해석이 가능한 부분이다.

그렇다면 문제는 앞으로다. 왜냐하면 최근 들어 분배와 복지에 대한 정치권과 일부 국민들의 요구가 높아지고 있는 가운데 정부 예산의 성향도 성장보다는 분배와 복지 쪽으로 기울고 있기 때문이다. 이 경우 늘어나는 지출을 메우기 위해서는 세금을 더 거두거나 국채를 발행하는 일이다. 국채는 재정적자를 일으켜 우리의 후세대들이 갚도록 하는 것이니까 지금 세금을 더 거두는 것과 시차만 다를 뿐 아니라 세대간 갈등의 소지가 있다는 점에서 별로 바람직한 방법이 아니다.

4. 높아지는 조세저항

그렇다면 결국 세금을 더 거둬서 더 쓰는 일인데 최근 들어 늘어나는 세금에 대한 조세저항의 목소리가 높아지고 있다. 특히 2006년부터 새로 부과되기 시작한 종합부동산세의 경우 '세금폭탄'이라는 말이 나올 정도로 부담이 큰 직접세이다. 그나마 소득이 있는 세대의 경우 괜찮지만 소득이 없거나 부족할 경우 있는 집을 담보로 돈을 빌리거나 팔아야 한다는 이야기가 나오고 있다. 심지어 세대별로 부과하는 종부세를 피하기 위해 이혼도 불사하겠다는 말이 나올 정도이다. 뿐만 아니라 지금은 소득이 있더라도 몇 년 후를 생각하면 암담해지는 세대도 적지 않을 것이다. 오죽하면 정부가 부동산 정책을 잘못해 부동산 가격을 올려놓고 애꿎은 국민들에게게만 세금을 긁어가고 있다는 주장이 나오고 있다. 물론 전국 1600만 세대의 1.5%에 불과한 24만 세대만이 해당되고, 이들이 좋고 비싼 집을 가진 부자들이니 세금을 더 내는 게 당연하다고 하면 그만이다. 하지만 적게는 수백만 원에서 수억 원을 갑자기 마련해야 한다는 점에서 보면 결코 쉽지 않은 세금이다. 여기다 준조세 성격인 국민연금의 경우 내는 돈은 더 내고 받는 돈은 더 적게 받는 쪽으로 개혁할 수밖에 없는 상황이다. 공무원연금, 군인연금과 같은 특수직 연금은 이미 적자로 세금으로 메우고 있는데도 개혁을 않으면서 서민들의 노후자금인 국민연금에만 손을 대겠다고 나서는 정부에 대해 수많은 서민들이 고개를 돌리지 않을 수 없을 것이다.

게다가 세금과 관련한 정부에 대한 믿음과 신뢰는 외환위기 직후 국민적 금 모으기 운동 이후 급격히 약화된 것으로 보인다. 김대중 정부 이후 성장보다는 분배와 복지를 우선하는 성향 또는 정책이 표출됐지만 실제로는 소득분배가 더 악화되면서 세대간, 계층간 갈등은 더 커져왔기 때문이다. 금 모으기 때만 하더라도 국민들은 각자가 어려운 가운데서도 위기에 빠진 국가 경제를 위해 내가 할 수 있는 작은 일에 흔쾌히 나섰고, 또 그 같은 기운이 우리 경제가 외환위기를 빠르게 극복할 수 있는 원동력이 되었다. 하지만 앞으로 비슷한 위기가 발생할 경우 또 다시 금 모으기에 나설 국민이 몇이나 될까. 물론 요즘엔 그때 금붙이를 다 내다파는 바람에 가지고 있는 금붙이도 얼마 안 되기도 하지만 오히려 더 끌어안지 않을까. 아니면 있는 금붙이에다 부동산까지 판 돈을 가지고 해외로 나가지 않을까. 세금을 낼 만한 사람들이 다 나가고 나면 누가 세금을 낼 것인가. <월간조선> (2007. 1)

248

9. 레몬과 세수(税收) 부족

어느 레스토랑에서 주방장이 손님들에게 내기를 걸었다. 주방장 자신이 두 손가락으로 레몬의 즙을 짜낸 후 한 방울이라도 더 짜내는 손님의 음식값을 받지 않겠다고 했다. 저마다 안간힘을 써봤지만 다 실패하고 마지막으로 한 남자가 레몬을 집어 들었다. 크지 않은 덩치에 말쑥하게 차려 입은 중년이어서 모두들 시큰둥하게 쳐다봤다. 하지만 그의 손에서는 레몬 즙이 하나, 둘, 세 방울이나 흘러내렸다. 놀란 주방장이 "혹시 직업이 나무꾼이나 기계 조립공이 아니냐?"고 물었다. "IRS(Internal Revenue Service·미국의 국세청)에 있다"는 대답이 돌아왔다. 회계와 세무가 정확하다는 미국에서도 국세청이 원한다면 세금을 더 짜낼 수 있음을 비아냥대는 유머 한 토막이다.

최근 우리 경제는 지난 2년여의 부진을 벗어나 회복 국면에 접어드는 신호가 감지되고 있다. 3분기 민간 소비 증가율이 4.0%(전년동기대비)로 2002년 4분기 이후 가장 높은 증가세를 보였다. 개인 소비의 흐름을 잘 보여주는 서비스업 활동지수도 7월 이후 증가율이 4~5%대(전년동월대비)로 3개월 연속 2년여 만에 가장 높은 증가세를 유지하고 있다.

문제는 이 같은 회복세를 어떻게 이어가느냐에 달려 있다. 요즘처럼 고용과 소득의 증가세가 시원찮은 상황이라면 중앙은행과 정부가 나서서 소비 분위기를 조성하는 게 통상적인 정책 조율이다. 중앙은행인 한국은행이 금리를 내리면서 시중에 돈을 더 풀거나 정부가 세금을 깎아주거나 재정지출을 늘리는 것이다.

그러나 한국은행은 이미 너무 많이 풀린 돈이 부동산 투기 등으로 흘러 다닐 뿐 아니라 경기 회복세가 보인다면서 지난 10월부터 금리를 올리기 시작했다. 그렇다면 이제 남은 것은 감세(減稅)와 재정지출의 확대뿐이다. 감세와 재정지출은 정부와 국회가 소비 부양 효과는 물론 향후 재정 적자에 미치는 영향을 잘 감안해서 결정해야 할 일이다. 효과는 별로 없는데 감세해주고 재정지출을 늘리면 일본처럼 재정 적자만 쌓이게 된다. 요즘 국회에서 감세 논쟁이 벌어지고 있는 것도 이 때문이다.

감세나 재정지출보다 더 중요한 것은 국민들이 정부의 경기 부양 의지를 믿고 따르는 것이다. 하지만 최근 정부가 내놓은 예산안이나 고위 관리들의 세금에 대한 언급을 보면 정부의 경기 부양 의지를 종잡을 수가 없다. 경기는 저절로 되살아나는 것이고, 쓸 돈(재정지출)을 정해놓고 세금을 더 거둬들이는 일에 혈안이 되어 있는 것 같다. 세수 부족이 몇 조 원을 넘어서 세금을 더 거둬들일 수밖에 없다는 말이 수시로 쏟아지고 있을 뿐 아니라 국세청이 건설업 등 일부 회사들을 표적 조사하고 있다는 불만이 조사를 당한 업체들로부터 터져 나오고 있다.

부가가치세나 법인세를 올리고 국세청이 나서면 세수 부족을 어느 정도 메울 수는 있을 것이다. 그러나 이제 막 되살아나는 경기에는 찬물을 끼얹는 격이다. 경기 부진이 계속되면 세수 부족은 어쩔 수 없는 일이다. 정부가 해야 할 일은 재정 적자로 갈 수밖에 없다는 점을 국민들에게 밝히는 동시에 세제 개혁은 물론 불필요한 지출은 줄이고 필요한 지출을 늘리는 지출구조 개선으로 국민들의 신뢰를 받는 일이다. 또 필요하다면 감세나 재정지출도 늘려야 한다. 지금 정부가 필요로 하는 것은 레몬 즙이 아니라 국민의 신뢰다.　〈조선일보〉 (2005. 11. 3)

10. 버블 시터 vs 버블 라이더

"지금이라도 살까요? 대출을 받아서라도 갈아타야 할까요?"

10월 하순을 전후해 일부 지역 아파트 가격이 불과 며칠 사이에 최고 1~2억 원까지 급등했다. 계약을 앞두고 필자의 의견을 묻는 전화도 부쩍 늘어났다. 부동산 전문가는 아니지만 기자 시절 부동산 칼럼을 여러 차례 썼다는 이유만으로 부동산 관련 강의에 여기저기 불려 다니고 있기 때문이다. 물론 필자의 의견은 어디까지나 조언일 뿐 결정적인 영향을 미치지는 않을 것이다. 하지만 이 같은 상담 덕분에 필자는 다리품을 별로 팔지 않고서도 부동산시장의 현장 흐름을 비교적 빨리 아는 편이다.

그러나 알고 보면 필자의 부동산시장에 대한 견해는 경제원론 수준이다. 공급이 확대되지 않는 한 가격은 오를 수밖에 없다는 것이다. 요즘 거론되고 있는 '지하철론(論)'의 적극적인 동조자라고 할 수 있다.

여기서 잠시 지하철론을 짚고 넘어가보자. 어느 한 지역의 교통난을 해소하는 방법은 크게 두 가지. 하나는 도로나 지하철 등을 뚫는 공급 확대정책이고, 다른 하나는 통행세 부과 등을 통한 진입(수요)억제정책이다. 통행세를 많이 부과할수록 진입 차량이 줄어들기는 하겠지만 근본적인 해결책은 아니다. 게다가 차 한 대로 간신히 생계를 꾸려가는 사람의 경우 부담이 크게 늘어나는 등 애꿎은 피해자가 생겨나기도 한다. 반면 지하철을 놓게 되면 공사기간 중 차량이 더 막히는 등 적잖은 부작용이 있겠지만 완공 후에는 모든 사람들이 만족하게 될 것이다.

부동산시장도 마찬가지다. 수요가 많은 특정 지역의 신축이나 재건축을 막아놓고 수요를 줄이기 위해 세금을 높이는 정책은 근본적인 해결책이 될 수 없다. 주변 지역으로 수요가 옮겨가는 것은 물론 수요가 근본적으로 줄어들지 않는 한 여차하면 가격이 급등할 소지를 안고 있기 때문이다. 강남 등 수도권 지역이 바로 그런 예라고 할 수 있다. 결국 지하철을 놓지 않는 이상 교통난 해소가 어려운 것처럼 아파트를 더 건설하지 않는 한 수요가 있는 지역의 아파트 가격이 안정되기를 기대하기는 어려울 수밖에 없다.

1. 주택공급 부족이 도화선

최근 부동산시장의 불안도 주택 공급량의 부족이 도화선이다. 특히 수도권 지역의 공급량이 부족해지면서 전세값이 먼저 뜨고 이어서 집값으로 불이 옮겨 붙고 있다. 최근 10년간(1996~2005)의 주택공급 물량을 살펴보자. 전국 공급 물량을 보면 이 기간 중 연평균 50만 5000가구가 건설됐고, 절반 정도인 25만 가구가 서울(8만 6000가구)을 포함한 수도권에 집중됐다.

그런데 최근 2년을 보면 이상 징후를 쉽게 발견할 수 있다. 전국의 공급 물량이 평균에 비해 4만 가구 정도 줄어들었는데 모두 수도권에서만 줄어들었다. 그것도 4만 가구 중 3만 가구가 서울에서 줄어들었고, 나머지 1만 가구가 서울을 제외한 수도권에서 줄어들었다. 서울 거주에 대한 수요는 계속되는 가운데 공급이 달리면 수도권으로 수요가 퍼져 나갈 텐데 그나마 수도권에도 공급이 턱없이 부족했다고 볼 수 있는 부분이다. 따라서 이 한 가지 통계만 보더라도 서울을 포함한 수도권의 집값이 왜 급등하는지를 금방 알 수 있다. 강남구와 서초구 등 구별(區別) 통계가 없어서 단언할 수는 없지만 수도권에서도 강남구와 분당 등 특정 지역의 집값이 급등하는 이유를 이 같은 공급 통계에서 읽을 수 있을 것이다.

이번에는 다소 임의적이라는 비판을 받을 수도 있지만 접근방식을 약간 바꿔보자. 과연 서울에는 연평균 어느 정도의 주택 건설이 필요할까? 앞서 10년 평균은 8만 6000가구였다. 하지만 비이상적으로 낮았다고 볼 수 있는 외환위기 직후 2개 연도와 최근 2개 연도를 제외하면 6개년 평균이 11만 가구로 나온다. 그렇다면 대략 서울에는 연간 10만 가구 정도가 공급돼야 평균 수요를 메울 수 있다고 봐도 큰 무리가 없을 것이다. 그런데 2005년까지 2년 연속 매년 그 절반에 불과한 5만여 가구 밖에 공급되지 않았으니 집값이 뛰는 것은 당연한 결과가 아닐까?

2. 수도권 공급 부족은 정책 실패

그럼 지방은 예년 수준이었던 반면 서울을 포함한 수도권의 주택공급이 왜 이렇게 줄어든 것일까? 한 마디로 정부가 그렇게 정책을 펴왔기 때문이다. 외환위기 당시 부동산시장이 급락하자 정부의 부동산 정책은 2002년 초반까지 부양기조를 유지했다. 하지만 2002년 들어 부동산 가격이 급등세를 보이자 부양기조에서 안정기조로 돌아섰다. 특히 2003년 들어서는 5·23대책과 10·29대책과 같은 굵직한 대책들을 연이어 내놓았다. 김포와 파주의 신도시 건설과 같은 공급 확대 정책이 없었던 것은 아니지만 대체적으로 강남 등 일부 지역에 대한 중과세 등 세금 부과를 통한 특정 지역에 대한 수요 억제에 초점을 두었다. 아울러 집값이 많이 오른 강남 등 서울의 일부 지역에서 유일한 숨통이라고 할 수 있는 재건축을 묶어놓는 갖가지 정책들이 이어졌다. 그 결과 이들 지역에서는 공급이 줄어들 수밖에 없었던 것이다.

소득수준이 올라갈수록 더 좋은 환경, 더 좋고 넓은 아파트를 선호하는 것은 인지상정이다. 그런데 정부가 소형과 임대아파트 의무 건설 조항 등을 밀어넣는 것은 거꾸로 가는 정책이다. 직장에서 가깝게 살고 싶은데 자꾸만 멀리(신도시 등) 나가라고 하는 것도 거꾸로 가는 정책이다. 물론 핵가족화와 독신가구, 이혼가구가 늘어나 그에 따른 중소형 아파트 건설도 필요하다. 그러나 일반국민들의 선호도와 인구구조의 변화에는 아랑곳하지 않고 무작정 일부 지역 주민들이 불로소득을 얻고 있다고만 하는 사이 집값은 더 올라가고 있는 것이다. 결국 정부가 나서서 이들의 불로소득을 더 키워주고 있는 셈이다.

끝으로 아파트 구입 상담에 대한 필자의 대답은 최근에도 "아직까지는 사도 된다" 이다. 이 때 십중팔구 돌아오는 질문이 "너무 많이 오르지 않았나요?" 이다. 거품의 상투를 잡는 게 아닌가 하는 두려움이 마음 한 군데 자리잡고 있기 때문일 것이다. 이 경우 필자가 꺼내드는 두 단어가 바로 오늘의 키워드, '버블 시터(bubble sitter)' 와 ' 버블 라이더(bubble rider)' 이다. 버블 시터는 집값이 오를 대로 올랐다면서 집을 팔고 않아서 집값이 내리기를 기다리는 사람을 말한다. 집값이 떨어지기 시작한 미국에서 요즘 유행하는 말이다. 반면 버블 라이더는 집값이 많이 오르기는 했지만 아직은 더 갈 것이라면서 그 버블(거품)을 타고 가는 사람을 뜻한다. 버블 시터가 될 것인가, 아니면 버블 라이더가 될 것인가? 결코 쉽지는 않지만 우리들 스스로 내려야 할 판단이다.

〈월간조선〉 (2006. 11)

11. 위험한 3분

'설마, 조급, 자만, 방만, 방심 금지.'

최근 방문한 포스코(POSCO) 광양제철소의 한 작업장에서 발견한 문구다. 근로자들은 제품이 완성되는 마지막 순간까지 설마 하는 마음은 물론 조급해서도 안 되고, 자만 또는 방만하거나 방심해서도 안 된다는 경고다. 작은 사고라도 인명(人命) 피해와 직결될 가능성이 높은 제철 작업장에서 사고를 미연에 방지하자는 차원일 것이다.

똑같은 경고를 최근 경기 회복을 기대하고 있는 개인, 기업, 정부 등 경제 주체들에게 전하고 싶다. 제철소의 근로자들처럼 각 경제 주체들도 본격적인 경기 회복이라는 최종제품을 확인하기까지는 설마, 조급, 자만, 방만, 방심하지 말라는 주문이다.

예를 들어, 원화 환율이 달러당 1000원 아래로야 떨어지겠느냐 또는 정부가 어떻게 해주겠지 하는 마음은 '설마'에 해당한다. 이번에도 경기가 살아나지 못하면 어떡하나, 빨리 살아나야 할 텐데 하는 것은 '조

급중'이다. 아직은 그럴 리야 없겠지만 경기가 살아나고 있는 게 확실하니까 성급하게 재정지출도 줄이고 금리도 올려야지 하는 것은 '자만'이다. 정부가 경기를 살린다고 생산성이나 효율성은 생각도 않고 여기저기 돈을 푸는 것은 '방만', 이만하면 됐다면서 경제로부터 손을 떼고 다시 정쟁(政爭)이나 과거사 문제 등에 돌입하는 것은 '방심'이라고 할 수 있다.

경기는 비행기처럼 떴다 내려앉았다 하면서 변동한다. 이를 경기순환(business cycle)이라고 하는데, 경기가 점차 좋아지는 국면을 확장기, 점차 나빠지는 국면을 수축기라고 부른다. 요즘 일부 소비지표에서 회복조짐이 나타나면서 확장기의 초기 단계에 접어들고 있다는 기대감이 높아지고 있다. 카드 사용액이 증가세로 돌아선 가운데 자동차 등 내구재 판매액이 21개월 만에 처음 플러스로 돌아섰다. 소비심리가 고소득층과 청년층을 중심으로 회복세를 보이고, 경기선행지수가 10개월 만에 플러스로 돌아선 것도 긍정적인 신호다.

물론 이 같은 소비회복이 2004년 말 대기업들의 특별상여금 지급 등에 따른 일시적 효과라는 반론도 있다. 또 급락세를 보이는 원화 환율에다 급등하는 유가 및 원자재 가격, 반도체 가격 하락, 북핵 문제 등 회복의 걸림돌이 하나둘이 아니라는 주장도 무시할 수 없다. 그러나 지난 2003년 이후 '마이너스, 둔화 또는 위축' 일색이던 소비 관련 지표가 곳곳에서 '플러스 또는 호전' 쪽으로 돌아서고 있는 것은 상당히 고무적인 현상이다.

따라서 이 같은 불씨를 잘 살려서 우리 경제를 이륙시켜야 한다. 비행기 사고는 55%가 착륙 시, 28%가 이륙 시, 17%가 순항 중에 발생한다. 착륙이 가장 어렵지만 이륙 또한 쉽지 않음을 보여주고 있다. 특히 조종사들은 사고 위험이 가장 높은 착륙하기 직전 8분과 이륙 직후 3분을 '위험한 11분(critical 11minutes)' 이라고 부르면서 신경을 곤두세운다고 한다.

일본 경제는 1990년대 초 거품붕괴로 경착륙(硬着陸)한 이후 최근까지 모두 4번이나 이륙에 실패하면서 장기침체의 늪을 헤어나지 못하고 있다. '설마, 조급, 자만, 방만, 방심' 중에서 그 원인을 찾을 수 있다는 게 전문가들의 지적이다. 이제 막 '위험한 3분' 에 들어선 우리 경제가 확실히 이륙할 때까지 우리 모두 '설마, 조급, 자만, 방만, 방심' 해서는 안 되는 이유다. 〈조선일보〉 (2005. 3. 9)

12. 레몬과 복숭아

　최근 우리 경제를 보면 "혹시 레몬이 아닐까, 그것도 겉은 멀쩡하지만 속은 썩어가고 있는 레몬이 아닐까?" 하는 생각이 든다. 레몬(lemon)은 오래되어 거의 썩을 지경이 되어도 겉은 멀쩡하다. 겉은 번드레하면서도 속은 다 썩은 중고차를 레몬이라고 부르는 것도 바로 이 때문이다. 우리말의 빛 좋은 개살구 또는 속빈 강정에 해당하는 표현이 레몬인 셈이다.

　우리 경제의 최근 성적표는 싱싱하게 보이는 레몬에 못지않게 화려하다. 1인당 국민소득은 2007년 2만 달러를 넘어설 것으로 예상되고, 주가는 2000선을 넘나들고 있다. 상품(무역)수지가 수년째 200~300억 달러의 흑자를 기록하면서 외환보유액은 2600억 달러를 넘어섰다. 소비자물가 상승률은 최근까지 2%대에서 안정돼 있고, 실업률은 3%대에서 계속 낮아지는 추세에 있다. 성장률이 4~5%대로 예전만 못하기는 해도 소득 2만 달러 시대를 맞는 선진국이라는 점에 잣대를 맞추면 이

만한 성장세를 보인 나라를 찾기도 어렵다.

이 정도의 성적이라면 온 국민이 기뻐하면서 확신에 찬 미래를 내다보고 있어야 한다. 하지만 반대로 기업이나 국민이나 희망찬 미래보다는 불안한 내일에 전전긍긍하고 있다면 지나친 표현일까?

최근 우리 경제가 나름대로 좋은 모습을 유지하고 있는 가장 큰 이유를 하나만 들라면 단연 수출이다. 전 세계적인 고성장과 환율 여건에 힘입어 수출이 호조세를 계속하고 있다. 세계 경제는 2004년부터 시작된 5% 안팎의 높은 성장세가 2008년까지 지속될 전망이다. 환율이 달러당 900원선을 위협하는 등 하락세를 보이고 있지만 외환위기전에 비해서는 여전히 높은 수준이다. 불과 2~3년 전만 하더라도 환율이 달러당 1000~1150원대에서 움직였으므로 외환위기 전 750~850원대에 비해서는 가격 경쟁력이 엄청나게 높아진 상황에서 만들기만 하면 수출이 되는 경우였다.

이에 따라 수출이 매년 두 자릿수 증가율로 고공비행을 하면서 소비와 투자 부진에 시달리는 우리 경제를 이끌고 있는 것이다. 수출 호조는 우리 기업들의 재무건전성을 높이는데도 크게 기여했다. 외환위기 이전에는 300%를 넘던 부채비율이 최근 100% 아래로 떨어졌을 뿐 아니라 상장기업이 보유하고 있는 현금성 자산은 53조 원을 넘고 있다. 기업의 성적표가 이처럼 좋아지면 주가도 오름세를 탈 수밖에 없는 것이다.

반면 수출위주의 성장은 양극화라는 부산물(副産物)도 가져왔다. 수출기업과 내수기업의 양극화는 물론 대기업과 중소기업, 대도시와 지방, 고소득층과 저소득층도 수출에 따라 울고 웃었다. 아울러 개인들은 주택담보대출을 크게 늘리면서 빚더미에 올라앉았다. 최근에는 집값이 하향안정세로 돌아선 가운데 대출금리까지 오르면서 서민들의 체감경기는 냉랭하기 짝이 없다.

이런 와중에 단발 엔진인 수출 전선에 이상 징후가 나타나기 시작했다. 서브프라임 모기지 부실과 그로 인한 신용불안이 2008년까지 이어질 전망이어서 미국 경제가 휘청거릴 것이라는 전망이 우세하다. 중국과 인도 등 잘 나가는 신흥시장국들이 미국 시장을 대체할 것이라지만 한계가 있을 수밖에 없다. 게다가 중국의 경우 2008년 베이징 올림픽 이후 거품이 꺼질 것이라는 우려가 제기되고 있다. 중국 경제가 연착륙에 실패할 경우 대중국 의존도가 높은 우리 경제에 미치는 여파는 엄청나게 클 수밖에 없을 것이다.

여기다 원유와 광물, 곡물 등 주요 원자재 가격이 급등하면서 그간 안정세를 보였던 주요국의 소비자물가가 빠른 속도로 올라가고 있다. 우리나라의 소비자물가 상승률도 지난 11월에 전년동월대비 3.5%로 뛰어 올랐다. 결국 전 세계가 성장은 둔화되고 물가는 오름세를 타는 이른바 스태그플레이션(stagflation)을 맞고 있는 것이다.

이 같은 상황의 변화가 더 두려운 것은 국내 소비와 투자가 아직도 제자리를 찾지 못하고 있기 때문이다. 앞으로 들어설 새 정부의 과제와 역량은 어떻게 소비와 투자를 활성화시키느냐에 달려 있다고 할 수 있다. 지금껏 레몬에 속아온 국민들은 이제 복숭아를, 그것도 겉이 멀쩡한 복숭아를 원하고 있다. 겉과 속이 다를 가능성이 높은 레몬과는 달리 복숭아(peach)는 겉이 좋으면 속도 좋은 믿을 만한 경우를 뜻하기 때문이다. 〈파이낸셜뉴스〉 (2007. 12. 6)

13. 앵무새와 선무당

앵무새에게 '수요와 공급'이라는 두 단어만 잘 가르치면 훌륭한 경제학자를 만들 수 있다는 말이 있다. 대부분의 경제현상은 수요와 공급만으로도 잘 설명할 수 있기 때문이다. 예를 들어, 올 가을 배추값이 폭락하는 것은 수요는 2005년과 비슷한데 공급이 크게 늘어났기 때문이다. 또 국제유가가 고공비행을 하는 것은 미국과 중국·인도 등 전 세계 경제의 호조로 수요가 급증하고 있는 반면 공급여력은 몇 년 전에 비해 크게 늘어난 게 없기 때문이다. 간신히 수급을 맞춰가는 상황에서 이란·이라크 사태가 고조되거나 대형유전지역에 허리케인이 닥치는 등 외부충격요인이 등장하면 곧바로 유가가 급등하는 것이다.

복잡하게 얽히고설킨 것처럼 보이는 요즘의 부동산 문제도 결국은 수요와 공급으로 귀착된다. 특히 최근 우리나라의 부동산시장은 국제원유시장과 비슷한 면을 보여주고 있다. 수요에 비해 공급이 부족한 상황이 계속되고 있을 뿐 아니라, 원유나 부동산이나 공급이 부족하다고 해서 금방 공급을 늘릴 재간이 없기 때문이다. 여기다 갈 곳이 없을 정도로 넘쳐나는 돈이 몰려들면서 가격 상승을 더 부추기고 있다는 점도 매우 비슷하다.

하지만 부동산시장과 원유시장을 자세히 들여다보면 적잖이 다른 점을 찾아낼 수 있다. 원유는 사실 우리 정부나 기업이 영향력을 거의 행사할 수 없는 시장이다. 오르면 오르는 대로 울며 겨자 먹기 식으로 고스란히 오른 가격을 치러야 한다. 그나마 제대로 원하는 양을 공급받을 수 있는 게 다행이라고 할 수 있다.

반면 우리나라 부동산시장은 정부의 영향력이 절대적이다. 정부가 부동산에 대한 수요와 공급을 직간접적으로 조절할 수 있기 때문이다. 소득이 올라가는 가운데 전국적으로, 그 중에서도 서울의 강남 등 일부 지역 부동산에 대한 선호도가 높아질 경우 정부가 어떻게 대처해야 할까? 방법은 크게 두 가지인데 수요가 집중되는 곳의 수요를 억제하거나 공급을 늘려주는 것이다. 보유세와 양도소득세 등 세금을 올리거나 금융기관의 주택관련대출을 억제하는 것은 수요를 줄이는 정책이다. 용적률을 높여주거나 재건축 규제를 풀어주는 등 건축 관련 규제를 완화하거나 신도시를 건설하는 것은 공급을 늘리는 정책이다. 11·15 부동산 안정대책이 이에 속한다.

하지만 최근 3년여 동안 실행된 정책을 보면 전반적인 기조가 '수요 억제·공급 제한'이라고 할 수 있다. 수요 억제는 그렇다 치더라도 공급을 풀어야 할 시점에 공급을 오히려 틀어막은 것이다. 특히 강남을 비롯한 서울 일부 지역의 경우 송파 신도시와 같은 공급확대가 전혀 없었던 것은 아니지만 수요 억제·공급 제한의 집중관리 대상이었다.

그 결과는 통계수치에서 쉽게 드러난다. 지난 10년(1996~2005년) 동안 전국적으로 새로이 공급된 주택은 연평균 50만 가구 정도였다. 그 중 절반인 25만 가구가 서울을 포함한 수도권 지역에서 공급됐다. 하지만 2004~05년 두 해를 보면 왜 서울을 포함한 수도권에서 집값이 오르고 있는지를 금방 알 수 있다. 이 두 해 동안 전국의 주택 공급량은 각각 4만 가구씩 줄어들었다. 50만 가구에서 4만 가구 정도(8%)라면 큰 문제가 아닐 수도 있다. 하지만 지역별로 보면 서울에서 3만 가구씩, 서울을 제외한 수도권에서 1만 가구씩 줄어들었다. 특히 서울의 경우 예년 평균이 8만 6000가구인데 5만 8000가구(2004년), 5만 2000가구(2005년)밖에 공급이 안됐다. 예년 평균 대비 공급 부족률이 무려 42%에 달한다. 구별(區別) 통계가 없어서 정확하지는 않지만 서울에서도 강남 등 특정 지역의 경우 이렇게 계산한 공급 부족률이 50%를 크게 웃돌 것으로 볼 수 있다.

수요는 계속 몰리는데 공급은 오히려 줄어들고 있다면 그 지역의 집값은 당연히 올라갈 수밖에 없다. 게다가 원유처럼 부동산 또한 공급에 시간이 걸리는 점을 감안하면 11·15 대책에도 불구하고 앞으로도 한동안 강남 등 일부 지역의 집값이 올라갈 것으로 봐도 큰 무리가 없어 보인다. 이 정도는 앵무새도 알 만한 경제학 상식이 아닐까? 상식에도 못 미치거나 상식조차 무시하는 선무당들의 서투른 굿판이 길어지면서 애꿎은 서민들의 내 집 마련 꿈만 사라진 셈이다.

〈파이낸셜뉴스〉 (2006. 11. 21)

14. 피로스와 강남 부동산

피로스(Pyrrhus)는 기원전 3세기쯤 북부 그리스 지방에 있던 에페이로스의 왕이다. 한니발 장군이 자신보다 뛰어난 장수로 알렉산더 대왕에 이어 피로스를 꼽을 정도로 병법(兵法)의 대가였다. 제2의 알렉산더가 되기를 원했던 그는 신생 강국 로마와 싸워 두 번이나 이겼다. 그러나 두 번째 전투에서는 아군의 피해가 너무 컸다. 환호하는 부하들에게 피로스는 "이런 승리를 다시 거두었다가는 우리도 망한다" 고 말했다. 이 '실속 없는 승리' 또는 '엄청난 비용을 치르고 간신히 얻은 승리'를 '피로스의 승리' 라고 부르고 있다. 실제로 로마와의 세 번째 전투에서 대패(大敗)한 피로스는 몰락의 길을 걸을 수밖에 없었다.

노무현 정부가 가장 우선순위에 두고 있는 경제정책을 하나만 꼽으라면 단연 '부동산 정책' 이다. 노무현 대통령은 재임 28개월 동안 부동산 문제에 대해 공식 석상에서만 28차례 발언했다. 한 달에 한 번꼴이어서 "임기 중 반드시 집값을 잡겠다" 는 대통령의 대(對)국민 약속을 모르는 국민은 없을 것 같다.

하지만 이 같은 발언과 홍수처럼 쏟아지는 부동산 안정 정책에도 불구하고 집값과 땅값의 오름세는 꺾이지 않고 있다. 게다가 올해 초 살아날 것처럼 보이던 경기마저 주춤거리는 모습이다. 이에 따라 여당 내에서도 "정부가 부동산 가격 잡으려다가 경기까지 망치고 있다" 는 비판이 제기되고 있다.

사실 요즘 우리 경제는 정책을 펴기가 매우 어려운 상황이다. 경기 침체가 장기화 조짐을 보이는 가운데 부동산시장은 과열 기미를 보이기 때문이다. 따라서 정부는 경기는 이륙시키고 부동산시장은 착륙시켜야 하는 상충관계(trade-off)에 빠져 있다고 할 수 있다. 만약 이·착륙이 순조롭지 못할 경우 경기는 더 나빠지고 결국에는 집값도 급락하는 악순환에 빠져들 가능성도 있다. 1990년대 초반 이후 지금까지의 일본 경제가 바로 그런 경우다. 부동산시장은 전체 경제의 한 부분이다. 게다가 400조 원이 넘는 부동(浮動)자금이 부동산(不動産)을 부동화(浮動化)하는데 그 누구도 이길 재간은 없어 보인다. '풍선효과' 와 '두더쥐효과'도 그래서 나온 말이다.

따라서 지금은 부동산시장의 거품 여부를 보다 정확하게 짚어볼 때다. 아직 거품이 아니라는 국제통화기금(IMF)의 분석에다 물가상승률을 감안할 경우 서울 지역 아파트 가격이 1990년대 초반과 비슷하다는 연구도 나와 있다. 또 거품이 있더라도 서울의 강남 등 일부 지역에 국한된 것을 정부가 과잉 대응하고 있다는 비판도 있다. 특히 강남이라는 특정 지역을 겨냥한 재건축 규제와 같은 정책적 악수(惡手)가 집값을 오히려 부추긴다는 지적도 있다.

'빈대 잡으려다 초가삼간 태운다'는 속담처럼 강남 또는 부동산이라는 빈대를 잡으려다 우리 경제 전체가 망가질 수 있다. 그렇게 되면 설사 부동산 가격이 안정되더라도 '피로스의 승리'가 될 뿐이다. 경제에서 발생하는 거품은 어느 정도 커지다가 터지게 마련이다. 특히 거품이 강남 등 일부 수도권의 국지적 현상이라면 모르는 척 내버려 두는 것도 방법이다. 빈대도 뛰어오르고 또 뛰어오르다가 천장(거품)에 다다르면 제 풀에 떨어질 수밖에 없기 때문이다. 때로는 참고 넘어가야 할 부분이 있다는 점을 청와대와 정부가 깨달아야 할 때다.

〈조선일보〉 (2005. 6. 14)

15. 잃어버린 10년, 준비한 10년

    최근 일본을 방문해 정부 관리, 기업인, 언론인, 경제학자들을 만나면서 느낀 일본 경제에 대한 키워드는 '자신감' 과 '변화' 다. 지난 10여 년의 장기불황을 스스로 '잃어버린 10년' 이라면서 자조(自嘲)하던 일본인들이 요즘에는 잃어버린 10년이 아니라 '준비한 10년' 이라고 말할 정도로 자신감을 되찾고 있다. 이 같은 자신감과 변화는 일본을 대표하는 기업 중의 하나인 소니가 최근 외국인 최고경영자(CEO)를 영입한 것에서도 잘 읽을 수 있다. 대다수 일본 기업인들은 필요하다면 CEO의 국적을 따질 이유가 없다는 대답이었다.

    일본 경제는 10여 년의 장기불황을 겪는 과정에서 2~3번의 회복 기회가 있었다. 그때마다 대외 여건의 악화 또는 국내 경제정책의 잘못이 겹치면서 본격적인 경기 회복에 실패하고 말았다. 최근의 경기회복은 지난 2002년 초에 시작해 올해로 4년째를 맞고 있다. 2004년 2분기와 3분기의 국내총생산(GDP) 성장률이 전기대비 마이너스로 내려앉으면서 이번에도 회복에 실패하는 것이 아닌가 하는 우려가 제기되기도 했다. 하지만 2004년 4분기 성장률이 전기대비 0.1%의 플러스로 돌아선 가운데 2005년 여름부터는 본격적인 경기회복을 볼 수 있을 것이라는 전망이 나오고 있다.

이 같은 낙관적 전망의 근거는 무엇보다 최근의 회복세가 과거와 같은 정부의 인위적인 경기부양책에 의한 것이 아니라는 데 있다. 개인 소비와 기업의 설비투자 등 민간의 자생력이 이번 경기회복의 원동력이 되고 있다는 것이다. 소비 회복세는 아직 미약하지만 기업의 설비투자는 본격적인 궤도에 접어든 것으로 보고 있다.

일본의 기업들은 10여 년의 불황을 거치면서 꾸준한 구조조정을 통해 군살을 거의 다 제거했다. 이른바 '과잉 부채(debt), 과잉 고용(people), 과잉 설비(capacity)' 의 3과잉에서 벗어나고 있는 것이다. 최근 일본 기업들의 수익은 1980년대 후반 거품경기 당시와 비슷한 수준까지 높아졌다. 기업들이 이 같은 수익을 바탕으로 설비투자와 연구개발(R&D)에 적극 나서고 있는 것이다. 미래의 불확실성을 내다보고 하는 것이 투자라는 점에서 일본 기업들의 축적된 자신감의 결과로 볼 수 있다.

게다가 14년 내리 하락을 계속하던 일본의 부동산 가격도 하락세를 멈출 기세를 보이고 있다. 2004년 도쿄 중심가의 택지 가격이 17년 만에 처음으로 상승세를 기록하는 등 일부 대도시를 중심으로 오름세로 돌아서고 있다. 부동산 가격이 더 이상 떨어지지 않을 것이라는 확신이 서면 일본인들의 소비행태가 크게 바뀔 것이다. 부동산 가격 하락과 소비 위축이라는 악순환에서 벗어날 수 있기 때문이다.

일본은 10여 년 간 불황을 겪었지만 1인당 국민소득은 3만 6000달러를 넘는다. 경제 규모와 개인금융자산은 미국에 이어 세계 2위일 뿐 아니라 외환보유액은 세계 1위다. 이 같은 일본 경제가 10여 년의 준비기 또는 성숙통(成熟痛·maturing pain)을 벗어나는 조짐을 보이고 있다. 부활에 성공하든 못하든 일본 경제가 우리 경제에 미치는 영향은 매우 크다. 최근 독도와 교과서 문제 등으로 일본이 멀어지고 있다. 따질 것은 분명히 따지되 이런 때일수록 차분한 자세로 일본 경제의 흐름을 주시하면서 인력과 기술 교류는 물론 자유무역협정(FTA) 협상 등을 예정대로 추진해 나가야 할 것이다. 〈조선일보〉 (2005. 4. 1)

16. 돌지 않는 돈의 운명

요즘 일본에서는 오래된 집을 청소하거나 철거하다가 횡재(橫財)하는 수가 심심찮게 발생한다고 한다. 자식이나 가까운 친척이 혼자서 살다가 죽은 노인의 물건을 정리하다가 다다미 밑이나 벽장 등에서 적잖은 현금뭉치를 발견하는 것이다.

왜 이런 일이 일어나는 것일까. 무엇보다 정기예금 금리가 연 0.02~0.03%에 불과해 굳이 은행이나 우체국에다 돈을 맡겨 놓을 필요가 없기 때문이다. 실제로 일본인들의 장롱이나 벽장에서 잠자고 있는 현금이 25조엔(250조 원)을 넘는다는 추정도 있다. 사정이 이렇다 보니 시중에 돌아다니는 돈의 양을 재는 척도인 통화(通貨) 증가율은 최근 전년 대비 2%에도 못 미치고 있다. 개인 소비와 기업 투자의 위축으로 돈을 쓰겠다고 나서는 사람이 없기 때문이다. '돌고 돌아서 돈'이라는 돈이 제 역할을 못하고 다다미 밑이나 은행 금고 속에서 곰팡이만 키우고 있는 셈이다. 10년 넘어 계속되는 장기불황에다 제로 금리가 만들어

낸 기현상이다.

　우리나라는 최근 정기예금 금리가 연 3.5% 안팎으로 일본에 비하면 높은 편이다. 하지만 세금(이자액의 16.5%)을 빼고 나면 3%에도 못 미칠 뿐 아니라, 소비자물가 상승률(3%대)을 감안하면 실질금리는 마이너스에 머물고 있다. 그래도 장롱이나 금고에 넣어두기는 불안할 뿐 아니라 3%라도 받는 것이 낫기 때문에 예금을 하고 있는 것이다. 하지만 2년 전만 하더라도 10% 안팎이던 통화 증가율이 최근에는 5~6%대로 뚝 떨어진 상황이다.

　더 큰 문제는 은행에 들어간 돈의 운명이다. 2005년 들어 은행의 대출 증가율이 7년 만에 가장 낮은 수준을 기록했다. 은행들이 제발 돈 좀 쓰라고 통사정을 하는데도 이렇다. 기업들이 투자를 꺼리는 가운데 60조원이 넘는 현금(만기 1년 이내의 단기금융상품 포함)을 쌓아 놓고 있어서 자금수요가 없기 때문이다.

　예를 들어, 주식 시가총액 50위권 내에 드는 상장기업 중 2004년 1년 동안 은행으로부터 빌린 돈이 늘어난 곳은 12곳에 불과했다. 삼성전자·POSCO·SK텔레콤·태평양 등 아예 은행 채무가 없는 기업도 7곳이었다. 반면 개인들은 이미 빌린 돈이 워낙 많아 더 빌려 쓸 엄두도 못 내고 있다. 1인당 부채가 1000만 원 정도로 1인당 소득의 60%를 넘고 있다. 이 바람에 조세공과금을 빼고 남은 가처분소득 중 4분의 1을 부채 원리금으로 상환하고 있다.

　여기다 정부의 강력한 투기억제책으로 부동산 거래가 끊기다시피 한 것은 개인들의 자금흐름을 더 옥죄고 있다. 집이나 전·월세를 옮기고 싶어도 아예 보러 오는 사람이 없다는 푸념뿐이다.

17세기 영국의 프랜시스 베이컨은 "돈은 비료와 같아서 널리 퍼지지 않으면 쓸모가 없다"고 말했다. 돈이 우리 경제에 널리 퍼져 비료의 역할을 제대로 할 수 있도록 정부가 나서야 할 때다. 강남 등 일부 지역이나 계층을 겨냥한 무리한 부동산 정책은 이제 그만둬야 한다. 가격 안정보다는 거래중단으로 인해 다른 지역과 계층이 오히려 더 큰 피해를 보기 때문이다.

아울러 투자 분위기를 조성하기 위해 보다 실질적인 규제완화는 물론 연구개발(R&D) 투자에 대한 적극적인 감세와 지원에 나서야 한다. 기업이 투자하기 시작해야 돈이 돌고 경제가 돌아가기 때문이다.

〈조선일보〉 (2005. 5. 14)

17. 돌 돈(Stone money)과 신뢰, 그리고 금융

필리핀에서 동남쪽으로 1000km 정도 떨어진 '야프(Yap)' 라는 작은 섬나라. 미크로네시아연방공화국에 속하는 이 섬의 별명은 '돌 돈의 나라(The Land of Stone Money)' 이다. 4개의 섬이 하나처럼 붙어 있어서 야프제도라고 부르기도 하는데, 전체 면적이 52km²로 여의도의 5배 정도에 불과하다. 이런 섬에 지금도 무려 6000여개의 돌 돈이 흩어져 있다. 옮기기에 편리하도록 둥글게 깎은 다음 중앙에 구멍을 뚫은 모양이어서 커다란 도넛 또는 맷돌처럼 생겼다. 큰 것은 지름 3m에 무게가 수천kg이나 나가는 이 돌들은 야프에서 흔히 굴러다니거나 캘 수 있는 돌이 아니다. 500km 이상 떨어진 팔라우(Palau)라는 섬에서 캐온 것이다. 자그마한 카누를 타고 가서 큰 돌을 캐서 뗏목에 싣고 돌아오는 것은 그야말로 목숨을 건 대장정이었다.

아무리 그래도 금도 은도 아닌 돌이 도대체 어떻게 돈이 될 수 있을까? 하지만 자세히 들여다보면 1500년 전부터 지금까지 사용하고 있는 야프의 돌 돈은 '현대판 돈의 원형'이다. 사실 우리가 쓰고 있는 지폐나 동전은 그 자체로서는 아무런 소용이 없다. 다만 정부가 돈이라고 보증을 했기 때문에 누구나 신뢰를 주고 서로 가지려고 하는 것이다. 마찬가지로 야프의 돌 돈도 그 자체로서는 아무런 소용이 없다. 다르다면 정부가 아니라 사람들 스스로 신뢰를 주고받았다는 점이다. 야프 사람들은 부(富)를 상징하는 돌을 집 앞에다 놓기도 하지만 동네 한 군데에 모아 놓기도 한다. 일종의 '돌 은행(Stone money bank)'으로 여기서 소유권만 바뀌는 것이다. '내 집을 당신에게 넘겼으니 오늘부터 이 돌은 내 것'이라는 것과 인터넷을 통해 물건을 사고팔면서 계좌이체를 통해 돈을 넘겨주고 받는 것과 다를 게 없지 않은가? 요즘엔 야프 주민들도 대부분 미국 달러를 주고받지만 주택매매나 결혼지참금과 같은 큰 거래에는 아직도 돌 돈을 사용하고 있다고 한다.

흔히 금융업을 돈 놓고 돈 먹는 장사라고 한다. 이번 글로벌 금융위기를 겪으면서 미국과 유럽의 내로라하는 대형 상업은행들이 정부와 중앙은행의 지원을 받거나 심지어 국유화되는 수모를 겪었다. 미국의 5대 투자은행 중 3개는 파산 또는 인수합병으로 자체 간판을 내렸다. 그나마 살아남은 1, 2위 투자은행 골드만삭스와 모건스탠리는 상업은행으로 전환해 미국 정부와 FRB의 감독을 받게 되었다. 없던 감독과 규제를 감수하더라도 FRB의 돈줄이 더 절실했기 때문이었다. 중앙은행의 돈줄을 잡는다는 것이 무엇을 의미하는가? 바로 자신의 신뢰를 높이는 수단이다. 투자은행에서 상업은행으로 전환함으로써 앞으로 얼마든지 돈을 빌려올 창구를 마련했으므로 우리 은행과 마음 놓고 거래해도 된다는 뜻이다.

이처럼 금융회사는 돈을 먹고 사는 것이 아니라 신뢰를 먹고 산다. 신뢰를 잃는 순간 이른바 뱅크런이나 펀드런이 일어난다. 고객들이 한꺼번에 예금이나 펀드를 빼나갈 경우 당해낼 금융회사는 없을 것이다. 이번 금융위기는 우리나라를 포함한 전 세계 금융업에게 특히나 신뢰가 한 차례 더 중시되는 계기가 될 것이다. 공격적인 투자와 고객보호가 미흡한 금융회사들이 뒤로 물러서고 상대적으로 보수적이고 고객 위주의 투자로 신뢰를 쌓은 금융회사들이 약진하는 좋은 기회가 될 것이다. 신뢰가 아무런 소용없는 돌을 돈으로 만든 것처럼 '신뢰는 곧 돈'이기 때문이다. 하지만 돈으로도 살 수 없는 게 신뢰다. 신뢰(Trust)가 전통과 실력, 고객에 대한 존경(Respect)과 끊임없는 혁신(Innovation)을 통해서만 얻을 수 있는 금융회사의 가장 큰 자산인 이유이다.

〈Life Leader〉 (2009. 8)

18. 베어마켓 랠리와 황소

　뉴욕 월스트리트의 입구에는 청동으로 만든 씩씩한 황소가 서 있다. 우리나라에서도 거래소나 증권사에 가면 황소상을 흔히 만날 수 있다. 이 황소상들은 "우리는 제발 황소만 보고 싶다" 는 증권사와 투자자들의 기원을 온 몸으로 받고 있다.

　왜 하필이면 그 많은 동물 중 황소일까? 서양인들은 예전부터 시장에서 가격이 계속 오르는 경우를 '황소 시장(bull market)' 이라고 불렀다. 청도 소싸움에서 보는 것처럼 황소는 머리를 숙였다가 위로 치받으면서 공격한다. 이 같은 황소의 버릇을 지속적으로 가격이 올라가는 현상과 비슷하다고 본 것이다. 황소시장과 반대로 가격이 계속 떨어지는 시장은 '곰 시장(bear market)' 이라고 부른다. 곰이 적을 만나 곧추 서서 두 앞발로 위에서 아래로 찍어 누르는 모습을 떨어지는 가격에 비유한 것이다.

　최근 우리나라와 미국 등 주요국 주식시장의 급등을 놓고 황소냐 곰

이냐에 대한 견해가 엇갈리고 있다. 한편에서는 주가가 추세적으로 상승하는 황소시장이 시작됐다는 장밋빛 전망을 내놓고 있다. 2007년 하반기부터 시작된 추세하락이 올 3월로 끝나면서 대세상승기로 접어들었다는 주장이다. 반면 '베어마켓 랠리(bear market rally)' 라는 주장도 만만치 않은 세력을 얻고 있다. 베어마켓 랠리는 말 그대로 주가가 추세적으로 하락하는 곰 시장이 계속되는 가운데 발생하는 일시적인 반등 현상을 의미한다.

비관론자의 대표주자인 누리엘 루비니 뉴욕대 교수는 최근의 주가상승을 '바보들의 행진(sucker's rally)' 이라면서 베어마켓 랠리라고 주장하고 있다. 투자자 조지 소로스와 폴 크루그먼 프린스턴대 교수 등도 루비니 교수에게 힘을 실어주고 있다. 베어마켓 랠리는 과거에도 여러 차례 발생했었다. 대공황 때인 1930~32년의 경우 다우지수는 3번에 걸쳐 20% 이상 상승했었다. IT거품의 붕괴로 주식시장이 폭락했던 2002~03년 사이에도 다우지수는 두 번이나 각각 18%, 34%의 상승장을 연출했었다. 우리나라도 외환위기시 전형적인 베어마켓 랠리를 보였었다. 1997년 12월 중순 350까지 폭락했던 코스피지수는 다음 해 3월 초까지 무려 64%나 급등한 뒤 이후 3개월에 걸쳐 다시 51%나 떨어졌다.

물론 이번 위기가 대공황이나 외환위기 당시를 비슷하게 되풀이한다고 볼 수만은 없다. 폭락장 속에서 말을 아끼던 '황소장의 여제' 라 불리는 애비 코헨(골드만삭스의 투자전략가)은 5월 초 "향후 6~12개월 동안 미국 주가가 20% 더 오를 것" 이라는 주장을 내놓았다. 지난 3월 9일의 저점(다우지수 6547)을 기준으로 최근까지 25% 오른데 더해 20%나 더 오를 것이라는 주장이니까 빠르면 9개월 내에 무려 50%나 오른다는 전망이다. 많이 내린 만큼 많이 오를 것이라는 데 이의를 제기하기도 쉽지 않은 상황이다.

이렇게 한다하는 전문가들도 엇갈리면 과연 어느 쪽에 무게를 둬야 할까? 일단 비관론 일색이던 주식시장에서 낙관론이 고개를 들고 있다는 사실만 해도 좋은 소식으로 볼 수 있다. 그러나 한 가지 분명한 사실은 주식시장과는 달리 실물시장은 아직도 찬바람이 몰아치고 있을 뿐 아니라 적어도 올해 말 또는 내년 상반기까지 봄바람을 기대하기가 어렵다는 점이다. 이런 상황에서 소비와 투자 등 실물지표들이 빠른 시일 내에 바닥을 치고 돌아서지 않는다면 최근의 랠리는 베어마켓 랠리에 그치면서 황소는 또 한 차례 뒷걸음을 치게 될 것이다.

〈Life Leader〉 (2009. 5)

19. 미국·중국·한국 증시의 3가지 공통점

43개 중 30개. 2007년 들어 5월 중순경까지 전 세계 주요국 증시 중 사상최고치를 경신한 증시의 비율이다. 특히 선진국을 대표하는 미국과 신흥시장국을 대표하는 중국 증시가 연일 최고치를 경신하면서 글로벌 증시를 주도했다. 투자자들은 마치 아슬아슬한 서커스를 보는 것처럼 마음을 졸였다. 올라도 너무 올라서 곧 떨어질 것 같으면서도 계속 올랐기 때문이다. 여기에 편승해 우리나라 증시도 사상최고치 대열에 합류했다.

미국 부동산시장에서는 2006년에 '버블 시터(bubble sitter)' 라는 말이 유행했다. 집값이 너무 많이 올랐으므로 집을 팔고 집값이 내릴 때까지 팔짱을 끼고 앉아서 기다리는 사람들이다. 반대로 아직은 더 오를 여력이 있다면서 집을 계속 가지고 있거나 더 사들이는 사람은 '버블 라이더(bubble rider)' 라고 할 수 있다. 값이 많이 올라 버블이기는 해도 앞으로도 상당 기간 버블이 더 갈 것으로 보는 사람들이다.

최근의 주식시장도 결국 버블 시터와 버블 라이더 사이의 힘 겨루기라고 할 수 있다. 시장참여자 중 버블 시터보다 버블 라이더가 더 많으면 주가는 계속 오름세를 탈 것이고, 버블 시터가 더 많으면 주가는 어느 순간 내림세로 돌아설 것이다. 특히 버블 라이더가 압도적으로 많을 뿐 아니라 더 많은 낙관적인 자금이 주식시장에 유입된다면 일부 투자자와 전문가들의 주장대로 글로벌 증시는 대세 상승기에 접어들게 될 것이다.

1. 시중에 돈이 많다

이쯤에서 미국과 중국, 한국 증시의 공통점을 찾아보자. 첫 번째는 세 나라 모두 시중에 돌아다니는 돈이 너무 많다는 점이다. 미국의 경우 시중유동성 규모를 재는 잣대의 하나인 M2 증가율이 2006년 4분기 이후 전년동월대비 8~9%대로 높아졌다. 연방준비제도이사회(FRB)가 2004년 6월부터 2006년 6월까지 17차례 연속 금리를 인상하던 시기에는 M2의 증가율이 연평균 4~5%대를 유지했었다. 하지만 2006년 8월 정기회의 이후 금리 인상을 중단하면서 M2 증가율이 한 단계 높아지는 모습이다.

중국의 경우 금리와 지급준비율을 계속 인상하고 있는 가운데서도 M2 증가율이 연간 목표치(16%)를 웃도는 17%대를 유지하고 있다. 2006년부터 최근까지 지급준비율을 7번, 금리를 3번이나 인상한데 이어 5월 8일에는 외화예금에 대한 지급준비율을 4%에서 5%로 1%포인트 인상했다. 하지만 아직도 금융기관들의 여유자금이 많은 것으로 파악되고 있어서 연말까지 금리와 지급준비율을 두세 차례씩 더 인상할 것이라는 예상이 나오고 있다.

우리나라도 예외가 아니다. 2006년 상반기만 하더라도 6~7%였던 M2 증가율이 최근 11%를 웃돌고 있다. 특히 시중에서 유통되고 있는 돈의 전체 규모를 의미하는 광의유동성(L)은 3월 말 현재 1,876조 원으로 1년 만에 205조 원, 12.3%의 급등세를 보였다. 2006년 국내총생산(GDP) 848조 원의 4분의 1에 해당하는 엄청난 규모의 돈이 1년 사이에 시중에 더 풀려나간 것이다. 게다가 시중에 떠다니는 부동자금 규모를 살펴볼 수 있는 단기 유동성(6개월 미만 금융상품)의 규모도 3월 말 현재 550조 원으로 계속 늘어나는 추세에 있다.

2. 부동산시장의 안정 또는 위축

두 번째 공통점으로는 이들 세 나라에서 부동산시장이 안정 또는 위축되고 있다는 점을 들 수 있다. 미국의 경우 2005년 3분기를 고점으로 주택가격 상승률이 둔화되기 시작해 2006년 하반기에는 하락세로 돌아섰다. 여기다 서브프라임 모기지의 부실이 겹치면서 미국 주택시장은 당분간 상승세로 돌아서기는 어려울 것이라는 전망이다.

우리나라의 경우 정부의 거듭된 주택시장 안정대책으로 주택거래가 거의 실종되다시피 하고 있다. 급매물을 정상적인 거래라고 볼 수는 없지만 급매물의 거래가격으로만 본다면 주택가격이 하향 안정세로 돌아서고 있다. 또 총부채상환비율(DTI)과 주택담보인정비율(LTV) 등 각종규제로 인해 금융기관들이 주택관련 대출을 거의 중단하다시피 하고 있다. 여기다 종합부동산세 등 과세부담으로 인해 앞으로도 당분간 주택거래가 활성화되거나 그에 따라 가격이 급등세로 돌아설 가능성은 낮아 보인다.

중국의 경우 주택가격 상승률이 2004년 10%대에서 최근에는 5%대의 안정을 유지하고 있다. 물론 베이징과 선전(深圳) 등 일부 지역은 아직도 10% 안팎의 높은 증가세를 유지하고 있지만 전반적으로는 안정세를 찾고 있다고 할 수 있다. 한 가지 짚고 넘어갈 것은 최근 제정된 중국의 물권법이 토지소유권과 상속권을 인정할 가능성이 크다는 전망이 나오고 있어서 주택소유 붐이 발생하면서 주택가격이 재차 급등세로 돌아설 가능성도 배제할 수 없다는 점이다.

3. 주식시장의 유동성 장세

결국 시중에 돌아다니는 돈은 많은데 부동산시장이 안정 또는 위축되는 조짐을 보이면서 돈들이 대거 주식시장으로 이동, 주가를 끌어올리고 있다고 볼 수 있다. 사실 이 같은 상황은 미국·중국·한국에만 국한된 것이 아니라 전 세계적인 현상이라고 할 수 있다. 다시 말해 전 세계적으로 풍부한 글로벌 유동성이 원유 및 금·은·구리·니켈과 같은 원자재 시장과 부동산시장을 거쳐 증시로 유입되거나 이 시장 저 시장을 넘나들면서 글로벌 유동성 장세가 계속되고 있다고 볼 수 있다. 최근 국제 곡물 가격이 급등하고 있는 것도 같은 연장선상에서 해석할 수 있다. 또 전 세계 경제가 2004년 이후 5% 안팎의 고성장세를 이어가고 있을 뿐 아니라 2008년 이후까지 이어질 것이라는 국제통화기금(IMF) 등 주요기관들의 예측도 기름을 붓고 있는 셈이다.

그렇다면 이 같은 유동성 장세가 언제까지 계속될 수 있을 것인가?

대세상승을 주장하는 전문가들은 어느 정도 조정을 겪기는 하겠지만 상승세는 꺾이지 않을 것이라고 말하고 있다. 이들은 중국 경제가 적어도 2008년 베이징 올림픽까지는 탄탄한 성장세를 이어갈 뿐 아니라, 미국 경제의 부진을 유럽과 일본이 메워줄 것이므로 앞으로도 주요국 증시의 사상최고치 경신 행진은 계속될 것이라고 내다본다.

반대로 이미 너무 올랐기 때문에 앞으로 좀 더 오른다고 하더라도 조만간 큰 폭의 조정과 그에 따른 후유증은 불가피하다는 주장도 무시할 수 없다. 일부 전문가들은 최근의 상황을 '첫 번째의 진정한 글로벌 버블(the first truly global bubble)' 또는 '지나친 도취감(excessive euphoria)' 등으로 표현하면서 과열에 대한 경고의 목소리를 높이고 있다.

이 같은 상황과 관련해 금융시장에서 자주 인용되는 문구를 한번 돌아보기로 하자.

"금융시장은 가젤의 민감성, 치타의 속도, 코끼리의 기억력을 가지고 있다(Financial markets have the sensitivity of a gazelle, the speed of a cheetah, and the memory of an elephant)"

미국 연방준비제도이사회(FRB) 부의장을 지낸 프린스턴대의 앨런 블라인더(Alan Blinder) 교수가 한 말이다. 금융시장은 가젤(아프리카에 사는 소과 동물)처럼 위험에 매우 민감할 뿐 아니라, 위험을 인지하는 순간 치타처럼 빠른 속도로 달아난다. 또 자신에게 닥친 위험과 그 위험의 발생 원인에 대해서는 코끼리처럼 오랫동안 기억을 한다는 것이다.

현재 우리가 귀담아 들어야 할 부분은 처음 두 부분이다. 가젤처럼 위험에 민감하게 반응해야 하는 동시에 위험하다고 생각하는 순간 남보다 한 발 빨리 시장을 탈출하는 것이다. 말은 쉬워도 행동은 어려운

게 투자이다. 위험에 대한 보다 신속하고 정확한 분석과 평가가 필요한
때이다. 〈KRX〉(2007. 6)

20. 카산드라와 폴리아나

'카산드라(Cassandra)'는 그리스신화에 나오는 트로이의 공주다. 미래를 예언하는 능력을 얻었지만 누구도 그 예언을 믿지 않는 저주도 함께 받았다. 그녀의 예언대로 트로이가 함락되고 자신도 죽임을 당한 이후 카산드라는 나쁜 일이나 재앙을 예언하는 사람의 대명사로 쓰이고 있다.

카산드라와 반대되는 개념이 '폴리아나(Pollyanna)'다. 미국의 엘리노 포터가 1913년에 발표한 동화의 제목이자 여주인공인 폴리아나는 낙관적인 성격으로 온 마을을 즐겁고 행복하게 만들어준다. 하지만 현실은 동화와 달라서인지 평소 근거도 없이 지나치게 낙관적인 사람을 폴리아나라고 부른다.

경기 불황이 예상보다 길어지면 여기저기서 카산드라가 출현하기 시작한다. 연구기관과 경제학자들이 서로 경쟁하듯 비관적인 예측을 내놓는 것이다. 그러나 일반국민과 기업인들은 선뜻 믿으려 하지 않고,

정부는 낙관적인 예측을 앞세운다. 다행히 경제가 호조세로 돌아서면 카산드라들은 언제 그랬느냐는 듯이 슬그머니 꼬리를 감춘다. 호황과 불황이 반복되는 통상적인 경기 순환 과정에서 일어나는 일종의 해프닝이다.

반대로 상황이 점점 더 나빠지고 장기화되면 카산드라는 더 기승을 부린다. 이때 정부는 현실을 인식하고 경기 흐름을 돌려놓기 위한 정책과 대안을 내놓기보다는 '곧 괜찮아질 것' 이라는 낙관적인 거짓말만 되풀이하는 폴리아나가 되기 십상이다. 때로는 카산드라를 호되게 비판하기도 한다. 이런 와중에 사람들의 불신이 점점 더 깊어지면 정부가 내놓는 정책들이 무용지물(無用之物)이 되면서 카산드라의 비관적 예언이 불행하게도 맞아 떨어지는 경우가 발생한다.

아르헨티나와 필리핀이 여기에 해당할 것이다. 폴리아나형(型) 정부가 포퓰리즘(populism)적인 정책을 내놓는 가운데 경제 전체가 수렁으로 빠져들었기 때문이다. 장기 불황에서 좀처럼 헤어나지 못하는 일본과 최근의 우리 경제도 이와 비슷한 상황에 처해 있다고 볼 수 있다.

반면 정부와 지도자가 스스로 카산드라가 되는 경우도 있다. 1979년에 취임한 영국의 마거릿 대처 총리는 당시 '영국병(英國病)' 을 앓고 있던 국민들과 기업을 향해 "이대로 가면 희망이 없다" 는 비관적 전망을 서슴지 않았다. 동시에 "변해야 산다" 면서 시장원리와 경쟁을 살리는 규제개혁, 법과 질서에 입각한 노사관계, 민영화 등을 통해 영국 경제를 과감하게 수술해 나갔다.

이후 10년 넘게 계속된 대처 총리의 일관된 개혁은 영국을 다시 일류 국가로 올려놓았다. 한때 '네덜란드병(Dutch disease)' , '서유럽의 병자(病者)'

로 불리던 네덜란드와 아일랜드도 영국과 비슷한 상황에서 정부가 카산드라를 자처하면서 국민과 기업의 대타협을 이끌어냄으로써 오명(汚名)에서 벗어날 수 있었다.

이들 3개국의 성공 핵심은 두 가지다. 정부와 지도자 스스로가 카산드라의 역할을 맡고 나섰을 뿐 아니라 경제 상황에 대한 설득력 있는 분석과 미래 예측으로 국민들에게 위기의식과 비전을 동시에 제시했다. 아울러 정권이 바뀌어도 법과 원칙에 입각한 정책의 일관성을 유지함으로써 국민들의 반대를 신뢰로 바꾸었다는 점에서 '신뢰받는 카산드라'였다.

우리 정부도 카산드라를 자임하고 나서기를 감히 기대해본다. 국민들도 폴리아나보다는 카산드라 정부를 원할 것이다. 〈조선일보〉 (2005. 1. 28)

21. 영국의 회생과 아르헨티나의 몰락

'아르헨티나, 필리핀, 미얀마.' 이들 세 나라는 한 때 잘 나갔거나 잘 나갈 수 있는 여건을 갖추고 있었지만 지금은 변방으로 밀리다 못해 잊혀져 가고 있는 나라들이다.

먼저 아르헨티나를 설명하려면 캐나다가 함께 나와야 한다. 100년 전인 19세기 초반만 하더라도 아르헨티나와 캐나다는 세계 5~6대 부국에 드는 나라였다. 큰 땅덩어리에 풍부한 자연자원, 백인 위주의 적은 인구로 여러 가지 조건 면에서 비슷했다. 특히 파리 사교계에서는 아르헨티나 부자들이 많이 드나들었던지 부자하면 '아르헨티나 사람처럼 부자(riche comme un Argentin, 영어로는 as rich as an Argentine)' 라고 말할 정도였다.

하지만 100년이 지난 지금 캐나다와 아르헨티나는 말 그대로 천양지차라고 할 수 있다. 캐나다는 미국과 붙어 있다는 이점을 잘 살리면서도 개방화 위주의 경제정책을 통해 1인당 국민소득이 3만 달러가 넘는다. 선진 7개국(G7)에도 드는 강대국이다. 반면 아르헨티나는 군부 독재와 인기영합성 정권이 이어지는 가운데 과도한 복지와 선심성 정책이 남발되면서 툭 하면 위기를 겪는 '위기의 나라'로 불리고 있다. 2005년에 겨우 1인당 소득이 4000달러를 넘어섰지만 전 세계 평균 7000달러에 비하면 그 절반에 불과하다.

1. 1~2%가 100년이면?

비슷한 수준의 나라가 100년 만에 소득 격차가 거의 10배 가까이 벌어진 실제적인 예다. 100년 만에 이 정도 차이가 나려면 아르헨티나가 100년 동안 연평균 0%(제로 성장) 정도했다면 캐나다는 같은 기간 연평균 2% 이상 성장을 지속했다는 계산이 나온다. 1~2%가 큰 의미가 없는 것 같지만 쌓이고 쌓여 100년이 가면 빈부(貧富)의 격차가 이 정도까지 벌어지는 것이다. 최근 우리 경제의 성장률이 3~4%대를 벗어나지 못하고 있다는 점을 "그럴 수도 있지, 뭐" 하는 정도로 치부해서는 안 되는 이유다.

아르헨티나에 비해서는 예전의 영광도 못하고 현재는 더 형편없지만 필리핀과 미얀마(버마) 또한 눈여겨 볼 나라들이다. 필리핀은 2차 세계대전 직후만 하더라도 아시아에서 일본 다음으로 잘 사는 나라였다. 50여 년 동안 미국 식민지였던 까닭에 인프라가 제대로 갖춰진데다 영어 사용 인구도 많아 아시아개발은행(ADB) 본부를 수도 마닐라에 유치할 정도였다. 그러나 이후 부패정권의 독재와 정치 혼란이 이어지면서 경제도 함께 추락하기 시작해 지금은 1인당 소득 1000달러 안팎의 가난한 나라로 전락했다. 일거리가 없어 대학을 나온 여자들이 홍콩이나 싱가포르는 물론 우리나라와 일본 등지에서 허드렛일을 해 가족을 먹여 살리고 있다. 현재 서울 광화문 네거리에 있는 문화관광부와 미국 대사관 건물을 지을 정도였던 필리핀 기업들이 이제는 국내에서도 지을 사람과 돈이 없어서 고용을 못하고 있기 때문이다.

미얀마는 반정부 운동가 겸 정치인 아웅산 수지가 아니었다면 정말로 잊혀진 나라라고 할 수 있다. 하지만 필자가 만난 뉴질랜드의 짐 볼저 전 총리(1990~97년 재임)에 따르면 '1960년대만 하더라도 미얀마는 아시아국가 중 가장 전망이 밝은 나라'였다. 당시 미얀마는 동아시아 체육대회를 주관하는 등 동아시아의 맹주 역할을 하고 있었다. 지금의 40대 이상 세대는 당시 우리나라 축구의 발목을 잡았던 대표적인 나라가 말레이시아와 함께 버마였던 것을 기억할 것이다. 그러던 미얀마가 지금은 1인당 소득 200달러 안팎으로 지구상 가장 가난한 나라로 잊혀져 가고 있다.

2. 부패와 인기영합, 정치혼란

이들 세 나라가 도약의 기회를 잃고 빈국(貧國)으로 전락하게 된 공통점은 무엇일까? 나라마다 시기에 따라 조금씩 다르기는 해도 부패한 독재자 또는 인기영합적인 리더가 오랫동안 집권하거나 서로 엇갈리면서 정치적·경제적 혼란이 계속됐다는 점을 들 수 있다. 이들은 또 국민들의 귀와 입을 막으려는 과정에서 사회나 경제를 고립 또는 폐쇄화시키는 경향이 있다. 요즘의 미얀마가 그렇고, 아르헨티나는 지금도 외세 배척과 자립경제를 외치는 목소리가 남아있다. 최근 우리나라의 대미(對美)·대일(對日) 정책처럼 명분도 듣기에 좋을지 모르지만 결국 손해 보고 고통받는 것은 불쌍한 국민들이라는 것을 이들 세 나라가 잘 보여주고 있다.

부패한 독재 정권이나 인기영합적인 정권이 이어지면 기업하는 사람들은 죽을 맛이다. 통상 부패청산 또는 국민을 위하는 정책의 공격 대상이 되기 때문이다. 이와 함께 정책이나 노선이 오락가락할 경우 미래의 불확실성이 커지기 마련이다. 한 치 앞을 내다볼 수 없는데 5년, 10년을 내다보고 투자에 나설 기업이 어디 있겠는가? 결국 이들 세 나라는 투자 감소(자본의 해외탈출 포함) → 고용 감소 → 소득 감소 → 소비 감소 → 투자 감소라는 '축소균형'의 악순환에 빠지고 만 것이다.

우연인지 모르지만 이들 세 나라의 부패지수는 나란히 최하위권이다. 조사대상 159개국(국제투명성기구, 2005년) 중 미얀마는 155위, 필리핀은 117위, 아르헨티나는 97위에 불과하다. 축소균형으로 빠져드는 과정에서 부패는 계속 확대 재생산되고 있다고 볼 수 있는 점이다. 다행히 우리나라의 부패지수는 40위로 이들 나라보다는 좋은 편이다. 하지만 요즘 우리 경제가 이 같은 축소균형의 시작점에 와 있는 것은 아닐까?

피부에 더 와 닿고 극적인 경우가 북한이다. 필자가 중·고등학교를 다닐 때인 1970년대 초중반만 하더라도 남한과 북한 경제는 우열을 가리기 힘들 정도로 백중세였다. 당시 교과서나 반공교육에서는 북한이 지지리도 못 사는 나라로 그려지고 있었고, 대다수 남한 사람들도 그렇게 믿고 있었다. 하지만 실제로는 북한이 남한보다 더 잘 살았다는 주장도 있다.

일단 사는 정도가 비슷했다고 해보자. 그렇다면 남한이나 북한이나 당시 1인당 국민소득이 400달러(1973년 남한 기준) 안팎이었다. 온 국민이 하루에 1달러로 간신히 살아가는 정도였다. 하지만 이후 급격하게 차이가 벌어지기 시작했다. 남한은 1인당 소득이 1977년에 1000달러, 1995년에 1만 달러를 넘어서고 2만 달러 달성(2008년경)을 눈앞에 두고 있다. 반면 북한은 현재 1인당 소득이 900달러 안팎에 불과하다. 1990년대 중반까지 10여 년간 마이너스 성장이 이어지면서 굶어 죽다 못해 나라를 탈출하는 사태까지 일어나고 있다. 인민과 노동자의 천국을 만들겠다던 나라가 도리어 지옥이 되고 말았다. 불과 20~30년 사이에 벌어진 현실이다.

3. 영국, 아일랜드, 네덜란드

이 세 나라 역시 공통점이 많은 그룹이다. 역사적·문화적·지리적 유사성은 우연이라고 치더라도 경제적으로도 비슷한 점이 많다. 무엇보다 잘 사는 유럽 국가라는 점이다. 2005년 기준으로 영국과 네덜란드는 1인당 국민소득이 3만 7000~8000달러대로 비슷하고, 아일랜드는 4만 4000달러대에 달하고 있다.

하지만 이들 세 나라가 지금까지 오는 과정은 결코 순탄하지만은 않았다. 한 때 잘 나가던 1류 국가들이었지만 1970~80년대에 국제사회에서 병자(病者) 취급을 받은 경험이 있다. 영국은 '영국병(English disease)', 네덜란드는 '네덜란드병(Dutch disease)', 아일랜드는 '서유럽의 병자(Sick man of Western Europe)' 였다. 이들 병든 국가의 공통점은 고비용·저효율이 계속되면서 성장률은 떨어지고 실업은 늘어난다는 점이다. 베스트셀러 〈강대국의 흥망〉을 쓴 폴 케네디는 1989년 초판에서 영국에 대해 불과 100년 만에 해가 지지 않는 초일류 국가에서 2류 국가로 전락한 경우라고 표현했다. 필자가 1990년대 중반에 만난 주한 영국대사관의 한 서기관은 "한국인들이 영국을 우습게 볼 뿐 아니라 실제로도 한국이 영국을 조만간 제칠 것 같은 생각이 든다" 고 털어놓을 정도였다.

영국 등 세 나라가 1류에서 2류로 떨어지게 된 배경도 비슷하다. 2차 세계대전 이후 경제 재건과 1950~60년대에 장기 호황을 누리면서 정치는 물론 경제적으로도 자만감에 빠져 있었다. 이에 따른 과도한 복지와 과격한 노조 활동 등으로 경제 전체가 동맥경화 현상을 일으키기 시작하면서 결국에는 병자 신세로 전락했다. 개인이나 나라 살림(재정)이나 적자를 면치 못하는 가운데 성장 동력이 급격하게 떨어졌기 때문이었다. 독일(서독)의 언론들은 이미 1960년대 초에 영국 노동자들의 비능률과 비효율을 비꼬면서 '영국병' 이라는 중병을 앓고 있다고 공격했다(최근에는 거꾸로 독일 노동자들이 공격당하고 있다). 네덜란드와 아일랜드도 예전의 영화(榮華)가 영국만은 못 했어도 비슷한 중세를 앓고 있었다.

4. 2류에서 1류로 가는 길은 고난과 기적

그런데 또 한 가지 신기할 정도로 비슷한 점은 이들 세 나라가 1980년을 전후해 대대적인 개혁에 착수했고, 결국 개혁에 성공하면서 다시 1류 국가로 태어났다는 것이다. 네덜란드와 아일랜드는 전체 국민들이 위기감을 느끼고 있다는 점을 정부가 적절히 이용하면서 실질적인 의

미에서의 '노사정(勞使政) 대화합' 을 만들어냈다. 정부가 효율적인 중재자로서 노동자와 기업 간의 갈등을 협력과 양보로 이끌어냈다. 그 결과 세계적인 기업을 키워내는 것은 물론 세계적인 기업과 금융기관들을 국내로 유치하는데 성공하면서 새로운 성장 동력을 만들어냈다. 병자가 건강을 완벽하게 되찾아냈다고 해서 '네덜란드의 기적(Dutch miracle)', '아일랜드의 기적(Irish miracle)' 이라고 불리고 있을 정도다.

영국의 경우 네덜란드와 아일랜드와는 달리 마가렛 대처라는 걸출한 여성 수상이 개인적 지도력과 뚝심을 발휘한 케이스이다. 대처는 1979~90년까지 11년 간 수상으로 재직하면서 가장 큰 걸림돌이었던 노동조합을 상대로 칼질을 했다. '해가 지지 않는 나라' 에서 '해가 지는 나라' 로 변해 가는데 대한 국민들의 상한 자존심과 위기감을 역이용했다. 이에 따라 노동자인 일반국민들이 노조가 아닌 정부의 편을 들면서 노조가 손을 들게 하는데 성공했다. 결국 대처 수상과 영국 국민들 스스로 '해가 뜨는 나라' 의 초석을 만들어낸 셈이었다.

이제 우리나라를 돌아보자. 1990년대 중반까지 40여년 동안은 거칠 것이 없었다. 1인당 소득이 2배로 늘어나는데 걸린 기간은 빠르면 3년, 길어야 6년이었다. 하지만 1995년 1인당 소득 1만 달러를 넘어선 이후, 특히 1997년 말 외환위기를 겪은 이후 급격하게 자신감을 잃어버리고 있다. 자신감 상실은 곧 "앞으로 우리 경제가 무엇을 먹고 사나?" 하는 문제와 직결되고 있다. 이 바람에 개인은 소비를 줄이고, 기업은 투자를 줄이거나 해외로 나가면서 우리 경제의 성장 동력 자체를 우려하는 목소리가 높아지고 있다. 이는 곧 "1류가 채 되기도 전에 2류나 3류 국가로 전락하고 마는 것은 아닌가?" 하는 말과 같다.

1980년대까지만 하더라도 수출시장에서 우리나라와 경쟁할 만한 나라는 기껏 대만과 홍콩, 싱가포르 정도였다. 지금은 중국을 비롯해 동유럽, 인도, 브라질, 러시아, 동남아시아 등 경쟁상대가 즐비하다. 그만큼 성장률 1% 더 올리기가 쉽지 않다는 뜻이다. 게다가 국내적으로는 반(反)기업·반(反)부자 정서가 팽배해 들어와 있는 기업은 물론 국내 기업도 해외로 나가는 판이다. 비싼 땅값과 높은 임금에다 강성 노조, 온갖 규제가 가로막고 있기 때문이다. 필리핀과 미얀마에서 보는 것처럼 "위기다! 위기다!" 할 때 오는 위기보다 위기가 오는 지도 모르고 시름시름 앓는 게 더 위험한 법이다. 또 아르헨티나처럼 위기는 반복되는 성향을 가지고 있다. 노사정(勞使政) 모두가 머리를 맞대고 급변하는 글로벌 사회에서의 한국과 한국 경제를 다시 한 번 짚어봐야 할 때다.

〈위클리조선〉 (2006. 8. 21)

22. 앨빈 토플러의 〈부(富)의 미래〉로 본 한국의 미래

'역사는 되풀이된다(History repeats itself).'

2003년 중국이 우리나라의 제1대 수출대상국이 되었을 때의 일이다. 각 언론들이 사상 처음이라면서 헤드라인으로 뽑았다. 하지만 당시 필자는 100여년 만에 처음이라는 생각이어서 '사상(史上)' 이라는 단어를 빼야 한다고 주장했다. 정확한 통계는 없지만 일본의 경제적 영향력이 커지기 시작한 1900년대 초반까지 우리나라의 제1대 무역대상국은 중국이었기 때문이다. 2000년 이상 우리나라는 중국과의 무역이 대부분이었다가 1900년대 들어 일본과 미국이 잠시 자리를 대신한 셈이다.

토플러 박사는 〈부의 미래〉에서 산업혁명으로 대표되는 제2의 물결에서 주도권을 빼앗긴 아시아가 정보혁명이라 불리는 제3의 물결에서 주도권을 다시 쥐게 될 수도 있다고 내다봤다. 이 또한 반복되는 역사의 한 흐름이다. 마지막 제10부 '지각변동' 에서 중국을 가장 먼저 꼽았고 일본과 한국, 유럽, 미국이 그 뒤를 이었다. 아시아를 3개국이나 포함시킨 가운데 특히 중국은 세계 무대 위로 솟아올랐을 뿐 아니라 우리 모두의 일부분이 되었다고 말했다.

1. 거시적·미시적 포트폴리오가 필요한 상황

부가 이처럼 수백 년 만에 다시 아시아로 이동하고 있는 격변기에 한국은 과연 무엇을 어떻게 해야 할 것인가? 이는 곧 최근 저성장 기미를 보이고 있는 우리 경제가 다시 한 번 도약하는 길과 그를 통해 떠오르는 아시아의 중심축은 아니더라도 적어도 변방으로 밀리지 않는 길을 모색하는 일이다.

이를 위해 크게 두 가지를 들 수 있다. 하나는 우리나라 산업의 구조 및 내수와 수출과 같은 거시적 포트폴리오와 우리나라를 대표할 산업이나 상품을 어떻게 꾸려갈 것인가 하는 미시적 포트폴리오에 관한 선택과 집중 문제이다. 다른 하나는 중국에 대한 우리 경제의 의존도가 높아지고 있는 가운데 중국의 위기 가능성에 어떻게 대비할 것인가 하는 문제이다. 토플러는 중국이 제2의 물결과 제3의 물결이 혼재되는 과정에서 수억 명에 달하는 가난한 농민과 일자리를 구하지 못한 노동자들이 들고 일어날 수도 있다고 내다봤다. 부패한 중국 정부가 현명한 전략만 가지고 이 같은 위기를 극복하기가 쉽지 않을 것이라는 게 토플러의 전망이다.

우리나라의 산업구조는 1960년 농림어업 36.8%, 제조업 13.8%, 서비스업 43.2%였던 것이 2005년에는 농림어업 3.3%, 제조업 28.4%, 서비스업 56.3%로 큰 변화를 보였다. 특기할 것은 제조업의 비중이 1988년

30.8%로 최고조에 달한 이후 최근에도 26~28%대를 유지하고 있다는 점이다. 제조업 비중의 추세만 본다면 우리나라의 산업구조는 미국보다는 일본 또는 독일과 비슷하다고 할 수 있다. 미국은 제조업 비중이 1960~70년대 20%대에서 2005년에는 12%로 빠르게 축소됐다. 반면 일본의 제조업 비중은 1990년대 24%대에서 2005년 21.0%를, 독일의 제조업 비중은 1991년 30.6%에서 2005년 25.8%를 유지하고 있다. 그러나 우리나라의 서비스업 비중은 2005년 56.3%에 불과해 미국(78.7%), 일본(72.0%), 독일(69.3%)에 비해 크게 낮은 편이다.

게다가 우리나라의 대외의존도(=수출입액/명목GDP)는 2005년 현재 69.3%로 70%에 육박하고 있다. 대만(110.0%)에 비해서는 낮지만 중국(63.8%)이나 독일(62.8%)보다는 약간 높고, 미국(21.1%)과 일본(24.3%)·영국(38.9%) 등에 비해서는 크게 높은 상황이다.

2. 높은 제조업과 수출 의존도

결국 우리나라 산업의 구조는 제조업과 수출에 대한 의존도가 지나치게 높다고 할 수 있다. 특히 수출의 대부분이 제조업, 그 중에서도 반도체·승용차·철강·휴대폰·선박과 같은 일부 품목(2005년 전체 수출의 40.7%)에 집중돼 있다는 취약점을 가지고 있다. 물론 이들 5대 수출품목 정도면 어느 한 품목이 부진해지더라도 어느 정도 상쇄할 수 있다는 장점도 있다. 그렇더라도 5대 품목에 대한 의존도가 너무 높다는 점을 간과할 수는 없다. 또 정보통신(IT)산업이 수출에서 차지하는 비중이 40%를 웃돌고 있다는 점은 세계 IT산업의 동향에 따라 우리 경제가 송두리째 휘둘릴 수 있다는 해석도 가능한 부분이다. 아울러 휴대폰 등 일부 품목을 제외하면 대다수 품목들이 한국을 대표하는 고급 브랜드라고 하기는 어렵고, 반도체와 철강·선박의 경우 최종소비제품이 아니라는 약점을 가지고 있다.

따라서 토플러가 지적한 것처럼 우리나라의 지나치게 높은 대외의존도를 낮추기 위한 전략적 접근과 중장기적 노력이 필요하다. 현재 잘 나가고 있는 전통 제조업의 경쟁력과 장점을 유지하는 동시에 첨단기술 산업에 집중력을 높여야 한다. 아울러 성장성과 생산성이 떨어지는 서비스업을 획기적으로 발전시켜야 한다. 이를 위해서는 과감한 투자가 이뤄질 수 있도록 다양한 제도적 지원과 규제완화가 선행돼야 한다. 뿐만 아니라 한·미 FTA 등 자유무역협정, 자유무역특구 등에서 실질적인 진전이 신속히 이뤄져야 한다. 토플러는 특히 서비스업이 뒤처질 경우 결국 제조업의 발목을 잡게 될 것이라고 주장했다. 서비스업의 비중을 높이는 것은 대외의존도를 낮춰 중국이나 북한으로부터 야기될 위기에도 대비할 수 있는 일석이조의 효과를 노릴 수 있다. 아울러 미국과 중국으로 치우치고 있는 해외직접투자는 유럽과 베트남·인도·캄보디아 등으로도 눈을 돌려야 한다. 수출의 품목 및 지역 다변화뿐 아니라 투자 역시 업종 및 지역 다변화를 해놓아야 위기 발생시 손실을 가능한 한 줄일 수 있기 때문이다.

그렇다면 국내적으로는 어떤 노력이 필요한가? 토플러는 "미래의 혁명적인 부는 '시간·공간·지식'이 구성하는 '심층기반(deep fundamentals)'에 달려 있다"면서 "이들 3대 요소가 적절한 조화를 이루지 못할 경우 지속적인 성장이 어려워지는 것은 물론 심지어 일본과 같은 장기침체에 빠져들 수도 있다"고 주장했다. 우리나라에 대해서는 "기술 변화에 비해 사회 및 제도 변화가 뒤처지면서 발목을 잡고 있다"면서 "창의적 인 인재를 길러내 사회와 제도를 바꾸는데 주력해야 하고, 이를 위해서 는 교육 시스템 개혁이 절실하다"고 충고했다. 한국에서 기술 변화를 일궈냈던 인재들이 이제는 사회와 제도를 바꾸는 창의적 인재로 탈바꿈해야 한다는 지적이다.

3. 유연성과 개방성

몇 년 전 필자는 토플러 박사와의 인터뷰에서 "한국이 다시 한 번 도약하기 위해서 꼭 필요한 것이 무엇이냐"고 물었다. 대답은 '유연성 (flexibility)과 개방성(openness)' 이었다. 유연성과 개방성으로 무장한, 그래서 열린 마음을 가진 창의적 인재들이 요소요소에서 사회와 제도를 개혁하는데 앞장서야 한다는 뜻이었다.

최근 들어 우리 경제의 미래에 대해 비관적 전망이 심심찮게 나오고 있다. 반면 토플러는 역동적인 한국의 미래에 대해 매우 낙관적이다. 한국의 교육이 바뀌어야 한다면서도 그것은 한국이 앞장 설 수 있다는 뜻이라고 말한다. '기러기 가족' 을 감수면서도 자식들의 교육을 위하는 한국의 미래는 당연히 밝다는 것이다. 토플러가 에필로그에서 인용한 미국의 34대 드와이트 아이젠하워 대통령의 "비관론자는 어떤 전투에서도 승리하지 못했다"는 말이 가장 잘 적용될 나라가 한국이 아닐까. 되풀이되는 경제 전쟁에서 이기는 길은 철저한 분석과 그에 따른 노력과 낙관적 사고가 더해질 때이다. 〈위클리조선〉 (2006. 12. 15)

302

제4부

한국 경제의 미래

2030년 한국 경제

4

2030년 한국 경제

"장기적으로 우리는 모두 다 죽는다(In the long run, we are all dead)."

이 말은 원래 시장이 제대로 작동하지 않을 때는 정부가 재빨리 개입해야 한다는 점을 강조하기 위해 존 메이너드 케인즈(John Maynard Keynes)가 한 말이다. 시장이 자생력에 의해 원상회복하기를 기다리다가는 아무 것도 못 하고 다 죽을 수도 있다는 뜻이다. 요즘처럼 위기가 급박하게 진전되는 경우에 딱 들어맞는 명언이라고 할 수 있다. 그런데 다른 한편으로는 예측을 전문으로 하는 경제학자들이 20~30년 이상의 매우 먼 미래를 예측할 때도 이 말을 사용하고 있다. 너무 먼 미래의 경우 믿거나 말거나일 뿐 아니라 막상 그 때가 되면 예측 당사자들은 적어도 은퇴를 했거나 대부분은 죽고 없을 것이므로 과감하게 예측할 수 있다는 뜻이다.

미국의 투자은행 골드만삭스는 2008년 3월 내놓은 세계경제전망보고서에서 한국은 2050년에 1인당 국민소득이 9만 294달러로 미국의 9

만 1683달러에 이어 세계 2위의 고소득국가가 될 것으로 전망하고 있다. 영국은 8만 달러대, 러시아와 캐나다·프랑스는 7만 달러대, 독일과 일본은 6만 달러대로 한국보다 뒤처지고 있다. 한국의 최근까지의 발전 경로와 미래의 가능성이 크게 평가받았다는 점에서 기분이 우쭐해지는 반면 과연 그렇게 될 역량을 우리가 가지고 있을까하는 의문도 생기는 것이 사실이다.

2030년이면 앞으로 20년도 더 가야 하는 먼 미래인데다 글로벌 경제의 변화무쌍함을 감안하면 예측 자체가 무리라고 할 수 있다. 다만 한 가지 경제예측을 가능하게 하는 점을 찾는다면 한국 경제가 추세적으로 발전을 계속해 갈 것이라는 믿음 정도일 것이다. 만약 한국 경제가 일본 경제처럼 10여년 이상 장기침체를 겪는다거나 아르헨티나와 필리핀처럼 성장이 거의 정체하거나 후퇴하는 경우가 아니라면 어느 정도 20년 앞을 내다볼 수 있기 때문이다.

1. 2030년 1인당 국민소득 5만 달러 시대 진입

우리나라의 2030년 1인당 국민소득을 추정하기 위해서는 우리나라의 인구 및 노동력, 경제구조와 경제 규모에서 엇비슷하면서 우리나라보다 앞서가고 있는 나라들의 궤적을 살펴볼 필요가 있다. 이를 위해서는 선진 7개국(G7)이 가장 적합한 나라들이다. 아일랜드와 벨기에, 북유럽 3국 등은 잘 살기는 하지만 인구 규모가 우리 경제의 절반에도 미치지 못하는 작은 나라들로 우리 경제와 경제 규모는 물론 산업구조, 노동력 등에서 현격한 차이가 나는 나라들이다. 반면 G7을 보면 미국과 일본, 독일의 경우 인구가 각각 3억 명, 1억 2800만 명, 8200만 명으로 우리나라와 차이가 상당히 나기는 하지만 영국, 프랑스, 이탈리아는 6000만 명 안팎으로 우리나라와 엇비슷하고 캐나다는 3300만 명으로 우리나라보다 약간 작은 편이다. 따라서 앞으로 우리나라가 경쟁 상대국으로 봐야 할 나라들은 아일랜드와 같은 이른바 강소국(強小國)이 아니라 이들 G7 국가들이라고 할 수 있다.

이들 G7 국가들이 1인당 국민소득 1만 달러에서 4만 달러까지 가는데 걸린 기간은 평균 26.0년으로 집계됐다. 여기서 한 가지 짚고 넘어갈 점은 자국의 통화인 달러로 표시하기 때문에 환율 문제가 없는 미국의 경우 27년이 소요됐고, 달러 표시 국민소득을 구할 경우 환율 문제를 가지고 있는 나머지 6개국의 경우에도 평균 25.8년으로 두 그룹 사이에 큰 차이가 없다는 점이다. 따라서 환율이 달러 표시 국민소득에 단기적으로는 큰 영향을 미치지만 10년, 20년과 같은 중장기적으로 보면 경제의 기초체력(fundamentals)을 잘 반영하면서 움직인다고 볼 수 있는 부분이다. 따라서 우리나라도 요즘 환율이 급등하면서 2007년에 1인당 소득 2만 달러를 처음으로 넘어섰다가 올해는 1만 8000달러대로 내려앉을 것으로 보이지만 중장기적으로는 1인당 국민소득을 추정하는데 환율이 그다지 큰 장애요인이 아니라고 할 수 있다.

G7 국가들이 1인당 국민소득 1만 달러에서 4만 달러까지 가는데 걸린 기간은 평균 26.0년이므로 1만 달러가 늘어나는데 평균 8~9년 정도로 잡을 수 있다. 이에 따라 우리나라 1인당 국민소득을 2만 달러로 놓고 앞을 내다보면 2015년을 전후해 3만 달러, 2024년을 전후해 4만 달러를 넘어서고 2030년경이면 5만 달러에 근접할 것이라는 계산이 나온

다. 앞서 언급한 골드만삭스의 보고서에서 2025년 우리나라의 1인당 소득을 3만 6813달러로 예측한 것에 비해 상대적으로 낙관적이기는 해도 큰 차이는 없다고 할 수 있다. 게다가 우리나라의 잠재성장률이 아직은 4% 초중반대이고 2020년대까지 3% 안팎을 유지한다고 보면 G7이 걸린 기간보다 앞서 4만, 5만 달러를 달성할 수 있다.

이에 따라 필자는 2030년경 한국의 1인당 국민소득이 5만 달러를 상회할 것으로 보고 5~6만 달러로 전망한다. 물론 향후 우리 경제의 잠재성장률과 성장속도, 물가상승률, 인구증가율, 환율 등을 다각적으로 감안한 시나리오별 전망이 보다 과학적이기는 하겠지만 시나리오도 결국에는 분석자가 선택을 해야 한다는 점에서 보면 보조적인 절차라고 할 수 있다.

2. 세계에서 가장 빠른 고령화

1인당 국민소득에 못지않게 중요한 것이 인구와 가구의 변화라고 할 수 있다. 다행히 이 분야는 통계청이 2050년까지 추정해 놓은 결과가 있다. 통계청의 추정에 따르면 우리나라 인구는 2018년에 4934만 명을 최고점으로 감소세로 돌아서고 있다. 2019년부터 해마다 인구증가율이 −0.1~−0.2%에 달하면서 2030년 우리나라 인구는 4863만 명으로 추정되고 있다.

인구가 줄어드는 것과 함께 눈여겨봐야 할 부분이 그간 많이 거론된 인구 구조의 급격한 고령화이다. 우리나라는 지난 2000년에 고령화사회(65세 이상 인구비중 7%)로 진입한데 이어 불과 18년 후인 2018년에는 고령사회(65세 이상 인구비중 14%)로 진입할 예정이다. 이후 8년이 지난 2026년에는 초고령사회(65세 이상 인구비중 20%)로 진입할 전망이다. 우리나라 다음으로 고령화 속도가 빠른 일본의 각각 24년, 12년에 비해서도 더 빠른 속도이다. 이 같은 급속한 고령화는 2020년대에도 계속되면서 2030년 65세 이상 인구비중은 24.3%에 달할 것이라고 통계청은 추정하고 있다. 2007년 현재는 인구 10명 중 1명이 고령인구이지만 2030년경에 가면 인구 4명 중 1명꼴로 고령인구가 되는 것이다.

반면 0~14세 인구비중은 2007년 18.0%에서 2030년에는 11.4%로 거의 반감되면서 노인만 득실득실하고 어린이는 찾아보기가 어려운 초고령사회로 변해가는 것이다. 이렇게 되면 힘과 근육에 의존하는 제조업 또는 서비스업 사회를 넘어 지식정보사회로 넘어간다고 하더라도 사회 전체적으로 활력이 떨어질 수밖에 없고 결국 경제 전체의 생산성과 잠재성장률도 낮아지게 될 것이다. 이에 따른 역풍을 최대한 줄이기 위해 차세대 인력 육성 등 인력수급 계획의 마련, 여성 인력의 참여율 제고, 정년 연장 및 임금 피크제 등에 대한 연구와 도입이 필수적일 것이다. 다른 한편으로는 장기요양, 레저, 주택시장 등 실버세대를 겨냥한 실버산업과 건강 및 의료복지서비스 분야의 확대 및 육성이 필수적인 국가전략의 하나가 될 것이다. 특히 고령화는 일본이 앞서가고 있기는 해도 우리나라의 고령화 속도가 빠를 뿐 아니라 누구도 가본 적이 없기 때문에 미리 선제적으로 이 같은 대비에 나서지 않을 경우 엄청난 충격과 손실을 입을 가능성도 배제할 수 없을 것이다.

3. 여성 인력의 부상과 고용없는 성장

우리나라의 고용률은 최근의 60% 안팎에서 2020년대에 들어서면서는 66~67%대에서 움직일 것으로 전망된다. 우리나라 통계청에서 발표하는 고용률은 15세 이상 인구 중 취업자 비중인 반면 OECD의 고용률 산정기준은 15~64세 인구 중 취업자 비중을 말한다. OECD 기준으로 우리나라 고용률을 바꾸면 현재의 고용률 60%는 3%포인트 높은 63%가 된다. 같은 기준으로 2020년 고용률을 OECD 기준으로 계산하면 70% 안팎이 되면서 현재의 주요 선진국 수준으로 올라서게 된다.

산업연구원(2005년, 한국산업의 발전 비전 2020)에 따르면 이를 위해서는 앞으로 2020년까지 연평균 24만 개 안팎의 일자리를 창출해내야 한다. 요즘 일자리가 오히려 감소하고 있는 것에 비춰보면 쉬운 일은 아니다. 다만 정부와 기업이 일자리 만들기에 서로 협조하는 가운데 고용률이 53%대(OECD 기준)에 불과한 여성의 고용률을 60% 이상으로 끌어올리는 전략에 성공한다면 어느 정도 목표에 근접할 수 있을 것이다. 특히 고령화가 급속히 진전되면서 노동인력의 고령화에 대응하여 대체인력으로서의 젊은 여성 인력의 유입은 정보화·지식화 시대라는 흐름과도 맞아떨어진다고 할 수 있다.

한 가지 짚고 넘어가야 할 점이 성장이 계속되는 가운데서도 고용이 예전처럼 늘어나지 않거나 정체하는 현상, 즉 '고용없는 성장(jobless growth)'이다. 최근 들어서는 이 같은 현상이 갈수록 심화·가속화되면서 일부 전문가들은 '고용없는 성장'을 넘어 '고용감소형 성장(job-loss growth)'이 될 것이라는 비관적 전망을 내놓기도 한다.

우리나라의 경우 1인당 국민소득이 5만 달러에 달하는 시점에서의 산업구조를 예상해보면 고용없는 성장의 가능성이 더 높아질 것으로 전망된다. 왜냐하면 산업구조가 고용을 계속 줄여가는 제조업 형을 유지하는 동시에 고용을 그나마 늘려갈 서비스업 비중은 큰 폭으로 증가하지 않을 뿐 아니라 서비스업 내에서는 양극화가 가속될 것으로 내다보기 때문이다. 실제로 최근 취업자 수의 증가 추이를 보면 2000년대 초 40만 명 이상에서 2005년 이후 30만 명 이하로 감소했을 뿐 아니라 2008년 들어서는 20만 명 이하를 기록하고 있다.

경기가 호조에서 침체로 바뀌는 와중에 일어나고 있는 현상이기는 하지만 고용없는 성장이 급속히 진전되는 것을 막기 위한 정부와 기업, 국민들의 전방위적인 노력이 필요하다고 할 수 있다. 특히 강성노조의 유연화는 물론 임금 피크제, 정년 연장, 비정규직 제도의 개선 등 시스템적 접근이 선제적으로 이뤄져야 할 것이다.

4. 1인·다문화·장애인 가구의 급증

인구 못지않게 중요한 경제적 변수가 가구 수 및 가구당 인원이다. 가구 수와 가구원 수에 따라 주택 및 복지, 행정 수요 등에서 큰 차이가 따르기 때문이다. 우리나라의 가구 수는 2007년 현재의 1641만 가구에서 2030년에는 1987만 가구로 늘어날 것이라는 게 통계청의 전망이다. 이와 함께 통계청은 1인 가구 비중이 현재의 20.8%에서 2030년에는 23.7%로 높아질 것으로 예상하고 있다.

하지만 필자는 우리나라와 주요 선진국의 경험에 비춰볼 때 1~2인 가구의 분화가 더 빠른 속도로 일어나면서 가구 수가 더 빠른 속도로 증가하는 가운데 1인 가구의 비중은 더 높아질 것으로 예상한다. 필자는 2020년에 가구 수가 2000만 가구를 넘어선 후 가구 수가 정체하면서 2030년에는 2050만 가구에 달할 것으로 보고 있다. 독신, 노령, 이혼 등으로 인해 1~2인 가구가 크게 늘어날 것이기 때문이다.

1인 가구 비중 또한 현재의 20.1%에서 2020년에 25.0%에 달한 이후 가구별 비중이 안정세를 유지하는 가운데 2030년에는 1인 가구의 비중이 26~27%에 달할 것으로 예상된다. 주요 선진국의 1인 가구 비중을 보면 독일이 38%로 가장 높고, 네덜란드가 35%, 일본과 오스트리아가 각각 30%로 그 뒤를 잇고 있다. 미국은 27%로 선진국 중 비교적 낮은 편에 속하고 있는데 히스패닉과 아시아 이민자들이 계속 유입되고 있는 가운데 흑인들도 백인들에 비해 상대적으로 많은 인원의 가구를 형성하고 있기 때문이다. 우리나라의 경우 일본과 가족문화가 상당히 다를 뿐 아니라 유교적 정서가 강하다고 보고 2030년 1인당 소득 5~6만 달러 시대가 되더라도 일본의 소득 3~4만 달러 시대에 비해 1인 가구 비중이 상대적으로 낮을 것으로 본 것이다. 이와 함께 다문화 가구와 외국인 가구도 큰 폭으로 늘어날 것으로 예상된다.

가구당 인구수와 인구 이동, 외국인 가구의 동향은 무엇보다 주택 공급에 지대한 영향을 미친다. 다양한 주택수요에 맞춰 장기적인 주택 공급계획을 세우는 것은 물론 인구 이동 및 선호도 등에 따라 지역별 주택 수급계획 또한 매우 정교하게 수립해야 할 것이다. 아울러 인구 1000명 당 주택 수가 우리나라는 아직도 282채(2006년 기준)에 불과해 주요 선진국의 410~440채에 비해 턱없이 부족한 상황이므로 주택을 더 많이 짓기는 짓되 크기와 지역 등에 세심한 주의를 기울여야 할 것이다.

2007년 말 현재 우리나라에 거주하는 외국인은 107만 명으로 총 인구 대비 2.2%를 차지하고 있다. 외국인 비중이 갈수록 늘어나면서 2030년경에는 총인구 대비 4~8%대로 늘어날 것으로 전망된다. 전망치가 큰 폭을 가지는 것은 정부의 외국인 노동 정책에 따라 외국인 근로자 수가 크게 달라질 것이기 때문이다. 만약 8%대로 늘어난다면 거리에 다니는 사람 10명 중 1명꼴로 외국인이므로 다인종 국가 또는 이민 국가라는 말을 피할 수 없을 것이다.

이미 결혼의 10% 이상이 배우자가 외국인일 뿐 아니라 지방(농림어업에 종사하는 남자)의 경우 외국인 여자와 결혼하는 경우가 40%에 달하고 있다. 농어촌 인구가 계속 줄어들고 있기는 해도 이 같은 추세는 당분간 지속될 것으로 봐야 할 것이다.

이와 함께 장애인도 크게 늘어나고 있어서 이들에 대한 국가적·사회적 지원이 크게 늘어나야 할 것이다. 최근 들어 장애인 출현율(인구 100명당 장애인 수)이 지속적으로 높아지면서 4%대를 보이고 있는데 아직까지는 우리나라가 다른 선진국에 비해 낮은 편이다. 국가별 장애인 출현율은 법정 장애의 범위와 정의가 국가마다 다르기는 하지만 세계보건기구(WHO)가 전 세계 장애인 인구 비중을 10%로 잡고 있다는 점에서 보면 앞으로 우리나라의 장애인 인구 비중은 계속 높아질 것이다. 이 경우 지금까지는 주로 가족들이 전적으로 돌봐오던 것을 이제는 중앙정부는 물론 지자체도 장애인에 대한 사회적 지원에 나서야 할 것이다.

5. 산업구조의 서비스업화 지속과 양극화

우리나라의 산업구조는 경제개발이 본격화된 1960년대 초반 이후 농림어업과 제조업의 비중은 지속적으로 줄어드는 반면 서비스업의 비중은 늘어나고 있다. 이 같은 추세가 2030년까지 이어질 것이다. 그러나 제조업의 비중이 큰 폭으로 줄어들지 않는 이유는 앞으로도 한 동안 우리 경제의 주력 제조업인 철강, 화학, 자동차, 기계, 조선, 반도체, 가전 등이 국내시장은 물론 세계시장에서 선전할 것으로 예상되기 때문이다. 일본과 독일처럼 수출주도형 제조업이 선도산업으로서의 역할을 계속할 것으로 내다본 것이다. 일본과 독일은 최근에도 제조업 비중이 20~21%대를 유지하고 있다.

하지만 제조업 내에서는 반도체와 휴대폰 등과 같은 고기술 및 지식집약적인 고부가가치 산업과 중화학공업의 비중이 높아지는 반면 기술 및 공정의 해외이전 및 현지 생산의 확대 등으로 저부가가치 및 경공업 산업의 비중은 계속 낮아지게 될 것이다.

농림어업의 경우 현재 비중의 절반 이하인 1% 안팎까지 줄어들고 전기·가스·수도업, 건설업의 경우에도 조금씩 줄어들 것으로 예상된다. 이에 따라 우리나라 산업의 서비스업화가 진전되기는 하겠지만 미국 등 주요 선진국의 서비스업 비중처럼 크게 높아지지는 않을 것이다. 최근 주요국의 서비스업 비중을 보면 미국이 78%대로 가장 높고, 일본이 72%대, 그 중 낮은 편인 독일이 70% 안팎을 유지하고 있다.

서비스업 중에서는 도소매·음식·숙박업과 공공행정·국방의 비중은 줄어들고, 운수·창고·통신업과 부동산·사업서비스업은 큰 변화가 없을 것으로 예상된다. 반면 금융보험업, 교육서비스업, 보건 및 사회복지업의 비중은 큰 폭으로 늘어나면서 서비스업 중에서도 잘 나가는 업종과 그렇지 못한 업종 간의 격차가 크게 벌어질 것으로 전망된다. 특히 고령화 및 고소득시대를 맞아 보건 및 사회복지업과 교육서비스업은 앞으로도 지속적으로 고성장을 유지해 나갈 것이다. 또한 금융산업의 경우 노무현 정부에 이어 이명박 정부에서도 신성장동력으로 인식하면서 아시아의 선도시장으로 키우겠다는 비전을 밝히고 있어서 성장세를 이어갈 것으로 기대되고 있다.

산업구조가 서비스업화하는 데다 제조업의 고용비중은 기계화·자동화 등으로 급속하게 줄어들면서 서비스업의 고용비중이 현재의 66%대에서 75%대까지 늘어날 것으로 전망된다. 서비스업 중에서는 도소매·음식·숙박업, 공공행정·국방 부문의 고용은 큰 변화가 없거나 줄어드는 반면 운수·창고·통신업, 부동산 및 사업서비스업, 교육서비스업, 보건 및 의료서비스업의 고용 비중은 큰 폭으로 증가할 것이다. 다만 금융업의 경우 고부가가치 산업으로 산업구조에서 차지하는 비중은 급속히 늘어나는 반면 고용 증가율은 상대적으로 낮아지면서 전체 고용에서 차지하는 비중은 소폭 늘어나는데 그칠 것으로 예상된다.

6. 한국 경제의 글로벌화

현재 우리나라의 글로벌화 수준은 크게 뒤떨어져 있다는 평가를 받고 있다. 경제 규모는 세계 12~13위로 올라왔지만 글로벌화 수준은 30위권(2007년 AT커니 글로벌화 지수)에 머물고 있다. 또 그간 동북아 금융 허브를 만들겠다고 목소리를 높여 왔지만 글로벌금융센터지수(GFCI)에서 서울은 51위에 불과하다.

하지만 이번 미국 발 글로벌 금융위기를 벗어나면서 살아남은 우리의 기업과 금융회사들은 다시 한 번 도약하면서 글로벌화에 성공할 것으로 예상된다. 만약 성공하는 기업과 금융회사들이 많다면 그만큼 우리 경제의 미래가 밝은 것이고, 반대로 성공하는 케이스가 상대적으로 적다면 그만큼 우리 경제의 미래가 어두워질 것이다.

글로벌화의 정도를 가늠할 수 있는 지표로는 크게 세계무역, 해외직접투자(FDI), 국경간 인수합병(M&A), 자유무역협정(FTA)을 들 수 있다. 이 중 우리나라가 상대적으로 잘 하고 있는 부분은 무역뿐이라고 할 수 있다. 나머지 FDI, 국경간 M&A, FTA에서는 모두 주요 선진국들에 비해 크게 뒤지고 있다는 것이 통계적인 비교 결과이다.

FDI 잔액이 명목국내총생산(GDP)에서 차지하는 비중을 보면 우리나라는 유입 잔액과 유출 잔액이 각각 8.0%와 5.3%에 불과한 것으로 집계되고 있다. 이는 전 세계 평균 25%에 크게 못 미치는 수준이다. 뿐만 아니라 국가별 M&A 순위도 30위권이고, FTA 분야 역시 전체 무역량에서 FTA 체결국과의 무역이 차지하는 비중에서 보면 아직도 갈 길이 멀다고 할 수 있다. 전 세계 교역 중 FTA 비중이 60%인데 비해 우리나라 교역 중 FTA 비중은 11%(칠레, 싱가포르, EFTA, ASEAN 포함)에 불과하다. 다만 한·미 FTA와 한·EU FTA가 양국 국회의 비준을 거쳐 발효될 경우 상황이 크게 호전될 수 있을 것이다.

우리나라는 보유자원은 거의 없이 수출을 성장의 주력 엔진으로 하고 있는 나라로서 글로벌화에 적극 동참해야 할 것이고, 또 글로벌화에 성공해야 성장세를 이어갈 것이다.

이에 따라 글로벌화에 성공한 2030년의 한국 경제는 지금과는 크게 다른 모습일 것이다. 공장에서 근무하는 외국인 근로자뿐 아니라 사무직에 종사하는 외국인 근로자들이 크게 늘어나고, 우리나라 사람들이 해외로 나가서 직장을 구하는 경우도 크게 늘어날 것이다. 물론 이때 영어가 문제가 되겠지만 초중고 교육제도 및 영어교육 시스템의 획기적 변화를 통해 영어가 제2의 공용어가 되다시피 할 수도 있을 것이다. 우리가 향후 20여 년간 어떻게 하느냐에 따라 유럽의 스웨덴과 핀란드, 노르웨이, 네덜란드와 같은 국제화 도시국가가 되느냐 아니면 변방의 이름없는 나라로 전락하느냐가 달려 있다고 할 수 있다.

7. 전자상거래와 재택근무의 확산

우리나라가 상대적으로 앞서가고 있는 인터넷 등 IT 인프라를 활용하는 전자상거래 및 재택근무가 크게 활성화될 것이다. 전자상거래(electronic commerce transaction)는 전자공간(cyberspace) 상에서 이뤄지는 모든 거래행위를 의미하는데 상품과 서비스의 구매는 물론 광고와 주문 또는 발주 등도 포함하는 개념이다. 전자상거래를 이커머스(e-commerce) 또는 이비즈니스(e-business)라고 부르기도 한다.

전자상거래는 처음 시작된 제조업의 부품조달 분야는 물론 무역, 금융 등 전 업종으로 확산될 것이다. 특히 전자상거래는 미래학자 앨빈 토플러가 예상한 프로슈머(Prosumer)의 증가에도 큰 매개체 역할을 할 것이다. 프로슈머는 생산자(producer)와 소비자(consumer)가 결합되어 나타나는 참여형 소비자로 특히 소비자가 제품 생산에 일정 부분 기여한다는 뜻이다. 각종 셀프서비스 또는 DIY(Do It Yourself)형 제품개발은 물론 유통과정에 소비자가 직접 참여하는 것이므로 전자상거래와 잘 맞아떨어지는 거래유형이라고 할 수 있다. 특히 지식정보산업의 경우 전자상거래를 통한 프로슈머의 역할이 앞으로 점점 더 커질 것으로 예상된다. 이 같은 전자상거래의 활성화는 수천 년 동안의 전통적인 시장의 개념을 획기적으로 바꾸게 될 것이다.

우리나라의 전자상거래는 최근 매년 20% 안팎의 증가율을 보이고 있다. 이에 따라 명목국내총생산(GDP) 대비 전자상거래 비중이 2001년 19.1%에서 2007년에는 57.3%로 상승했다. 앞으로도 이 같은 추세가 계속되면서 2030년경에는 GDP 대비 전자상거래 비중이 100%를 웃돌게 될 것이다.

전자상거래는 근무 형태에도 큰 변화를 가져올 것이다. 재택근무는 사무실에 출근하지 않고 집에서 업무를 처리하고 그 과정 및 결과를 인터넷 등 통신기술을 통해 회사에 제출하는 것을 말한다. 이 때 재택근무는 말 그대로 재택근무는 물론 원격근무센터 및 이동원격근무를 포함하는 넓은 의미로 쓰이기도 한다.

재택근무는 기업 측면에서 보면 비용절감과 고용의 유연성 확보, 생산성 향상, 조직의 전문성 향상 등의 효과를 노릴 수 있다. 근로자의 입장에서는 시간이나 장소의 제약에 얽매이지 않고 일할 수 있을 뿐 아니라 통근시간이 없어지므로 여유시간의 창출이 가능하다. 출퇴근이 어려운 고령자와 장애인의 취업이 상대적으로 쉬워지는 것은 물론 거주지 선택의 폭이 확대되면서 거리적인 제약으로 인해 직장을 포기하는 경우가 줄어들고 주말부부 또한 크게 줄어들게 될 것이다. 이에 따라 사회 전체적으로는 여성과 고령자, 장애인 등의 취업을 촉진할 수 있고, 교통량 감소 및 대도시 집중화 현상 완화, 지방 취업기회 증가 등 지역 활성화 등에서도 긍정적인 효과를 얻을 수 있다.

우리나라의 경우 인터넷 등 재택근무의 인프라는 다른 선진국에 비해 크게 앞서 있지만 얼굴을 직접 맞대야 하는 대면문화(對面文化)로 인해 재택근무가 아직은 활성화되고 있지 않다. 그러나 사회인식의 변화와 편리성, 더 많은 직업의 창출 등을 위해 사회적 분위기와 정부·기업 차원에서의 지원이 이어질 경우 재택근무의 유형이 다양해지는 것은 물론 재택근무 근로자도 꾸준히 늘어날 수 있을 것이다.

재택근무가 가장 먼저 시작된 미국의 경우 2007년 상반기 기준으로 1주일에 8시간 이상 재택근무를 하는 근로자가 1200만 명(비농업 분야 취업자 중 8%)에 달하고 있다. 최근 이 비중이 급속히 늘어나고 있다고 하는데, 우리나라의 경우 아직까지는 재택근무 비중이 미미한 상황이지만 한번 사회적 이기(利器)로 인식될 경우 급증할 가능성도 있다.

〈월간조선〉 (2009년 1월호 별책부록)

최성환의 지청구 경제학

지은이 | 최성환

펴낸이 | 박영발

펴낸곳 | W미디어

등록 | 제2005-000030호

1쇄 발행 | 2010년 1월 10일

주소 | 서울 양천구 목동 907 현대월드타워 1905호

전화 | 6678-0708   팩스 | 6678-0309

E-mail : wmedia@naver.com

ISBN 978-89-91761-32-2   03320

값 13,000원